Sybille Krämer (Hg.)

ADA LOVELACE

Sybille Krämer (Hg.)

ADA LOVELACE

Die Pionierin der Computertechnik und ihre Nachfolgerinnen

Wilhelm Fink

Umschlagabbildung:
Margaret Sarah Carpenter, *Portrait von Ada Lovelace* (Ausschnitt), 1836

Bibliografische Information der Deutschen Nationalbibliothek

Die Deutsche Nationalbibliothek verzeichnet diese Publikation in der Deutschen Nationalbibliografie; detaillierte bibliografische Daten sind im Internet über http://dnb.d-nb.de abrufbar.

(Wilhelm Fink GmbH & Co. Verlags-KG, Jühenplatz 1, D-33098 Paderborn)

Internet: www.fink.de

Lektorat: Helga Holtkamp, Berlin
Einbandgestaltung: Evelyn Ziegler, München
Herstellung: Ferdinand Schöningh GmbH & Co. KG, Paderborn

ISBN 978-3-7705-5986-2

Inhaltsverzeichnis

III. TENDENZEN DER DIGITALISIERUNG

SYBILLE KRÄMER

Im Mittelpunkt steht Ada. Zur Einleitung in diesen Band

Spannungsverhältnisse

Sie ist die Achse, um die dieser Band kreist: Augusta Ada Byron (1815-1852), Tochter des Dichters Lord Byron und der Aristokratin Annabella Milbanke. Als Ada Lovelace geht sie ein in die Geschichte des Computers und der Programmierung und blieb doch allzu lange im Schatten männlicher Erfindungskraft. Hundert Jahre nach seinem Erstdruck, wird ihr Beitrag zu Deutung und Programmierung einer universellen, von Charles Babbage entworfenen Maschine wiederentdeckt und erneut publiziert. Erst spät also wurde in der Vorgeschichte des Computers die Nische erhellt, in der wir erstaunlicher Weise eine Frau finden, die in der ersten Hälfte des 19. Jahrhunderts als Kreuzungspunkt fast aller Spannungsverhältnisse gedeutet werden kann, welche Geschick und Geschichte eines Menschen ausmachen können. Skizzieren wir diese Spannungsverhältnisse – wenn auch nur holzschnittartig:

Wie die Frauen ihrer Zeit ferngehalten von Bibliotheken und universitärer Ausbildung, entwirft sie gleichwohl das erste namhafte Programm für eine universale Maschine. Ergriffen von einer Leidenschaft für Musik, entfaltet sie ihr schöpferisches Ingenium just in der Mathematik. Beherrscht vom Drang zu wissenschaftlicher Exzellenz und Werk, gebiert sie nach ihrer Heirat drei Kinder und entflammt immer wieder in Liebschaften. Durch Krankheiten gezeichnet und oftmals ans Bett gebunden, entfesselt sie einen unbändigen Bewegungs- und Freiheitsdrang, verkörpert in von ihr erfundenen Flugapparaten, als deren Antrieb sie die Dampfkraft imaginiert. Strenger Lebens- und Wissensdisziplin durch eine mathematische gebildete Mutter unterworfen, die damit das dichterische Erbe des exaltierten Vaters auszutreiben hofft, ergibt sich Ada nicht nur der Passion für den mathematischen Kalkül, sondern auch dem Rausch des Spiels, den Wetten und Drogen. ‚Nur' in der Rolle der Übersetzerin eines Artikels, wird sie mit dieser Übersetzung zusammen mit ihren Anmerkungen und Anhängen zur Autorin des ersten Computerprogramms, sowie auch zur hellsichtigen, das Computerzeitalter vorwegnehmenden Interpretin der Möglichkeiten symbolverarbeitender Maschinen. Und schließlich: Wiederentdeckt in der zeitgenössischen genderorienterten Rekonstruktion der Technik- und Computergeschichte, verstärkt durch den gegenwärtig fühlbaren Mangel an Frauen in der Informatik, wächst der Gestalt von Ada Lovelace eine weibliche Vorbildfunktion zu. Sie wird zur Ikone, fast zum Mythos und bleibt gleichwohl umstritten. Um all dies zusammen zu fassen: *Ada Lovelace: das ist die Ambivalenz als Existenz.*

Was will dieser Band?

Doch nicht um die Ausbreitung eines Lebens in Widersprüchen, nicht um die biographische Vergewisserung einer außerordentlichen und singulären Frauenexistenz im vorviktorianischen Zeitalter geht es in diesem Band. Zweifellos *ist* Ada Lovelace einzigartig; sie ist und bleibt ein Solitär und es gibt gute Gründe, die Aura des Rätselhaften und Ungewöhnlichen, die sie umgibt, nicht durch rasche Einsortierung in vertraute Register historischer Rekapitulation erklärbar und verstehbar zu machen. Und doch bündelt sich in ihrem Leben, ihrem Tun und Leiden, auch eine Problemlage und zeigt sich darin ein *Muster*, welches durchaus typisch ist für die Situation einer ‚rechnenden Frau', die Bedeutsames leistet auf dem Gebiet der Mathematik, der Computerwissenschaft und der Programmierung. Charakteristisch für dieses Muster ist – zuerst einmal – die Marginalisierung, wenn nicht gar das Vergessen der Rollen, welche Frauen im Rahmen der Computertechnik und ihrer Geschichte spielen. Denn eben dies widerfuhr nicht nur Ada Lovelace, sondern auch Computerpionierinnen des 20. Jahrhunderts wie Grace Murray Hopper oder den sechs Frauen, die den ersten Universalcomputer ENIAC 1943 programmierten.

Jahrhunderte bevor der Name ‚Computer' sich auf eine universelle symbolverarbeitende Maschine bezog, gab es die ‚weiblichen Computer', die in mathematikfokussierter doch gleichwohl mühevoller Arbeit große Datenmengen kompilierten, berechneten, zu Tabellen kondensierten und der Wissenschaft zur Verfügung stellten. Der Zweite Weltkrieg erzeugte einen neuerlichen Schub dieser weiblichen Computer, welche ballistische Flugbahnen für die Alliierten errechneten und tabellierten. Daraus gingen die *ENIAC Girls* hervor, die nach 1943 den ersten Digitalrechner ENIAC zu programmieren hatten.

Und so zeigt sich eine subtile Facette der Marginalisierung weiblicher Schaffenskraft auf dem Feld der Komputation und des Computers darin, dass die rechnenden Frauen auf die ‚weiche Seite' der Computertechnik gestellt werden oder selbst auch stehen wollen, verbunden also mit all dem, was mit Codierung, Sprache, Übersetzung, Kommunikation, kurzum: mit Software zu tun hat. Die Frau in der Geschichte der Computerisierung agiert bevorzugt als *Vermittlerin;* sie steht auf der Schwelle zwischen der Sprache der Mathematik und der Sprache der Schaltkreise, zwischen der Computertechnik und den Bedürfnissen der Nutzer und scheint für eben solche Rolle geschlechtsspezifisch prädestiniert. Nicht zufällig können Frauen in der Frühzeit der Wissenschaften sich dadurch einen Platz erobern, dass sie – wie Ada Lovelace eben auch – als *Übersetzerin* wichtiger Werke auftreten und deren Wissen für die Öffentlichkeit aufbereiten.

Dieser Band stellt zwar Ada Lovelace als eine Pionierin und Ahnfrau der Softwaretechnik in den Mittelpunkt; doch zugleich gilt sein Augenmerk auch der Situation anderer ‚rechnender Frauen' zu Zeiten von Ada Lovelace ebenso wie im 20. Jahrhundert und in der Gegenwart: Als Zeugnis für die weiblichen Produktivkräfte im Digitalen ergreifen einige Pionierinnen zeitgenössischer

Computertechnik und Informatik in diesem Band als Autorinnen selbst das Wort (z.B. Christiane Floyd und Nadia Magnenat-Thalmann).

Der Band akzentuiert durch exemplarische Beiträge also zwei Perspektiven:
(1) *Historisch* geht es um die mathematisch und computertechnisch schöpferischen Beiträge von Ada Lovelace und anderen ‚rechnenden Frauen'. Auch zeitgenössische genderpolitische Trends in der Informatik werden dabei zum Thema.
(2) *Systematisch* geht es um Verständnis und Beschreibung von Voraussetzungen und Entwicklungstendenzen der Programmierbarkeit und der Digitalität sowie wichtiger damit verbundener Forschungsfragen der Informationstechnologie 4.0. Dies schließt die Analysen von Arbeiten interaktiver Medienkünstlerinnen mit ein.

Doch die historische und die systematische Perspektive sind keine Schubladen, um die Beiträge des Bandes einzusortieren. In nahezu allen Beiträgen verweben sich beide Dimensionen.

Über die Beiträge

Die erste Abteilung beschäftigt sich mit Ada Lovelaces Leben und ihrem Beitrag zur Vorgeschichte des Computers.

Doreen Hartmann widmet sich den Grundzügen, aber auch überraschenden Details in Leben und Werk von Ada Lovelace im Spannungsfeld zwischen Mathematik und Musik, Kalkül und Poesie. Sie rekonstruiert, wie Ada Lovelace sich unter schwierigen familiären Verhältnissen zur selbstbewussten Persönlichkeit ausbildet, die sich Wissenschaft nicht nur aneignet, sondern dann mit erstaunlicher Weitsicht und zugleich mathematischem Verständnis heutige Nutzungsweisen von Computern voraussah. Sie kommentiert auch die Kontroversen, welche der Umstand ausgelöst hat, dass Ada Lovelace in einer zeitgenössischen Studie ein schöpferisches Potenzial rundweg abgesprochen wird.

Annette Pohlke wendet sich einer Frau zu der – und zwar deutlicher als bei Ada Lovelace – eine Karriere in der Naturwissenschaft und somit wissenschaftlicher Ruhm und Prestige beschieden war. Es geht um Mary Somerville, die für Ada zugleich Freundin und Lehrerin war. Vor dem Horizont deutlicher Gemeinsamkeiten, aber auch augenfälliger Unterschiede im Leben beider Frauen, wird die Wissenschaftskultur um 1830 in Großbritannien skizziert und sodann mit derjenigen in Deutschland verglichen am Leitfaden der Frage, warum gerade in England – nicht aber in Deutschland, dem Land der Humboldt-Bildungsreform – im 19. Jahrhundert Frauen zu anerkannten Stimmen der Wissenschaften avancieren konnten.

Bernhard Dotzler, der Charles Babbages Schriften – und damit auch die ‚Anmerkungen von Ada Lovelace' – auf deutsch herausgegeben hat und also ein intimer Kenner der Materie ist, widmet sich dem intensiven Briefwechsel zwischen Charles Babbage und Ada Lovelace und versucht die Beiträge beider im Gewirr der hin und her gehenden Briefe und Notate zu entwirren. Er verbindet seine Analyse der Kooperation von Babbage und Lovelace mit Reflexionen über die Eigenart von Texten, indem er demonstriert, dass Übersetzungen, Fußnoten, Anmerkungen und Kommentare als Praktiken, die auf einen vorgängigen Text bezogen sind, doch stets in diesen intervenieren und insofern produktiv sind. Und schließlich ist auch daran zu erinnern, dass Babbages *Analytical Engine* nichts anderes als eine als Text und Diagramm entworfene Papier-Maschine gewesen ist.

Jens Schröter stellt die kritische Frage, ob die bruchlose Eingliederung von Ada Lovelace in die Vorgeschichte des Computers nicht außer Acht lässt, wie viele der Bedingungen für die Entstehung des Computers als eines universellen Mediums zur Zeit von Lovelace gar nicht gegeben waren. Vielmehr gilt es zu berücksichtigen, dass an die Stelle linearer Entwicklungen sich Geschichte eher als eine Vielzahl miteinander keineswegs zusammenhängender, verteilter, schöpferischer Momente erweist. Unsere Distanz zu historischen Figuren sollte daher gewahrt und nicht nivelliert werden, durch deren Subsumtion als Kettenglied einer Linie. Nur im Widerstand gegenüber dem eindimensional vereinnahmenden Narrativ, kann Ada Lovelace für uns das ihr eigene Rätselhafte und Erratische behalten.

Sybille Krämer fragt – da Ada Lovelace als Ahnfrau der Programmierungstechnik gilt – noch einmal grundsätzlich, was ein Programm und eine programmierbare Maschine ist. Denn nur soweit dies geklärt ist, kann sinnvoll bestimmt werden, was in dem von Ada Lovelace selbst verfassten Text – ihren ‚Anmerkungen' – tatsächlich berechtigt, sie als eine Pionierin der Programmiertechnik zu interpretieren. Wichtig ist es, den begrifflichen Unterschied zwischen einem Algorithmus und einem Programm zu machen, denn dann wird klar, dass Ada den Algorithmus für die Bernoulli-Zahlen, den sie von Babbagge erhielt, ihrerseits in ein lauffähiges Programm zu deren maschineller Berechnung transformiert hat. Im Kern geht es darum, dass Ada Lovelace die Mathematik als eine operative Sprache erkennt und einsetzt und damit die Unterscheidung zwischen einer physikalischen und einer symbolischen Maschine einführt, eine Vorstufe der Unterscheidung von Hardware und Software.

Marie Luise Angerer folgt den Spuren der mit Ada Lovelace verbundenen Mythenbildung bis hin zu deren digitalen Schwestern. Sie untersucht Lynn Hershmanns Film *Conceiving Ada.* Dass Ada Lovelace zur Ikone – teilweise zum Mythos – wurde, verdankt sich auch dieser filmkünstlerischen Bearbeitung in der Perspektive eines cyberfeministischen Projekts, welches die digitale Medienentwicklung – wie schon in Donna Haraways Fiktion eines Cyborg – in einer heroischen Bewegung euphorisch begrüßt hat. Doch in dem Maße, in dem heute sich das cyberfeministische Begehren mit den medientechnischen und gesellschaftspolitischen Realitäten verbindet, breitet sich Ernüchterung aus. Was ehemals subversiv sich verstand, findet sich nun im Lager der Kommerzialisierung wieder, so zum Beispiel, wenn die Programmierung von

Gefühlen und Stimmungen im ‚affective computing' in der Zwischenzeit zur Agenda zeitgenössischer Computertechnologie aufgerückt ist.

Der zweite Teil des Bandes widmet sich der Funktion rechnender Frauen in jüngerer Zeit sowie der Rolle, die genderorientierte Fragen für Entwicklungen im Fach Informatik gespielt haben.

Janet Abbate zeigt, dass ‚rechnende Frauen', die als weibliche Computer bereits während eines langen Zeitraumes mit eigenhändiger wiewohl monotoner Datenverarbeitung den Wissenschaftlern Zuarbeit leisteten, im Zweiten Weltkrieg dann entscheidende Schaltstellen der Computernutzung einnehmen. Sechs Frauen bildeten ein Team, um 1943 ENIAC zu programmieren; auch die Colossus Computer in Bletchley Park, die der Entschlüsselung dienten, wurden von Frauen bedient; die Geheimhaltung der Codeentschlüsselung nach Kriegsende führte dazu, dass diese weibliche Pionierarbeit keine Anerkennung fand. In der zweiten Hälfte des 20. Jahrhunderts sind es Grace Murray Hopper wie auch Mary Allen Wilkes, die als Softwareexpertinnen die heute geläufige Auffassung von Software prägen, angetrieben von dem Bedürfnis, den Nutzern ein höchstmögliches Maß an intuitiver Bedienung und Kontrolle der Maschine zu ermöglichen.

Tanja Paulitz wirft einen kultursoziologischen Blick auf die Marginalisierung bzw. symbolische Exklusion von Frauen aus der Wissenschaft, allen voran der ‚rechnenden Frauen'. Sie zeigt auf, wie Fachlichkeit und Geschlechtlichkeit miteinander verwoben sind, in dem Sinne, dass die für eine Disziplin jeweils geforderten Kerneigenschaften zwar von Fach zu Fach variieren, doch darin übereinstimmen, dass just solche Eigenschaften als Kernkompetenzen des Fachs favorisiert werden, die gewöhnlich mit männlichen Veranlagungen und Fähigkeiten konnotiert sind. Was das bedeutet, wird anhand des Fallbeispiels der Mathematikerin Eleanor A. Lamson (1875-1932) historisch rekonstruiert: In einer wichtigen geophysikalischen Expedition, deren mathematische Analysis und Berechnung Eleanor Lamson oblag, wird sie als Co-Autorin im abschließenden Forschungsbericht nicht erwähnt.

Heidi Schelhowe arbeitet heraus, dass die über lange Perioden gültige eindimensionale Verknüpfung der Rationalität des Computers mit Mathematik und männlich konnotiertem Ingenieurwesen erst allmählich einer Öffnung weicht, welche die medialen, kommunikativen, interaktiven Momente des Computereinsatzes betont. Es war gerade die Frauen- und Gender-Forschung in der Informatik, die diese wichtige Öffnung in Verständnis und Nutzung des Computers auf die Tagesordnung setzt. Schelhowe versteht ihren Beitrag als ein Plädoyer dafür, dass die Informatik von geschlechtsspezifischen Prägungen und Hindernissen befreit und zur Anerkennung der Diversität ihrer Nutzungskulturen geführt werden kann.

Der letzte Teil des Bandes verändert den Blickwinkel, denn jetzt geht es um allgemeine Tendenzen zeitgenössischer Digitalisierung, betrachtet jeweils aus der Perspektive von Autorinnen, die wichtige Innovationen in den Computer-, Informations- und Medienwissenschaft angestoßen haben.

Christiane Floyd erhielt die erste Professur für Softwaretechnik (1978) und war damit zugleich die erste Frau mit einer Informatikprofessur in Deutschland. Sie betritt mit ihrem Ansatz, der an Ergonomie, Partizipation und Kooperation orientiert ist, zur damaligen Zeit ein Neuland, das mit der Mainstream-Informatik kaum zu verbinden und zu verbünden war. Gleichwohl – oder gerade deshalb – wird sie zum Magnet vieler in der Informatik promovierender Frauen, und Christiane Floyd beschreibt in ihrem Beitrag, in welcher Weise diese weiblichen Dissertationsprojekte ihren eigenen Ansatz fortgebildet bzw. revidiert haben. Jede Promovendin machte dies auf ihre eigene Weise, doch als gemeinsames Band all dieser Projekte schält sich ein verbindender Gedanke heraus: Es ist dies die Idee einer ‚Softwaretechnik im Kontext'.

Nadia Magnenat-Thalmann hat selbst Wegmarken gesetzt und setzt diese immer noch auf dem Gebiet der Computergrafik, der virtuellen Humanoiden, der Körper- und Gefühlssimulationen. Sie beschreibt in ihrem Beitrag Entwicklungstendenzen zeitgenössischer Robotik hin zu einer Interaktion zwischen humanoidem Roboter und Mensch. Der technische Entwurf zielt auf Roboter, die menschliche Verhaltensmuster und Intentionen erkennen, die Gesten und Sprache verstehen und physische Befindlichkeiten ihres Gegenübers wahrnehmen können. Angesichts der demografischen Entwicklungen entsteht damit die Vision, dass Roboter zum Beispiel in der Pflege älterer Menschen eingesetzt werden könnten. Was das heißt, wird am Beispiel des humanoiden Roboters NADINE erörtert, dessen Konstruktion und Erforschung eine entscheidende Front in der zeitgenössischen Robotik markiert.

Anja Richert untersucht, was das bedeutet, dass ‚Big Data' zum Gold des digitalen Zeitalters wird, und in welcher Weise sich die Prozesse der Wissenserzeugung verändern, wenn – wie bei der zukünftigen Ära 4.0 angenommen – Algorithmen zur Weltsprache der Maschinen avancieren. Ihr Augenmerk gilt zum einen der Debatte, welchen Einfluss die Big Data Technologie auf die Methoden in den Geistes- und Sozialwissenschaften haben wird. Hier kann sie zeigen, dass mit der Digitalisierung geisteswissenschaftlicher Verfahren neue Forschungsweisen sich abzeichnen, welche die traditionellen Vorgehensweisen nicht einfach verdrängen und ersetzen, vielmehr ergänzen und bereichern. Weitere Anwendungen der Big Data Analyse sind das ‚quantified self', die Selbstvermessung und – darüber hinausgehend – generell die Vernetzung biologischer Systeme unter Einbezug des gesamten menschlichen Körpers durch die eine ‚Augmented-Reality' erzeugenden Technologien. All dies kulminiert beispielhaft in dem gegenwärtigen Phänomen der ‚Predictive-Policing-Technik', mit deren Hilfe Ermittler versuchen, Verbrechen vor ihrem Geschehen vorher zu sagen.

Sabina Jeschke analysiert die Weiterentwicklung kybernetischer Wissenschaftsparadigmen als Entwicklungsstufen künstlicher Intelligenz und charakterisiert einen gegenwärtig neuartigen Zug, der darin besteht, dass Intelligenz sich räumlich verteilt auf eine Vielzahl von interagierenden Systemen mit völlig verschiedenartigen Subkomponenten; so entstehen ‚Cyber Physical Systems'. Deren Kunstgriff ist es, dass diese Art von Technologie nicht mehr als lokalisierte Einheit wahrnehmbar ist, sondern im Prinzip über die ganze Welt verteilt sein kann. Überdies sind die Komponenten solcher Systeme nicht – wie etwa bei Mensch und Tier – festgelegt, sondern hochgradig variabel und dynamisch. Dies wird als Charakteristikum der vierten industriellen Revolution, der 4.0 Ära ausgewiesen, die zugleich verlangt, Steuerungsprozesse entschieden zu dezentralisieren.

Yvonne Spielmann analysiert avancierte Beispiele digitaler Medienkunst von Frauen, die ihre Arbeiten als kritische Einsätze gegenüber der weltweiten Vernetzung von Technologien verstehen und alternative Modelle der Perzeption und Partizipation mittels Computerumgebungen entfalten. In der technikaffinen Diskursvielfalt sind es gerade Frauen, die ein Gegengewicht zum universellen Technologieoptimismus bilden. Was das bedeutet untersucht die Autorin anhand von drei Künstlerinnen: Steina Vasulka entwickelt unsere Wahrnehmungen verstörende interaktive Video-Performances. Gina Czar-necki arbeitet mit Installationen, in denen sie durch interaktive Verbindung von Biologischem und Technischem Kritik übt an den militärischen und medizinischen Zwecken der ‚Augmented Reality'. Seiko Mikami setzt sich in ihren digitalen Installationen mit Alltagserfahrungen in superverdichteten Lebensräumen auseinander.

Zum Abschluss

Anlass dieses Bandes ist die vom Heinz Nixdorf MuseumsForum in Paderborn ausgerichtete Sonderausstellung AM ANFANG WAR ADA. FRAUEN IN DER COMPUTERGESCHICHTE (SEPTEMBER 2015 BIS JULI 2016). Es bleibt zu hoffen, dass Ausstellung und Buch gemeinsam das Bild der Rolle von Frauen in der Computertechnik korrigieren und durch wichtige Facetten ergänzen können. Daher möchte ich dem Heinz-Nixdorf Forum, Paderborn, für die Unterstützung dieses Bandes danken. Überdies hat Raimar Zons die Edition nicht nur initiiert, sondern mit Rat beständig begleitet. Nicht zuletzt danken wir der gründlichen Arbeit der Lektorin Helga Holtkamp.

I. ADA LOVELACE: AKTEURIN, PROGRAMMIERERIN, IKONE

DOREEN HARTMANN

Zwischen Mathematik und Poesie. Leben und Werk von Ada Lovelace

Pionierin der Programmierung

Augusta Ada Byron, später bekannt als Ada Lovelace, hatte ein kurzes, aber bewegtes Leben. Geboren am 10. Dezember 1815 in London, starb sie mit nur 36 Jahren nach jahrelanger Behandlung am 27. November 1852 an Gebärmutterhalskrebs. Sie war die einzige eheliche Tochter des berühmten romantischen Dichters Lord Byron und der britischen Aristokratin Anne Isabella Milbanke.

Ada Lovelace übersetzte in einer neunmonatigen Arbeitsphase ein Memorandum über einen nie gebauten Computer – die von Charles Babbage entworfene *Analytical Engine*. Dafür entwarf sie 1843 eine Berechnungsanweisung, die ihr retrospektiv den Titel ‚erste Programmiererin' einbrachte und sie zur weiblichen Symbolfigur der Informatik machte. Deshalb wohl interessiert es uns im Jahr 2015, dass sich ihr Geburtstag zum 200. Mal jährt.

Das ist die schnelle Version des Lebens und Werks von Ada Lovelace. Ich möchte nachfolgend einen detaillierteren Blick, vor allem auch auf ein paar unbekanntere, aber umso spannendere Facetten ihres Lebens werfen, die ihr Handeln maßgeblich beeinflussten. Ada Lovelace war nämlich auch Musikerin und Dichterin, sie wollte das menschliche Fliegen durch Dampfantrieb revolutionieren, war selbstbewusste Wissenschaftlerin und Förderin männlicher und weiblicher Zeitgenossen und hatte ein interdisziplinäres Wissenschaftsverständnis.

Die Geschichtsschreibung über Leben und Werk von Ada Lovelace zeigt auch eine ‚dunkle Seite' aus Alkohol- und Drogenkonsum, Spielsucht, Schulden und Liebesaffären, die bisweilen herangezogen wird, um despektierlich über sie zu sprechen. Es ist nicht vermessen zu behaupten, dass solche biographischen Details bei einem ihrer männlichen Kollegen sicher nicht seiner Reputation geschadet hätten, sondern als Zeichen seiner spannenden Persönlichkeit glorifiziert würden. Auch die Kontroversen um Lovelaces wissenschaftliche Leistung, konkret der Vorwurf, dass sie sich selbst überschätzte und nur einen marginalen Anteil an der Erstellung des ersten ‚Computerprogramms' hatte, zeigen, wie unterschiedlich doch die Lesarten männlicher und weiblicher Biographien verlaufen können. Auf der Seite der Babbage-Befürworter finden sich nicht selten Zeilen wie folgende:

> It would be only a slight exaggeration to say that Babbage wrote the ‚Notes' [...], but for reasons of his own encouraged the illusion in the minds of Ada and the public that they were authored by her. It is no exaggeration to say that she

> was a manic depressive with the most amazing delusions about her own talents, and a rather shallow understanding of both Charles Babbage and the Analytical Engine.[1]

In der Zusammenarbeit zwischen Mann und Frau wird die Aufgabe letzterer immer wieder auf die einer Assistentin oder Muse reduziert, eigene Erkenntnisse seitens der Frau werden marginalisiert oder als Leistung des Mannes verbucht. Am Beispiel von Ada Lovelace zeigt sich, wie wenig haltbar solche Zurücksetzungen häufig sind und wie viele Aspekte in Betracht gezogen werde müssen, um eine valide Aussage über das jeweilige Werk treffen zu können.

Familiäre Spannungen

Im Januar 1816, gerade mal fünf Wochen nach Adas Geburt, trennte sich die Mutter nach nur einem Jahr der Ehe von ihrem Mann. Gängiges Narrativ ist, dass sich die Lebensauffassungen von Lord und Lady Byron zu sehr unterschieden: Er steht für die romantische Dichtung, sie für die rationale Mathematik. Doch so monokausal lässt sich das nicht erklären. Hinzu kam nämlich unter anderem, dass Lord Byron Geldprobleme hatte, die ihn zu Wutanfällen trieben und die er durch Alkohol und Affären kompensierte. Adas Mutter fürchtete seine Nähe. Sie floh mit der Tochter ins Haus der Großeltern nach Kirkby Mallory.

Eine Scheidung im frühen 19. Jahrhundert, zumal ausgehend von der Frau, war eine Sensation – und das natürlich nicht im positiven Sinne des Wortes. Ada Lovelace stand sicherlich auch deshalb zeitlebens unter öffentlicher Beobachtung. Durch zahlreiche Umzüge versuchte die Mutter sie von der damaligen Klatschpresse abzuschirmen.

Ada stand unter der ständigen Obhut ihrer Mutter, die ihr nur wenig Freiheit ließ. In späteren Briefkorrespondenzen mit ihrem Ehemann bezeichnet Ada Lovelace ihre Mutter sogar als ‚hen', zu Deutsch Glucke. Einen Großteil der Zeit verbrachte die junge Ada aber auch mit ihren Kindermädchen, da die Mutter viel verreiste. Sie blieb mit ihrer Mutter zwar in ständigem Briefaustausch – eine Analyse jener Briefe macht aber deutlich, dass Ada stets versuchte, ihrer Mutter zu gefallen.

Lord Byron selbst verließ England nach der Trennung und kehrte bis zu seinem Tod nicht wieder zurück. Erst im späteren Alter konnte Ada Lovelace durch den Kontakt zu Lord Byrons Halbschwester langsam Informationen über ihren Vater sammeln. 1850 besuchte Lovelace das Ahnenhaus ihres Vaters in Newstead Abbey. Auf ihren eigenen Wunsch hin ließ sie sich neben ihrem Vater in der Church of St. Mary Magdalene in Hucknall, Nottingham beisetzen.

Lord Byron richtete seine letzten Worte an seine Tochter und verarbeitete den Verlust unter anderem im dritten Teil seines autobiografischen, vierteiligen Versepos *Childe Harold's Pilgrimage* (1812-16), das er ein paar Wochen nach der Trennung schrieb.

> Ada! Gleicht Dein Gesicht der Mutter jetzt
> Du einzig Kind im Herzen und im Haus?
> Als ich dein blaues Auge sah zuletzt,
> Da lächelt' es und hoffend zog ich aus,
> Nicht So wie heut![2]

Ada Lovelace lernte ihren ebenso berühmten wie berüchtigten Vater nie persönlich kennen. Erst nach ihrer Hochzeit, an Weihnachten 1835, schickte Lady Byron ihrer mittlerweile 21-jährigen Tochter ein Bild ihres Vaters, das zuvor jahrelang von grünem Samt verhüllt, über dem Kamin im Haus der Großeltern gehangen hatte. Lady Byron wollte nicht, dass Ada das Gesicht des begehrten, für sie fremden Mannes sah, aus Angst, sie könne sich beim Anblick verlieben.

Aus Angst ihre Tochter würde die ‚poetische, romantische Ader' ihres Vaters ausbilden, bekam Ada schon im frühen Kindesalter insbesondere in naturwissenschaftlichen Fächern Unterricht. Alles Leidenschaftliche und Adas sichtbares Interesse für Musik und Literatur sollten ihr so ausgetrieben werden. Die Mutter hatte ihre Tochter belehrt, dass der Unterricht sie von den ‚Byronschen Tendenzen' abhalten sollte und Ada glaubte irgendwann an diese Form der ‚Heilung'. An ihren Lehrer und Mentor Dr. King schrieb sie „nothing but a very close and intense application to subjects of a scientific nature now seems at all to keep my imagination from running wild"[3]; er pflichtete ihr – von der Mutter instruiert – bei. Umso erstaunlicher ist es zu erfahren, dass Lady Byron zeitlebens selbst dichtete. Diese Werke wurden teilweise zu ihrer Lebenszeit veröffentlicht, wie etwa ein Gedicht, das sie zu Adas erstem Geburtstag verfasste und das 1824 in einer britischen Zeitung erschien.[4] Dennoch verbot sie ihrer Tochter, die Werke des Vaters zu lesen.

Auch als erwachsene Frau konnte Ada Lovelace nicht so frei agieren, wie ihr lieb gewesen wäre. Am 8. Juli 1835 wurde die damals 19-jährige Ada mit dem zehn Jahre älteren William King, 8th Baron King und späterem Earl of Lovelace, verheiratet. Der Sohn ihrer Mentorin und Freundin Mary Somerville hatte den früheren Klassenkameraden aus Cambridge als zukünftigen Mann vorgeschlagen und Lady Byron willigte ein. Ada Lovelace bekam innerhalb von drei Jahren drei Kinder. Sie zeigte sich unglücklich darüber, dass die häuslichen Pflichten ihr nur wenig Zeit für ihre mathematischen Studien ließen. Nach der Geburt ihres letzten Kindes gelang es Ada Lovelace zwar, der Wissenschaft wieder mehr Zeit zu widmen, jedoch wurde ihre sich zunehmend verschlimmernde Krankheit bald ein neuer Hinderungsgrund. Ada Lovelace kämpfte wacker gegen ihre angeschlagene Gesundheit an: Viele Briefe berichten davon, wie sie trotz Schwäche weiterarbeitet und Erfolge auf ihrem Genesungsweg sieht.

Zwischenbemerkung

Die damals höchst ungewöhnliche Scheidung ihrer Eltern führte zur stetigen öffentlichen Begutachtung der Familie und schürte die Gerüchteküche. Die damalige Presse stürzte sich förmlich auf den Fall und nahm das Handeln von Ada Lovelace als Anlass für Schlagzeilen und Berichte. Dabei waren nicht nur die ‚Höhen' ihres Lebens vom öffentlichem Interesse.

Aufgrund ihrer Krankheiten nahm Ada Lovelace häufig Opiate und Laudanum zu sich. In der damaligen Zeit waren das gängige Medikamente, die sie allerdings in die Sucht trieben. Krank und allein verbrachte sie viel Zeit in ihrer Londoner Stadtresidenz, betrieb mathematische Studien, traf ihre Freunde aus der Wissenschaft und nahm – mehr oder weniger freiwillig – am öffentlichen, aristokratischen Leben teil. Ihre Versuche, mehr Zeit mit ihrem Ehemann zu verbringen, schlug dieser immer wieder aus. Er interessierte sich stattdessen mehr für seine Bauprojekte in East Horsley. Dass sie unter diesen Umständen Kontakte zu anderen Männern hatte – wie intensiv die gewesen sein mögen, bleibt aufgrund der Quellenlage unscharf – verwundert daher wenig, und erlaubt erst recht nicht, daraus einen Vorwurf zu generieren.

Schließlich fing sie an, auf Pferde zu wetten und verlor dabei horrende Summen. Um die Schulden in den Griff zu bekommen, entwickelte sie in ihren letzten Lebensjahren ein mathematisches Wettsystem, scheiterte damit aber. Heimlich verpfändete sie die Familienjuwelen zweimal, Drohungen und Erpressung folgten. Unzählige Briefkorrespondenzen und Schriftstücke der damaligen Zeit wurden vernichtet, um ihrem Ruf nicht noch mehr zu schaden.[5] Aufgrund der unvollständigen Quellen muss Adas Lovelaces Leben wohl immer etwas verschwommen bleiben. Des Weiteren wurden im Laufe der Jahre in den teils überaus fiktional geschriebenen Biografien über Ada Lovelace Geschichten tradiert, deren Wahrheitsgehalt anzuzweifeln ist.[6]

Die Analysen von Ada Lovelaces Erziehung und ihrem eigenem Schreiben müssen zudem auch vor dem Hintergrund der Rollenbilder des 19. Jahrhunderts gelesen werden: Bildung für Frauen wurde als unwesentlich erachtet und Emotionalität wurde als ein Symptom der typisch weiblichen Erkrankung Hysterie pathologisiert. Nervenzusammenbrüche und Depressionen prägten als Folgeerscheinungen die Lebensrealitäten vieler Frauen dieser Zeit. All diese Hintergründe sollten in der Aufarbeitung von Leben und Werk der Ada Lovelace immer mitreflektiert werden.

Erziehung und frühe Ausbildung

Lady Byron legte großen Wert auf die Ausbildung ihrer Tochter, die sie durch eine Prozedur aus „reward and punishment“[7] durchsetzte und bis ins Erwachsenenalter regulierte. Mary Somerville kritisierte die strengen Erziehungsmethoden und das strikte System, äußerte sich aber erst nach Ada Lovelaces Tod dazu.

Adas Tagesablauf war durch festgesetzte Lerneinheiten strukturiert. Täglich außer sonntags bekam die junge Ada von sechs Uhr morgens bis zum Abendessen Unterricht von ihren Kindermädchen, der eigenen Mutter und verschiedenen Hauslehrern. Seit sie vier Jahre alt war, wurde Ada in Mathematik geschult, was anfangs keineswegs zu ihren liebsten Beschäftigungen gehörte. Erst später, durch ihre Begeisterung für die *Analytical Engine,* wurde ihr Mathematik zur Freude statt zur auferlegten Pflicht. Daneben wurde Ada in Geografie und Astronomie unterrichtet und lernte zudem verschiedene Sprachen wie Französisch, Deutsch und Latein, die ihr bei ihren späteren wissenschaftlichen Arbeiten halfen.[8] Ada Lovelace interessierte sich auch für Literatur, doch die Dichtkunst setzte die Mutter ihr bewusst nicht auf den Lehrplan.

In ihrer Jugend lernte Ada Gitarre sowie später Piano forte zu spielen und bekam Gesangunterricht. Sie spielte seit sie 20 Jahre alt war bis zu ihrem Tod begeistert mehrere Stunden täglich Harfe. Auch im späteren Leben tendierte Lovelace immer wieder dazu, die Mathematik zugunsten ihrer großen Leidenschaft, der Musik, aufzugeben. Sie zog sogar eine musikalische Karriere in Erwägung – zur damaligen Zeit und als Aristokratin eine nicht weniger kühne Idee als die, Wissenschaftlerin zu werden. Sowohl ihre Mutter als auch ihr Ehemann steuerten diesen Ideen jedoch vehement entgegen. Ada Lovelace musste das ihr so wichtige musische und poetische Interesse immer wieder gegenüber beiden verteidigen.[9]

Sonntags hatte Ada keine formalen Unterrichtseinheiten, sondern wurde nach Pestalozzis Ansatz des Bauens und der Formen geschult[10] – und das ist wichtig zu wissen, denn dieser Ansatz prägte ihr Wissenschaftsverständnis nachhaltig, ebenso wie ihre Vorliebe für Musik, Literatur und Sprachen für ihre spätere Arbeit eine immense Wichtigkeit erlangen sollten.

Begeisterung & Freiheitsdrang

Ada war seit der frühen Kindheit häufig krank. Ihre Leiden machten sie körperlich schwach und fesselten sie oft ans Bett. So hatte sie ab 1822 fast zehn Jahre lang mit den Folgen einer Rötelerkrankung zu kämpfen und litt an starken Kopfschmerzen und Augenproblemen. Zudem stand sie unter ständiger Kontrolle ihrer Mutter. Sie erkrankte in der Folge sehr häufig psychisch und körperlich. Wenig erstaunlich ist es daher, dass sie einen starken Freiheitsdrang entwickelte.

Eine 15-monatige Bildungsreise nach Kontinental-Europa inspirierte Adas Denken zudem deutlich: Ab Juni 1826 begab sie sich zusammen mit ihrer Mutter, einem Kindermädchen und ihrem Cousin Robert Noel in die Schweiz, nach Frankreich, Deutschland und Italien. Sie war beeindruckt von der deutschen Musik, den Alpen und den Dampfschiffen. Die gesammelten Inspirationen und die Einsamkeit führten Ada zur Idee der Fliegerei. Bereits 1823 hatte sie detaillierte Vogel- und Schiff-Modelle konstruiert. Von Januar bis April 1828 konzipierte die zwölfjährige Ada einen Flugapparat und wollte ein Buch über „Flyology" verfassen: Am 3. Februar 1828 schrieb sie an ihre Mutter:

> I am going to begin my paper wings tomorrow and the more I think about it, the more I feel almost convinced that with a year or so's experience &practise I shall be able to bring the art of flying to very great perfection. I think of writing a book of Flyology illustrated with plates, if ever I really invent a method of flying.[11]

Wenig später schilderte sie ihre weitergehenden Pläne, denn sie imaginierte den Flugapparat mit Dampf anzutreiben und wollte den Menschen das Fliegen ermöglichen:

> As soon as I have brought Flying to perfection, I have got a scheme about [...] a thing in the form of a horse with a steamengine in the inside so contrived as to move an immense pair of wings, fixed on the outside of the horse, in such a manner as to carry it up into the air while a person sits on its back.[12]

Beachtlich sind diese Ideen auch, weil sie einige Jahre vor den Flugapparat-Konzepten von William Samuel Henson, Reuben J. Spalding und Otto Lilienthal entstanden. Adas Vision wurde jedoch schnell von der Mutter unterdrückt, die wieder einmal fürchtete, dass Ada den Byronschen träumerischen Veranlagungen erliegen würde. Lady Byron schenkte ihrer Tochter zur Ablenkung ein Holzpferd und verbot ihr, die Überlegungen zur Fliegerei weiterzuführen.

Der Wille zum Wissen.
Die Ausbildung einer selbstbewussten Persönlichkeit

Für Frauen war damals der Zutritt zu Universitäten, Akademien und deren Bibliotheken nur sehr eingeschränkt möglich oder völlig untersagt. In Großbritannien gab es 1869 das erste Frauenkolleg und 1878 war erstmals der Erwerb eines akademischen Grades möglich. Die Rolle der Frau sollte sich auf den Haushalt, die Überwachung des Personals, die Führung des Haushaltsbuchs, die Organisation der häuslichen Feste und Soireen und das Gebären, Pflegen und Erziehen der Kinder beschränken. Aristokratische Familien hatten zwar oft Hauslehrer, meist aber nur, um den Mädchen Zeichnen, Tanzen oder Klavier beizubringen. Wissenschaftliche Kenntnisse waren überwiegend Männern vorbehalten.

Ada verspürte einen starken Bildungsdrang, den sie auf unterschiedliche Weise zu befriedigen versuchte. Das ihr seitens ihres Mannes zugestandene, recht bescheidene Taschengeld reichte nicht aus, um genügend Bücher zu kaufen. Die Korrespondenzen mit Gelehrten wurden für Ada Lovelace daher umso wichtiger. Auch nach aktuellen wissenschaftlichen Publikationen erkundigte sie sich immer wieder bei ihren Lehrern und Mentoren und bat sie um Buch-Ausleihen.

Zudem nutzte Ada Lovelace die auch Frauen offenstehenden Möglichkeiten intensiv. Sie besuchte technische Ausstellungen und ging zu öffentlichen Vorträgen, unter anderem an der *Royal Institution of Science and Technology*. Das Lateinische „labor ipse voluptas", zu Deutsch in etwa „Arbeit selbst ist das Vergnügen" nannte Ada Lovelace als ihr Motto.[13]

Ihr Mann war ebenfalls mathematisch gebildet und bestärkte das Vorhaben seiner Frau, Wissenschaftlerin zu werden. Er unterstütze ihren Austausch mit Babbage, Somerville und anderen Gelehrten. Zudem ließ er sich in die *Royal Society* aufnehmen, wo er wissenschaftliche Bücher und Schriften minutiös für seine Frau abschrieb.

Durch die mütterlicherseits initiierten Ausbildungsmaßnahmen kam Ada schon früh in Kontakt mit namhaften Gelehrten der damaligen Zeit. Der aristokratische Hintergrund und Adas eigener Wille zum Wissen öffneten ihr die Tür in die Welt der Wissenschaft. Ada Lovelace begegnete Charles Babbage erstmals bei einer seiner Soireen in London am 5. Juni 1833 und war fortan fasziniert von seinen Erfindungen. Nicht nur die Schönheit und Eleganz der von ihm ausgestellten mechanischen Tänzerin, der *Silver Lady*, beeindruckte sie, sondern vor allem deren Funktionsweise[14]; schließlich hatte sie sich selbst einige Jahre zuvor mit der Konstruktion ähnlicher Apparate beschäftigt. Besonders beeindruckt war sie von der Funktionalität der *Difference Engine No.1*, die Babbage bei diesen Zusammenkünften auch gerne seinen Gästen präsentierte und von ihnen ausprobieren ließ. Zu Babbages weiteren Gästen zählten unter anderem der Physiker und Mathematiker Dionysius Lardner, die Mathematikerin Mary Somerville, der Geologe Charles Lyell sowie Charles Dickens und Charles Darwin, deren Schriften Ada kannte und teilweise bewunderte. Ada Lovelace trat in regen Austausch mit diesen Persönlichkeiten.

Schon bald nach der Geburt ihrer drei Kinder nimmt Ada Lovelace im November 1839 ihre mathematischen Studien wieder verstärkt auf und intensiviert den Kontakt zu Babbage. Sie hatte selbst bereits 1834 ihr Wissen in Mathematik als Lehrerin an adelige junge Damen weitergegeben[15] und bat nun Babbage, ihr einen geeigneten Mathematik-Lehrer vorzuschlagen, um selbst ihr Wissen zu erweitern. Im Sommer 1840 begann sie intensiv mit dem Londoner Mathematik-Professor Augustus De Morgan zu korrespondieren.[16] Dessen Forschungsansätze passten sehr gut zu Adas Liebe für die Verbindung von Musik und Musiktheorie mit der Mathematik.

Die Analysen der ausgiebigen Briefwechsel zwischen Ada Lovelace und ihren Lehrern haben so manchen Biografen dazu verleitet, ihre mathematischen

Fähigkeiten infrage zu stellen. Solche Analysen sind in vielerlei Hinsicht fragwürdig: Erstens ist jeder Lernprozess von Fragen und Antworten geprägt, und zweitens stellte Ada Lovelace an den unbezahlten Lehrer De Morgan nur Fragen, statt ihm ausführlich mitzuteilen, was sie schon wusste.[17] Daraus ihre mangelnde Kompetenz abzuleiten, ist folglich zweifelhaft. Drittens wurden eventuell noch ungenügende, mathematische Kenntnisse im Formalen doppelt aufgewogen durch ihren kreativen und kritischen Verstand.

De Morgan unterrichtete Ada Lovelace, zweifelte aber bisweilen aufgrund ihres Geschlechts an ihren Kapazitäten und dämpfte ihren Enthusiasmus. Er schrieb ihrer Mutter Lady Byron, dass die mathematischen Studien „a very great tension of mind beyond the strength of a woman's physical power“[18] darstellen. Gleichwohl erkannte er Lovelaces Brillanz und nahm an, dass sie die Möglichkeit hätte, „an original mathematical investigator, perhaps of first-rate eminence“[19] zu werden – wäre sie nur ein Mann.

Auch andere schätzten Ada Lovelaces wachen Verstand und ihre Fähigkeiten. Babbage gestand ihr mehr zu als vielen seiner männlichen Zeitgenossen; am 9. September 1843 beschrieb er sie gegenüber dem bedeutenden Physiker Michael Faraday als

> Enchantress who has thrown her magical spell around the most abstract of Sciences and has grasped it with a force which few masculine intellects (in our own country at least) could have exerted over it[20].

War Ada Lovelace zunächst noch sehr zurückhaltend, fast ehrfürchtig gegenüber dem angesehenen Charles Babbage, so entwickelte sie im Laufe ihrer Freundschaft und Zusammenarbeit ein hohes Selbstbewusstsein. Sie hoffte zusammen mit Babbage die *Analytical Engine* zu einem Prototypen entwickeln zu können und schrieb ihm einen ausführlichen Brief, um die Regeln ihrer gleichberechtigten Zusammenarbeit zu vereinbaren.[21]

In ihrem Gesuch an Faraday, ihn als Lehrer zu gewinnen, tritt Ada Lovelace im November 1844 selbstbewusst und gewitzt auf. Sie vergleicht ihrer beider Verhältnis mit dem einer Schildkröte zu einer Fee:

> You have excited in my mind a ridiculous, but not ungraceful, allegorical picture, viz: that of a quiet demure plodding tortoise, with a beautiful fairy gambolling round it in a thousand radiant & varying hues; the tortoise crying out, 'Fairy, fairy, I am not like you. I cannot at pleasure assume a thousand aerial shapes & expand myself over the face of the universe. Fairy, fairy, have mercy on me, & remember I am but a tortoise'.[22]

Faraday selbst beschrieb Lovelaces Verstand als „elasticity of intellect“[23].

Das Wissenschaftsverständnis von Ada Lovelace

Trotz des strengen Lernsystems entwickelte die junge Ada ein reges Interesse an technischen und mathematischen Fragestellungen. Sie begeisterte sich für Mechanik und Maschinen und wollte Neues kreieren. Die frühe Bildung und das hohe Faktenwissen waren eine gute Basis, doch erst gepaart mit ihrer kritischen, kreativen Auffassungsgabe entstanden daraus ihr eigenes Wissenschaftsverständnis sowie ihre Visionen für die Zukunft.

Die Idee ihrer Mutter, sie von der Poetik und Geisteswissenschaft fernzuhalten, scheiterte allerdings. Die Eindrücke der sie umgebenden Industriellen Revolution im England und ihre frühe naturwissenschaftlich-mathematische Bildung verband Ada Lovelace mit den Einflüssen der Spätromantik zu einer – wie sie es nannte – ‚Poetischen Wissenschaft'. Ihre Mutter hatte ihrer Tochter die Auseinandersetzung mit Literatur und Philosophie versagt und ihr stattdessen die intensive Auseinandersetzung mit Mathematik nahegelegt. Für Ada Lovelace gehörte aber beides zusammen, sie unterbreitete ihrer Mutter daher folgenden Vorschlag:

> You will not concede me philosophical poetry. Invert the order! Will you give me poetical philosophy, poetical science?[24]

Emotion und Vernunft gehörten für Ada Lovelace zusammen. Intuition, logisches Denken und Konzentration erkannte sie als die Säulen ihres wissenschaftlichen-kreativen Arbeitens.

> I believe myself to possess a most singular combination of qualities exactly fitted to make me pre-eminently a discoverer of the hidden realities of nature. [...] I have perceptions of some things, which no one else has; [...] an intuitive perception of hidden things; [...] immense reasoning faculties; Thirdly; my concentrative faculty[25].

Selbstbewusst beschrieb sie die ihr eigene Kombination jener Fähigkeiten als „scientific trinity"[26].

Ada Lovelaces Handeln als Lehrerin und ihr eigenes wissenschaftliches Forschen setzten genau da an: Mathematische und technische Sachverhalte versuchte sie metaphorisch zu vermitteln und greifbar zu machen. Sie nutzte und baute dreidimensionale Modelle zur Anschauung und unterstützte das visuelle Begreifen durch detailverliebte, großflächige Zeichnungen. Sie benutzte ‚Cambridge Quire Paper', das viermal so groß war wie reguläres Papier, Farbstifte, Kompass und Winkelmesser.[27]

Lovelace war beeindruckt vom technologischen Fortschritt des Maschinenzeitalters, von Eisenbahn, Webstuhl und Dampfantrieb, aber ebenso sehr von der Spätromantik. Das künstlerisch-kreative, melancholisch-morbide, das Emotionale und Traumhafte, bildeten für sie keinen Widerspruch zu den rationalen, technischen Wissenschaften. Gegenüber ihrer Mutter und ihrem Kollegen Babbage beschreibt Ada Lovelace diese beiden Seite ihres Wissenschaftsverständnisses und sieht in sich Mathematik und Metaphysik vereint.[28] Das Wissenschaftsverständnis von Ada Lovelace war nicht nur aus Sicht der Informatik überaus vorausschauend und gegen den Tunnelblick der Wissenschaft gerichtet, denn sie dachte und handelte – wie man heute sagen würde – interdisziplinär.

Die Übersetzung und die Kommentare

Ada Lovelace arbeitete mit und für Charles Babbage an der vom ihm erfundenen, aber nie gebauten mechanischen Rechenmaschine *Analytical Engine*. Er lud Ada Lovelace Anfang 1841 ein, um ihr von seiner neuen Erfindung zu berichten. Für Babbage waren die Mechanisierung und Automatisierung aufwendiger und fehleranfälliger Berechnungen von astronomischen und nautischen Tafelwerken der Hintergrund seiner Arbeit an der neuartigen universellen Rechenmaschine.

Ada Lovelaces Überlegungen zu dieser Rechenmaschine waren hingegen einer barocken ‚Ars Combinatoria' sehr nahe, dem Brückenschlag zwischen Natur- und Geisteswissenschaften, der in den Fachdisziplinen bis heute diskutiert wird. Was der Universalgelehrte Gottfried Wilhelm Leibniz verband – die Philosophie und Mathematik – und in symbolischen Zeichen formalisierte, wurde für Ada Lovelace ein Stück mehr real, „als sie sich der Analytical Engine von Charles Babbage gegenüber sah"[29] und dies zeigte sich deutlich in ihren Formulierungen und Kommentaren.

1842 erreichte ein Schriftstück England, das der Mathematiker und Ingenieur Federico Luigi Menabrea auf Basis eines Vortrags von Charles Babbage verfasst hatte. Babbage hatte 1840 an der Academy of Sciences im italienischen Turin über die *Analytical Engine* und ihre Programmierung gesprochen. Ada Lovelace und Charles Wheatstone, Physiker und Freund von Babbage, diskutieren das Papier. Beide erkannten die Relevanz von Babbages *Engine*, die sowohl die Regierung als auch viele Wissenschaftler damals in Abrede stellten.

Ada Lovelace wollte Babbages Vorhaben unterstützen, der Erfindung zu öffentlichem Ansehen verhelfen und die Finanzierung des Baus von Babbages *Analytical Engine* fördern.[30] Gänzlich uneigennützig und zunächst ohne Babbages Wissen, übersetzte sie das Memorandum im Winter 1842 ins Englische. Die Übersetzung schickte sie an ihren Freund Babbage, der sie ermutigte, ihr Wissen über die *Analytical Engine* dem Artikel in eigenen Erläuterungen zuzufügen.

In dauerhaftem Austausch mit Charles Babbage arbeitete Ada Lovelace die Programmierung der Maschine weiter aus. Sie ergänzte die Übersetzung mit eigenen Notizen, die dreimal länger als der ursprüngliche Artikel waren, einen umfangreichen Algorithmus für die Berechnung der Bernoulli-Zahlen mit der

Analytical Engine und weitreichende Überlegungen zum zukünftigen Einsatz der Maschine enthielten.

Vor der anstehenden Veröffentlichung kam es zu einem Zerwürfnis zwischen Lovelace und Babbage: Er hatte ein Vorwort geschrieben, in dem er das Verhalten der Regierung gegenüber seiner Erfindung anprangerte. Dieses wollte er den Kommentaren unsigniert voran stellen, was allerdings suggeriert hätte, dass diese Zeilen aus Ada Lovelaces Feder stammen. Als Ada Lovelace sich gegen diesen Plan wehrte[31], forderte Babbage zunächst von ihr, die Veröffentlichung komplett zurückzuziehen. Ada Lovelace teilte zwar Babbages Meinung, dass die Regierung mit der Kürzung der Finanzierung für die *Analytical Engine* einen Fehler begangen hatte, wollte aber keinen Ärger produzieren, sondern mit ihrer Publikation auf wissenschaftlichem Wege der Maschine zu Ansehen verhelfen. Sie dachte offensichtlich nicht an sich, sondern an die Bedeutung der Maschine für die Menschheit[32], wohingegen Babbage wohl das Ansehen der Familie Byron nutzen wollte, um seine eigenen Anliegen durchzubringen.

Im August 1843 schließlich wurde die Übersetzung samt Kommentaren in Taylor's *Scientific Memoirs* veröffentlicht. Da Ada Lovelace nur mit den Initialen A.A.L. unterzeichnete, war ihr der persönliche Ruhm der Fachwelt zunächst vorenthalten. Die erste namentliche Nennung von Ada Lovelace als Autorin der Übersetzung und der Kommentare findet sich im Jahr 1848.[33] Erst über hundert Jahre später, 1953, wurde der Artikel wiederentdeckt und erneut publiziert.[34]

Erstaunliche Weitsicht

Dass Ada Lovelaces Kommentare schließlich sogar wichtiger als Babbages Vortrag wurden, liegt nicht zuletzt daran, dass Ada Lovelace im Laufe ihrer Auseinandersetzung mit der *Analytical Engine* Anwendungsmöglichkeiten imaginierte, die weit über Babbages Anliegen der automatisierten Berechnung hinausreichten. Sie erkannte darin bereits 1843 die Idee eines universellen Computers. Sehr selbstbewusst schreibt Ada Lovelace 1844 in einem Brief an Charles Babbage:

> Ich glaube nicht, dass Sie auch nur die Hälfte meiner Vorausahnungen besitzen & das Vermögen, alle möglichen Eventualitäten zu sehen (wahrscheinliche und unwahrscheinliche gleichermaßen).[35]

Lovelaces Vision, dass die Maschine so Komplexes wie Sprache oder Musik verarbeiten könne, sollte sich erst Ende des 20. Jahrhunderts bewahrheiten. In ihrem Kommentar A formuliert sie:

> Der Operationsmechanismus kann sogar [...] mit anderen Dingen als Zahlen operieren. Angenommen etwa die grundlegenden Relationen der Tonhöhen in der Harmonie- und Kompositionslehre könnten auf diese Art und Weise ausge-

drückt und an die Maschine angepasst werden, so könnte sie ausgefeilte und allen Regeln der Kunst gehorchende Musikstücke von beliebiger Komplexität und Länge komponieren.[36]

Babbages Korrespondenzen mit Ada Lovelace über die ‚Notes' genannten Kommentare zeigen, dass er aus der Diskussion mit ihr über seine Maschine selbst noch etwas lernte.[37] Er lobte den Kommentar A in einem Brief an Ada Lovelace vom 2. Juli 1843:

> I am very reluctant to return your admirable & philosophic Note A. Pray do not alter it… All this was impossible for you to know by intuition and the more I read your notes the more surprised I am at them and regret not having earlier explored so rich a vein of the noblest metal.[38]

Die Einsicht, dass die *Analytical Engine* gemäß dezidierter Regeln jegliche Symbole manipulieren und nicht nur für numerische Berechnungen eingesetzt werden könne, dass also Zahlen nicht nur Quantitäten seien, sondern auch Musik, Buchstaben oder jegliche Symbole repräsentieren können, legte Ada Lovelace insbesondere in ihren Kommentaren A und E dar.

> Die Analytical Engine hat deshalb nichts mehr mit bloßen ‚Rechenmaschinen' gemein. Sie steht allein auf weiter Flur, und die Betrachtungen, zu denen sie den Anstoß gibt, sind von höchst interessanter Art. Durch die Befähigung des Mechanismus, allgemeine Symbole in Folgen von unbegrenzter Variation und Länge miteinander zu kombinieren, wurde ein einendes Bindeglied zwischen den Operationen der Materie und den abstrakten geistigen Prozessen des abstraktesten Zweigs der mathematischen Wissenschaft geschaffen. Eine neue, weitreichende und mächtige Sprache wurde für den künftigen Gebrauch der Analysis entwickelt[39].

Ada Lovelace machte deutlich, was sich für die nicht mit der automatisierten Berechnung vertrauten Menschen damals sicherlich nicht von selbst erschloss. Auch das kann als einer ihrer Verdienste benannt werden: dass sie versuchte, die Komplexität der Maschine über Metaphern verständlich zu machen, ganz gemäß ihres Wissenschaftsverständnisses: „Am treffendsten können wir sagen, dass die Analytical Engine algebraische Muster webt, gerade so wie der Jacquard-Webstuhl Blätter und Blüten."[40] Für sie war klar, dass die *Analytical Engine* in algebraischer Notation sowohl symbolische, numerische als auch algebraischen Ergebnisse berechnen könne.[41]
Und eben dies markiert einen für die Informationstechnologie bedeutenden Umschlag: von der bloßen Zahlenverarbeitung zur Symbolmanipulation. Einige kritisieren in ihren Kommentaren diese Weitsicht, weil ihre Aussagen teilweise vage bleiben. Dass sie nur vage bleiben können, liegt in der Sache selbst – die Vision bedingt den Konjunktiv!

Das erste Computerprogramm (und die Kontroversen)

Der Kommentar G[42] enthält die Beschreibung der Methode und ein Diagramm für die höchst komplexe Berechnung der Bernoulli-Zahlenfolge. Babbage hatte zwar bereits im Januar 1841 in einem Brief an Alexander von Humboldt darauf hingewiesen, dass er glaubte die *Analytical Engine* könne Bernoulli-Zahlen berechnen, hatte das selbst jedoch nie erprobt. Ada Lovelace wusste von Babbages Annahme und wollte den Beweis antreten, auch, um die Fähigkeit der Maschine zu demonstrieren. Sie unterbreitete ihre Idee Ende Juni 1843 an Babbage, bevor sie ihm im Juli erste konkrete Ausarbeitungen vorlegte:

> Ich möchte etwas über Bernoulli-Zahlen in meine Arbeit aufnehmen, als Beispiel dafür, wie eine implizit gegebene Funktion von der Maschine berechnet werden kann, ohne dass sie vorher von Menschenhand berechnet und eingegeben worden ist.[43]

In einem Brief vom 2. Juli 1843 an Charles Babbage kündigte Ada Lovelace den Versand der Tabelle und Diagramme zur Durchsicht an und bat ihn darum, diese zum nächsten Treffen wieder mitzubringen. Dieses tabellarische Schriftstück ist es, das heute als das erste Computerprogramm angesehen wird, und Ada Lovelace den Titel „erste Programmiererin" oder „Erfinderin der Software" einbrachte.[44]

Babbage und Lovelace hatten, einer gleichberechtigten Kooperation gemäß, in der Arbeitsphase an den Kommentaren die möglichen Darstellungen und Erläuterungen besprochen, wobei die mathematische Ausarbeitung in Lovelaces Händen lag. Babbage schildert in seiner nach dem Tod von Ada Lovelace erschienenen Biografie, dass er selbst den Teil zu den Bernoulli-Zahlen übernommen habe, Ada Lovelace allerdings einen Fehler darin entdeckte. „Wir diskutierten die verschiedenen Illustrationen, die angeführt werden könnten", schrieb Babbage, und weiter

> ich schlug deren mehrere vor, doch lagen ihre Auswahl wie auch die algebraischen Ausarbeitungen der verschiedenen Aufgaben bis auf jene, die mit den Bernoulli-Zahlen zusammenhing, allein bei ihr. Ich hatte angeboten, diese zu übernehmen, um Lady Lovelace die Mühe zu ersparen. Allein – sie sandte sie mir zur Berichtigung zurück, weil sie einen schwerwiegenden Fehler entdeckt hatte.[45]

Diese Aussage von Babbage wird immer wieder als Argument dafür herangezogen, dass es nicht Ada Lovelaces Verdienst sei, das Bernoulli-Programm geschrieben zu haben.[46] Dazu sind zwei Dinge zu sagen: Erstens muss offen bleiben, inwiefern das von Babbage in seiner Biografie nachträglich Geschilderte mit den tatsächlichen Begebenheiten übereinstimmt. Zweitens lieferte Babbage wohl nur die mathematische Gleichung, die Ausarbeitung der Berechnungsschritte kam allerdings von Ada Lovelace.

Das Bernoulli-Programm war viel komplexer als all jene Programme, die Babbage in den Jahren zuvor geschrieben hatte. Des Weiteren enthielten die Kommentare bereits Ideen noch heute relevanter Prinzipien und Strukturen der Programmierung. Ada Lovelace diskutiert, wie Rechenoperationen miteinander verbunden, geschachtelt und wiederholt werden können, um komplexe Berechnungen mit der Maschine durchzuführen. In moderner Terminologie würde man von bedingten Verzweigungen und geschachtelten Schleifen sprechen. Lovelace konnte die Lauffähigkeit des Programms nie testen, da die *Analytical Engine* nur auf dem Papier existierte; umso beachtlicher ist ihre Leistung. Lovelaces Kommentare zeugen aber von einem vollständigen Verständnis der *Analytical Engine* und ihrer Benutzung. Sie wies sogar darauf hin, dass die Maschine bis dato von Babbage noch nicht geplante Funktionen benötige, um solche aufwendigen aber zukünftig notwendigen Rechnungen durchführen zu können.

Tatsächlich weist Lovelaces Vorschlag zur Berechnung der Bernoulli-Zahlen einen Fehler auf.[47] Wie sich herausstellen sollte, handelte es sich dabei jedoch um einen Tippfehler, den sie aus Menabreas Transkript, das diesen Fehler bereits enthielt, in die Übersetzung übernahm. Außerdem fiel all ihren mathematisch versierten Lektoren dieser Fehler damals ebenso wenig auf, wie er auch lange Zeit den späteren Kommentatoren entging.[48] Sogar der hochgebildete Michael Faraday gestand ein, dass Ada Lovelaces Kommentare „well over his head“[49] gingen und ihre Komplexität ihm nicht zugänglich seien.

Und auch in weiterer Hinsicht ist Ada Lovelaces Arbeit bemerkenswert: Charles Babbages Entwicklungen waren ständig im Fluss, wie die unzähligen erhaltenen Konstruktionspläne für die *Analytical Engine* belegen. Kein Leichtes war es daher für Ada Lovelace, den Überblick zu behalten und sicherlich mag auch darin ein Grund für manche Unstimmigkeiten in ihren Ausarbeitungen liegen. Gerade vor dem Hintergrund der schlechten Bildungsbedingungen für Frauen im 19. Jahrhundert ist Ada Lovelaces Leistung alles andere als selbstverständlich!

Bibliografie

Alic, Margaret, *Hypatias Töchter. Der verleugnete Anteil der Frauen an der Naturwissenschaft*, Zürich, Unionsverlag 1987 (Orig.: *Hypatia's Heritage*, London, The Women Press, 1986).

Babbage, Charles, *Passages from the Life of a Philosopher* (dt. *Passagen aus einem Philosophenleben*, Berlin, Kadmos 1997).

Baum, Joan, *The Calculating Passion of Ada Byron*, Hamden, Conn., Archon Books, 1986.

Bromley, Allan G., „Difference and Analytical Engines“, in: William Aspray (Hg.), *Computing Before Computers*, Ames, Iowa State Univ. Press 1990.

Charman-Anderson, Suw, „Ada Lovelace: Victorian computing visionary“, in: Dies. (Hg.): *A Passion for Science: Stories of Discovery and Invention*, Auszug online unter http://findingada.com/book/ada-lovelace-victorian-computing-visionary.

Collier, Bruce, *The little engines that could've*, New York: Garland, 1991.

Essinger, James: *A Female Genius: How Ada Lovelace, Lord Byron's Daughter, Started The Computer Age*, Gibson Square, 2013.

Füegi, John; Jo Francis, „Lovelace & Babbage and the Creation of the 1843 'Notes'“, in: *IEEE Annals of the History of Computing*, Vol. 25,Vol. 4, October 2003, S. 16-26.

Gürer, Denise, „Women in Computing History“, in: *SIGCSE Bulletin*, Vol. 34, No. 2, Juni 2002, S. 116-120.

Isaacson, Walter, *The Innovators: How a Group of Hackers, Geniuses, and Geeks Created the Digital Revolution*, Simon & Schuster, New York 2014.

Krysa, Joasia, *Ada Lovelace. 100 Notes – 100 Thoughts*, Documenta Issue 55, Ostfildern, HatjeCantz 2012.

Lovelace, Ada Augusta; Luigi Federico Menabrea, „Sketch of the Analytical Engine. Invented by Charles Babbage. With notes by Ada Augusta, Countess of Lovelace“, in: *Taylor's Scientific Memoirs*, 1843, S. 666-731. Dt. Übersetzung: „Grundriß der von Charles Babbage erfundenenAnalytical Engine. Aus dem Französischen übersetzt und kommentiert von Augusta Ada Lovelace“, in: Bernhard J. Dotzler (Hg.): *Babbages Rechen-Automate. Ausgewählte Schriften*, Wien, New York: Springer 1996, S. 309-381.

Toole, Betty Alexandra, „Ada Byron, Lady Lovelace, an analyst and metaphysician“, in: *IEEE Annals of the History of Computing*,Vol. 18, No. 3, 1996, S. 4-12.

Toole, Betty Alexandra, „Poetical Science“, in: *The Byron Journal*, 15, 1987, S. 55-65.

Toole, Betty Alexandra, *Ada, the Enchantress of Numbers: A Selection from the Letters of Ada Lovelace, and her Description of the First Computer*, Mill Valley, CA: Strawberry Press 1992.

Plant, Sadie, *Zeros and Ones, Digital Women and the New Technoculture*, London, Fourth Estate, 1997 (Dt.: *nullen + einsen. Digitale Frauen und die Kultur der neuen Technologien*, München, Goldmann 2000.)

Stein, Dorothy, *Ada: A Life and a Legacy*, Cambridge, MIT Press 1987 (dt.: *Ada. Die Braut der Wissenschaft*, Berlin: Kulturverlag Kadmos, 1999.)

Wade, Mary Dodson, *Ada Byron Lovelace: The Lady and the Computer*, New York: Dillon, 1994.

Woolley, Benjamin, *The Bride of Science: Romance, Reason, and Byron's Daughter.* AU: Pan Macmillan 1999.

Anmerkungen

1 Collier 1991, S. 4.

2 George Gordon Byron, Ritter Harold's Pilgerfahrt, zit nach: *Byron's Sämmtliche Werke*, hg. von Adolf Böttger, Erster Band, Ritter Harolds Pilgerfahrt, Leipzig, Verlag von Otto Wiegand, 1847, S. 116.

3 Zit nach Plant 1997, S. 32.

4 Mein Dank gilt an dieser Stelle Joan A. Pastor, der mich an diesen Fund aufmerksam machte. Vgl. das Kapitel zu Annabella Milbanke in Paula R. Feldman (2000), *British Women Poets of the Romantic Era: An Anthology*, S. 169-174.

5 Toole 1992, S. 16 sowie Alic 1987, S. 180.

6 Vgl. u.a. Stein 1987, Bromley 1990, Collier 1991.

7 Toole 1992, S. 21.

8 Im Alter von zwölf Jahren schrieb sie einen Brief auf Französisch (Toole1992, S. 29), mit 14 an ihren Cousin Robert Noel auf Deutsch (Toole 1992, S. 42).

9 Vgl. Toole1992, S. 164 sowie S. 178f.

10 Vgl. Toole 1992, S. 11-12.

11 Toole 1992, S. 32, zu Deutsch: „Ich werde morgen mit meinen Papierflügeln beginnen, und je mehr ich darüber nachdenke, desto mehr bin ich fast überzeugt davon, dass ich mit einem Jahr der Übung in der Lage sein dürfte, die Kunst des Fliegens zu großer Perfektion zu bringen. Ich denke daran, ein Buch mit Abbildungen über Fliegologie zu schreiben, sollte ich wirklich jemals eine Methode des Fliegens erfinden."

12 Toole 1992, S. 34.

13 In einem Brief an Babbage vom 5.7.1843, zit in. Toole 1992, S. 204.

14 Vgl. Toole 1992, S. 56 sowie: Simon Schaffer, *Babbage's Dancer*, http://www.hrc.wmin.ac.uk/theory-babbagesdancer2.html.

15 Vgl. Toole 1992, S. 56 sowie S. 61-70.

16 Vgl. Toole 1992, S. 116-121.

17 Toole 1992, S. 122.

18 Zit in: Suw Charman-Anderson, „Ada Lovelace: Victorian computing visionary".

19 Zit in: Teri Perl: „Ada Augusta Byron Lovelace", in: Charlene Morrow, Teri Perl: *Notable Women in Mathematics: A Biographical Dictionary*, Westport, Conn. u.a.: Greenwood Press 1998, S. 128-133: 130.Vgl. auchAlic 1987, S. 181.

20 Zit in: Suw Charman-Anderson, „Ada Lovelace: Victorian computing visionary". Zu Deutsch: „diese Zauberin, die die abstrakteste der Wissenschaften mit ihrem magischen Zauber umgibt und sie mit einer Intensität begreift, wie kaum ein maskuliner Verstand es hätte erreichen können".

21 Vgl. Brief an Babbage vom 14.08.1843, zit in: Toole 1992, S. 227-232: 230 sowie Alic 1987, S. 179.

22 Frank A.J.L. James (Hg.): *The Correspondence of Michael Faraday, Volume 3: 1841-1848*, IET 1996, S. 279.

23 Zit.in: Frank A.J.L. James (Hg.): *The Correspondence of Michael Faraday, Volume 3: 1841-1848*, IET 1996, S. 279.

24 Toole 1992, S. 319.

25 Toole 1992, S. 144f .

26 Toole 1992, S. 145. Vgl. zudem Toole1996, S. 7.

27 Vgl. Toole 1992, S. 56-57 und S. 66-67 sowie Toole 1996, S.6.

28 Vgl. Toole 1992, S. 215 sowie Alic 1978.

29 Vgl.: Peter Bexte, Werner Künzel, „Einleitung", in: Dies.: *Maschinendenken / Denkmaschinen. An den Schaltstellen zweier Kulturen*, Frankfurt a.M., Insel 1996.

30 Vgl. Plant 1997.

31 Vgl. Toole 1992, S. 210.

32 Vgl. Woolley1999, S. 277-280.

33 Vgl. Charles Richards Weld, *A history of the Royal Society, with memoirs of the presidents*, London, John W. Parker, 1848, S. 386-387. Dort heißt es: „An English translation, with copious original notes, made by a lady of distinguished rank and talent, was published in the third volume of Taylor's Scientific Memoirs." In der dazu zugehörigen Fußnote 19 heißt es: „I am authorized by Lord Lovelace to say, that the translator is Lady Lovelace".

34 Vgl. B.V. Bowden (Hg.), *Faster Than Thought*, Sir Isaac Pitman & Sons Ltd 1953, S. 341-408.

35 Zit nach: Mariann Unterluggauer (24.10.1999): „Ada Lovelace – Ein Mythos", http://ssl.einsnull.com/paymate/search.php?vid=5&rid=300.

36 Lovelace 1843 zit. nach der deutschen Version in: Dotzler 1996, S. 332.

37 Füegi / Francis, 2003, S. 21.

38 Zit.nach Toole 1992, S. 197.

[39] Lovelace (1843) 1996, S. 335-336.
[40] Lovelace (1843) 1996, S. 335.
[41] Vgl. Lovelace (1843) 1996, S.356.
[42] Ursprünglich hatte Ada Lovelace diesen Kommentar mit dem Buchstaben H versehen; „there never was a Note G" schrieb sie deshalb an Babbage in einem Brief vom 2.7.1843, vgl. Toole 1992, S. 199-200.
[43] Zit nach: Toole1992, S. 198; datiert auf den 10.07.1843 (laut Recherchen von Toole muss es sich allerdings um einen Brief vom 26.6.1843 handeln, da hier erstmals die Bernoulli-Zahlen erwähnt werden. Deutsche Übersetzung in: Eugene E. Kim, Betty A.Toole: „Ada und der erste Computer", in: *Spektrum der Wissenschaft*, 01.07.1999, http://www.spektrum.de/alias/dachzeile/ada-und-der-erste-computer/825569.
[44] Vgl. James Gleick, *The Information: A History, a Theory, a Flood*, London, Fourth Estate 2011, S. 116-18 sowie Tom Simonite (24.03.2009), „Short Sharp Science: Celebrating Ada Lovelace: the 'world's first programmer'".
[45] Zit nach: Plant 2000. Orig. in Charles Babbage (1864), *Passages from the life of a philosopher*, S. 136.
[46] Vgl. Bromley 1990: „All but one of the programs cited in her notes had been prepared by Babbage from three to seven years earlier. The exception was prepared by Babbage for her, although she did detect a 'bug' in it. Not only is there no evidence that Ada ever prepared a program for the Analytical Engine, but her correspondence with Babbage shows that she did not have the knowledge to do so".
[47] Vgl. Stein 1987, S. xi.
[48] Vgl. Toole 1996, S.7.
[49] Füegi/ Francis, 2003, S. 24 sowie Woolley 1999, S. 307.

Annette Pohlke

„Princess of Parallelograms" meets „Queen of Science". Mary Somerville als Lehrerin, Freundin, Vorbild[1]

In ihren Lebenserinnerungen schrieb Mary Somerville:

> All the time we lived at Chelsea we had constant intercourse with Lady Noel Byron and Ada, who lived at Esher[2], and when I came abroad I kept up a correspondence with both as long as they lived. Ada was much attached to me, and often came to stay with me. It was by my advice that she studied mathematics. She always wrote to me for an explanation when she met with any difficulty. Among my papers I lately found many of her notes, asking mathematical questions. Ada Byron married Lord King, afterwards created Earl of Lovelace, a college companion and friend of my son.[3]

Wer war diese Mary Somerville, die in Adas Leben eine so große Rolle spielte, und wie kreuzten sich ihre Wege?

„Princess of Parallelograms" meets „Queen of Science"

Anne Isabella Milbanke, genannt Annabella, die spätere Lady Byron und Mutter von Ada Lovelace, zeigte bereits in ihrer Jugend ein großes Interesse an einer Reihe von Wissensgebieten, unter denen die Mathematik eine besondere Rolle spielte. Mit 14 Jahren begann sie eine Korrespondenz mit William Frend, die sie bis zu seinem Tode fortsetzte. Frend unterrichtete sie brieflich in verschiedenen Fächern, besonders aber in Mathematik[4]. Diese Vorliebe für Mathematik war es, die später Lord Byron besonders ins Auge stach und die er wortgewandt halb bewundernd, halb spöttelnd aufs Korn nahm. Er betitelte sie als „Princess of Parallelograms"[5], aber auch als „mathematical Medea"[6] und setzte ihr in Gestalt der Donna Inez in seinem Don Juan ein unsterbliches, wenn auch nicht von boshaftem Spott freies Denkmal[7]. So wie Lord Byron an seiner (Ex-)Frau die Strenge und gnadenlose Rationalität bedauerte, fürchtete und verabscheute Lady Byron die überschäumende Leidenschaftlichkeit ihres (Ex-)Mannes. Die Ehe überdauerte kaum die Geburt der Tochter Ada. Lady Byron tat alles, um Ada von ihrem Vater fernzuhalten und alles, um ihren Geist von der Literatur und anderen leidenschaftlichen, unordentlichen Dingen abzuhalten. Von klein auf hatte Ada ein straffes Lernprogramm zu absolvieren, in dem Mathematik die erste Rolle spielte. Man könnte sagen, dass Lady Byron einen Exorzismus des byronischen Geistes in Ada mit Hilfe von Disziplin und Mathematik versuchte[8].

Wem dies maßlos erscheint, sollte sich vor Augen halten, dass Lord Byron Verhältnisse mit verheirateten Frauen unterhielt – dies war unstrittig – und möglicherweise auch eines mit seiner Halbschwester und verschiedenen jungen Männern – dies ist bis heute umstritten, aber Lady Byron war von diesen Gerüchten mehr als beunruhigt. In seiner Zeit als Student in Cambridge hielt er sich einen Bären, um gegen das Verbot von Hunden in der Schulordnung zu protestieren. Er schrieb provokante, witzige und anzügliche Gedichte und starb mit nur 36 Jahren in Griechenland als Held des griechischen Befreiungskampfes. Wer möchte einer Mutter verdenken, dass sie sich für ihre Tochter anderes wünscht? So wuchs Ada mit sehr viel Mathematik auf.

Um 1832[9] zogen Lady Byron und ihre Tochter, die etwa 17 Jahre alt war, nach Fordhook, damals unweit von London, heute Teil des Londoner Stadtteils Ealing. Auch die Familie Somerville hatte sich vor nicht langer Zeit dauerhafter im Royal Hospital in Chelsea eingerichtet, wo Dr. William Somerville als Arzt tätig war. Seine Frau Mary bedauerte es, nunmehr lange Wege nach London in Kauf nehmen zu müssen, aber gemessen an Fordhook lag Chelsea fast zentral. Frend empfahl Lady Byron, für Adas weitere Ausbildung Kontakt zu Mrs. Somerville zu suchen, die einen Ruf als herausragende Mathematikerin besaß. Der Wunsch, am gesellschaftlichen Leben Londons teilzuhaben, verband Lady Byron und Mrs. Somerville. Dazu kamen die Begeisterung für Mathematik und gemeinsame Freunde, die dieses Interesse oft teilten. So entstand eine enge Freundschaft zwischen den Familien Somerville, Byron und später King.

Dabei war Mrs. Somerville für Ada weit mehr als nur eine Lehrerin. Indem sie bei den Somervilles übernachtete, konnte sie leichter am gesellschaftlichen Leben teilnehmen, und bis zu Adas Eheschließung begleitete Mrs. Somerville sie oft als Anstandsdame, auch zu den Abendgesellschaften bei Charles Babbage[10]. Die Freundschaft der beiden hielt bis zu Adas Tod. Viele Briefe belegen die intime Herzlichkeit zwischen den beiden Frauen, die sich nicht nur über Mathematik, sondern auch über Handarbeiten oder Adas Schwangerschaften austauschten. Der Ton Adas ihrer älteren Freundin gegenüber ist oft fast herzlicher und liebevoller als gegenüber ihrer eigenen Mutter und man hat den Eindruck einer seltsamen Inversion: Während im Verhältnis zur Mutter fast immer die Studien im Vordergrund zu stehen scheinen, scheint im Verhältnis zur Lehrerin endlich auch Platz für die alltäglichen Sorgen und Freuden der jungen Frau zu sein.

Beide Aspekte, der fachliche wie der freundschaftliche, finden sich in einem Brief, den Ada am 8. November 1834 schrieb:

> My dear Mrs Somerville [...] I hope you remember that I promised myself the pleasure of making you a cap [...]. But as I never made one for you, I must ask you if you will be so kind as to send me by the bearer any old cap which fits you comfortably in the head [...], for I rather think your head is smaller than either mine or Mama's. We are a very heavy headed race indeed. [...]

> May I trouble you the first time you see either Mr Babbage, or his son, to say how exceedingly obliged I am to the latter for his unexpected kindness in sending me the plates & account of the machine, which is exactly what I was in want of; [...][11]

Auch mit ihren Kindern, die ungefähr in Adas Alter waren, entstanden Freundschaften, ganz besonders zum ältesten Sohn Woronzow, der Freund, Vertrauter und später auch der Rechtsanwalt von Ada war.

Als Ada Byron Babbage kennenlernte, war Mary Somerville schon eine Berühmtheit. In ihrem Nachruf adelte die „Morning Post“ sie zur „Queen of Science“. Aber im Gegensatz zu anderen prominenten Mathematikerinnen und Naturwissenschaftlerinnen, die heute noch oder schon wieder bekannt sind – Emmy Noether, Marie Curie oder eben Ada Lovelace – ist sie weitgehend vergessen[12]. Ihr Lebenslauf erscheint uns heute teilweise überraschend, da sie in ihrem ganzen Leben gerade mal ein einziges Jahr lang eine Schule oder sonstige Bildungseinrichtung besucht hat. Wie sie trotzdem so große internationale Anerkennung ihres Wirkens genießen konnte, muss uns auf den ersten Blick verblüffen. Auf den zweiten Blick werden wir feststellen, dass ihre Biografie gerade deswegen tiefe Einblicke in die Wissenschaftskultur Großbritanniens im frühen 19. Jahrhundert und in die Rollen von Frauen in dieser Wissenschaftskultur ermöglicht.

Mary Somerville – Queen of Science

Mary Somerville wurde am 26.12.1780 im Haus ihres Onkels und späteren Schwiegervaters, Dr. Thomas Somerville, geboren. Ihr Vater, Lieutenant (später Vizeadmiral der roten Flagge) William George Fairfax, war gerade zur See und ihre Mutter hatte sich für die Geburt zu ihrer Schwester nach Jedburgh begeben. Das Pfarrhaus von Jedburgh, in dem sie geboren wurde, sollte für Mary ein Leben lang große Bedeutung behalten, nicht zuletzt weil ihr Onkel der einzige war, der sie als junges Mädchen zu ihren Studien ermutigte.

Ihre Kindheit und Jugend verbrachte sie in Burntisland, wo die Familie ein Haus hatte. Sie wuchs vor allem mit vielen Freiheiten auf und verbrachte viel Zeit in der Natur. Sie war bereits neun Jahre alt, als der Vater von langer Fahrt nach Hause kam und entsetzt feststellte, dass seine Tochter kaum lesen und schreiben konnte. Dies führte zu der einzigen formalen Schulbildung, die sie je erhielt: Für ein Jahr besuchte Mary ein Internat. Hier erlernte sie die gewünschten Grundkenntnisse, hier wurde ihre Lust am Lesen und Lernen geweckt. Allerdings war das Mädchen sehr froh, der strikten Disziplin der Einrichtung bald wieder entronnen zu sein.

Wieder zu Hause, lernte sie auf eigene Faust und teilweise heimlich. Sie las alles, was sie aus der Bibliothek der Familie in die Finger bekommen konnte. Sie belauschte den Unterricht ihrer Brüder und überredete einen der Hauslehrer, ihr ein Buch über Mathematik zu besorgen. Einen Buchladen zu betreten, wäre für sie als Mädchen undenkbar gewesen. Sie brachte sich selbst Latein und Altgriechisch bei und überredete, wann immer sie konnte, wen auch immer sie konnte, dazu, ihr etwas beizubringen. Gleichzeitig erhielt sie Unterricht in den Fähigkeiten, die man damals von einer jungen Frau ihres Standes erwartete: Sie lernte Tanzen, Handarbeiten, Musizieren und Malen. Über letzteres war sie sehr erfreut, weil es ihr endlich eine Möglichkeit gab, sich ganz offen mit Mathematik zu beschäftigen, denn die Lehre von der Perspektive und Darstellung umfasste auch mathematische Teile. Sie genoss das gesellschaftliche Leben in Edinburgh, ging gern auf Bälle und ins Theater. Oft war sie erst nach Tagesanbruch wieder zu Hause.

Damals besuchte Samuel Greig als Offizier der russischen Marine Edinburgh. Da er weitläufig mit Marys Mutter verwandt war, besuchte er auch die Familie Fairfax. Schließlich wurde er 1804 Marys erster Ehemann, allerdings machten ihre Eltern dies davon abhängig, dass er eine Stellung in England erhielt, da sie die Tochter nicht nach Russland gehen lassen wollten. Tatsächlich wurde Greig russischer Konsul in London, wohin ihm Mary folgte. Samuel stand den Interessen seiner Frau weitgehend teilnahmslos gegenüber und sie empfand diese erste Londoner Zeit nicht unbedingt als ihre glücklichste. Allerdings starb Samuel nach drei Jahren und sie kehrte mit zwei kleinen Kindern – den Söhnen Woronzow und William George – ins Elternhaus zurück.

Als Witwe genoss Mary Greig größere Anerkennung und Freiheiten als zuvor. Sie kam offenbar gern ihren Pflichten als Tochter und Mutter nach, nahm sich aber die Freiheit, ihren wissenschaftlichen Interessen jetzt offen nachzugehen. Sie war bekennende Liberale – großteils aus Opposition zu ihrer Familie, wie sie bekennt – und pflegte einen regen Kontakt mit Mitgliedern der intellektuellen Szene in Edinburgh. Dies bedeutete vor allem das Umfeld der *Edinburgh Review*. Der heute wohl berühmteste ihrer Freunde aus diesem Kreis war Walter Scott, der damals vermutlich einflussreichste Henry Brougham, der für ihr Fachgebiet bedeutsamste John Playfair.

Playfair war bis 1805 Professor für Mathematik an der Universität von Edinburgh. Er verwies Mary Greig für ihre Studien an seinen Schüler William Wallace[13], der später selbst Playfairs Lehrstuhl übernahm. Wallace wurde einer ihrer wichtigsten Briefpartner. Er war zudem Herausgeber des *Mathematical Repository*, und Mary Greig beteiligte sich in dieser Zeit wiederholt an der Lösung der mathematischen Preisaufgaben der Zeitschrift. Eine Medaille, die sie für die Lösung einer Aufgabe erhielt, war die erste von den vielen Auszeichnungen, die sie später noch erhalten sollte.

Mary Greig nahm sich Zeit, um den geeigneten Mann für eine Wiederverheiratung zu finden. Kandidaten, die ihre wissenschaftlichen Interessen missbilligten, hatten bei ihr keine Chance. Schließlich heiratete sie ihren Cousin William Somerville, Sohn des Pfarrers in Jedburgh. Sie tat dies in der Gewissheit, dass Mann und Schwiegereltern ihre politische Einstellung und ihre Studien unterstützen würden. Auch für Dr. William Somerville war es die zweite Ehe. Er war Militärarzt und kurz nach der Eheschließung erhielt er eine

Stelle als Inspektor in Edinburgh. Obwohl Mary 1813, 1814 und 1815 wieder Mutter wurde[14], begann sie damals ein systematisches Studium der mathematischen Literatur unter Anleitung von William Wallace.

1816 zog die Familie nach London, da die Dienststelle in Edinburgh aufgelöst wurde. Durch die Kontakte zu den intellektuellen Kreisen in Edinburgh gestaltete sich die Zeit in London ganz anders als während ihrer ersten Ehe. Sehr schnell war das Ehepaar Somerville ein bekannter und beliebter Bestandteil des gesellschaftlichen und wissenschaftlichen Lebens. Von diesem Ausgangspunkt wuchsen die nationalen und internationalen Kontakte, die sie 1817 durch eine Europareise vertieften. Die Bekanntschaft, die sie bereits in London mit Jean-Baptiste Biot geschlossen hatten, öffnete ihnen die Türen bei führenden Köpfen Frankreichs, von denen Laplace für Mary Somerville eine besondere Bedeutung bekommen sollte. Schon vor ihrem Besuch in Paris eilte ihr der Ruf voraus, zu den wenigen Menschen und noch wenigeren Frauen zu gehören, die Laplaces Mécanique Céleste verstanden. Wie groß der Unterschied zwischen heutiger und damaliger Wissenschaftskultur ist, kann man vielleicht daran ermessen, dass Somerville noch keine Zeile veröffentlich hatte, aber von führenden Wissenschaftlern als eine der Ihren aufgenommen wurde und allein auf Grund der Tatsache, dass sie das Werk Laplaces verstand, als Koryphäe der Mathematik galt. Die Somervilles setzten die Reise nach Genf fort, wo sie das Ehepaar Marcet besuchten[15]. Beide Männer hatten sich durch ihren Beruf kennengelernt. Von der Schweiz reisten Somervilles nach Italien, bis hinunter nach Neapel.

Im Herbst 1818 kehrten sie nach London zurück, wo William Somerville eine Stelle am Hospital in Chelsea erhielt. Bis etwa 1824 wohnte die Familie allerdings am Hannover Square, ehe sie aus finanziellen Gründen in die Dienstwohnung in Chelsea umzog. Bis etwa 1830 leisteten die Sommervilles sich zumindest für die Saison eine Mietwohnung in London, aber auch das war auf die Dauer nicht tragbar. Auch wenn sich Mary in Chelsea wie im Exil fühlte, nahmen die Somervilles doch nach Kräften am wissenschaftlichen Leben in und um London teil. 1825 unternahm Mary erste Experimente, die tatsächlich zu einer Publikation führten, indem sie die magnetisierende Wirkung von Licht erforschte, allerdings blieben eigene Experimente und die Publikation der Ergebnisse selten.

Ihre weitaus bedeutendere Publikationstätigkeit begann damit, dass sich Henry Brougham an Dr. Somerville wandte. Sich direkt an die verheiratete Frau zu wenden, statt den Weg über ihren Ehemann zu gehen, wäre damals ein schwerer Fauxpas gewesen. Brougham wünschte sich eine Übersetzung von Laplaces *Mécanique Céleste* für die Schriftenreihe der *Society for the Diffusion of Useful Knowledge*, der er vorstand. Mrs. Somerville nahm das Projekt unter der Bedingung an, dass niemand davon wissen durfte, solange es nicht abgeschlossen und für gut befunden war. Es sollte sie die nächsten vier Jahre beschäftigen und ihren Ruf als „Queen of Science“ begründen.

Als sie schließlich 1831 ihre umfangreiche Bearbeitung vorlegte, wurde das Werk begeistert aufgenommen. Führende Wissenschaftler wie John Herschel lobten es in höchsten Tönen. An der Universität Cambridge wurde es zum Standardlehrbuch für höhere Mathematik und die Royal Society beschloss einstimmig, Mary Somerville durch eine Porträtbüste zu ehren.

Mary Somerville legte nicht einfach eine Übersetzung des Werkes vor. Zunächst schrieb sie eine Einleitung, die den Leser auf den Stand der Mathematik bringen sollte, der ihr für das Verständnis des Textes unerlässlich schien. Diese Einleitung wurde später unter dem Titel *A Preliminary Dissertation on the Mechanics of the Heavens* auch separat veröffentlicht. Dann erweiterte sie den Text wesentlich, auch um ihn anschaulicher und einem englischen Publikum zugänglicher zu machen. Diesem Zweck dienten auch zusätzliche Illustrationen, die das Originalwerk nicht hatte. Der Umfang wuchs dadurch so an, dass das Werk nicht mehr in die Schriftenreihe passte, für die es gedacht war. Es wurde stattdessen von John Murray veröffentlicht, der Somervilles Verleger auch für ihre folgenden Werke wurde.

Nach dem Erscheinen des Buches begab sich Mary Somerville 1832/33 auf eine zweite Europareise. Die Kontakte, die sie dabei knüpfte oder erneuerte, halfen ihr, in ihrem zweiten Buch *On the Connection of the Physical Sciences*, das 1834 erschien, den aktuellen Stand der Naturwissenschaften umfassend und treffend wiederzugeben.

Ihr drittes Buch – Physical Geography – schrieb sie bereits im Ausland, denn 1838 verließ die Familie[16] England. Der Grund war die Gesundheit von William Somerville, die eine Umsiedlung in wärmeres Klima nahelegte. Seine Frau kehrte 1844 und 1848 noch einmal für einige Monate nach England zurück und die Familie unternahm wiederholt Reisen nach Deutschland und in die Schweiz, ihr dauerhafter Wohnsitz blieb aber Italien.

Für uns mag der Wechsel zur Geographie überraschend erscheinen, Somerville vertiefte mit dem Werk aber nur ihre lebenslangen Interessen an Entdeckungsreisen, an Fauna, Flora und Geologie. Bereits als Mädchen fragte sie den Vater immer wieder nach seinen Seereisen aus und legte Sammlungen heimischer Pflanzen an, eine Gewohnheit, die sie später auf ihre Reisen mitnahm.

Zu ihrem letzten Buch – *On Molecular and Microscopic Science* – überredeten sie ihre Töchter. Somerville überarbeitete die *Connection of Physical Science* und die *Physical Geography* regelmäßig für Neuauflagen, um die Angaben auf dem neuesten Stand zu halten. Das letzte Buch entstand als Nebenprodukt ihrer Aktualisierungen im Bereich der Chemie.

Seit dem Erscheinen der *Mechanics of the Heavens* wurde Somerville in vielfältiger Weise geehrt. Sie wurde Ehrenmitglied in zahlreichen wissenschaftlichen Gesellschaften in Großbritannien und Italien, von denen die prestigeträchtigste wohl die Royal Astronomical Society war. Somerville gehörte zu den ersten, die eine staatliche Pension erhielten, als solche Zuwendungen ab 1834 auch an Wissenschaftler vergeben wurden. Der Betrag von £200 (ab

1837 £300) entsprach dem, den herausragende männliche Wissenschaftler wie Michael Faraday und John Dalton erhielten. Ihre Bücher erlebten zahlreiche Auflagen und wurden – aus verständlichen Gründen mit Ausnahme der *Mechanics of the Heavens* – in verschiedene Sprachen übersetzt. Wo auch immer Mary Somerville hinkam, eilte ihr ihr Ruf voraus. Sie wurde gefeiert, bewundert und in Gesellschaft herumgereicht wie ein Star.

Ihr Mann starb 1860, aber ihre Töchter blieben bis zu ihrem Tode bei ihr. Gegen Ende ihres Lebens hörte sie schwer, arbeitete aber bis zu ihrem letzten Lebenstag und verstarb am 29.11.1872 im Alter von 91 Jahren friedlich im Schlaf.

Wie ist zu erklären, dass Mary Somerville eine so herausragende Stellung erringen konnte, wie ist es zu erklären, dass sie heute weitgehend vergessen ist?

Der schmale Grat

Neeley hat das vermutlich wichtigste Erfolgsgeheimnis der Mary Somerville perfekt auf den Punkt gebracht:

> Her ability to walk a very fine line between resistance and acceptance of feminine norms was one of the keys to her success.[17]

Ihre Feststellung bezieht sich hier auf den Ton, den Somerville für Mechanics of the Heavens gefunden hat, sie ist aber auf ihr ganzes Leben anwendbar. Nirgends thematisiert Somerville, dass sie um diese schwierige Balance jemals gerungen hätte, aber aus einigen Passagen ihrer Lebenserinnerungen spricht ein gewisser Stolz, den sie darüber empfunden zu haben scheint. Er ist auffällig, wenn sie über ihre Freude an typisch weiblichen Tätigkeiten spricht – Nähen, Malen, Kochen –, und das ganz besonders dann, wenn sie Menschen damit verblüffen konnte, über diese Fähigkeiten zu verfügen. Er ist – weniger stark aber doch unverkennbar – auch in den Passagen deutlich, wo sie sich gegen gesellschaftliche Erwartungen und Einschränkungen auf Grund ihres Geschlechts wendet.

Die Beteuerung, sie und ihre Freundinnen seien von jeder „Blaustrumpfigkeit“ frei, muss verblüffen, wenn man sie mit einigen ihrer Äußerungen und Handlungen kontrastiert. So setzte sich Somerville aktiv für das Frauenwahlrecht ein[18]. Sie sagt in ihren Lebenserinnerungen wiederholt, dass Frauen dieselben Möglichkeiten erhalten sollen, ihren Neigungen und Fähigkeiten zu folgen wie Männer, und daher auch dieselben Ausbildungsmöglichkeiten erhalten sollten. Alle Bestrebungen, bessere Bildungsmöglichkeiten für Frauen zu schaffen, hat sie begrüßt und gefördert. Bestimmten Rollenerwartungen hat sie sich auch klar verweigert, etwa der, ihre Studien zu Gunsten ihrer Rolle als Gesellschafterin und Gastgeberin aufzugeben.

Dass Sie damit kaum aneckte, dürfte nicht zuletzt eine Charakterfrage gewesen sein. Aus allen Beschreibungen wird deutlich, wie sehr sie Geselligkeit und alle Aspekte des gesellschaftlichen Lebens genoss. Sie führte dabei aber nicht gern das große Wort, sondern blieb oft still und breitete nie ihr Wissen vor anderen aus.

Mary Edgewood beschreibt ihre Freundin so:

> Mrs. Somerville is the lady who, Laplace says, is the only woman who understands his works. She draws beautifully, and while her head is among the stars her feet are firm upon the earth.
>
> Mrs. Somerville is little, slightly made, fairish hair, pink colour, small, grey, round, intelligent, smiling eyes, very pleasing countenance, remarkably soft voice, strong, but well-bred Scotch accent; timid, not disqualifying timid, but naturally modest, yet with a degree of self-possession through it which prevents her being in the least awkward, and gives her all the advantage of her understanding, at the same time that it adds a prepossessing charm to her manner and takes off all dread of her superior scientific learning.[19]

Hier finden sich alle Eigenschaften, die uns aus Bildern und Beschreibungen immer wieder als charakteristisch entgegentreten. Es ist das Bild einer Frau, die als schön, noch mehr aber als sympathisch, als mit brillantem Intellekt begnadet, doch zugleich bescheiden, als selbstbewusste Wissenschaftlerin, doch nicht als unfeminin galt. Noch pointierter hat dies Alfred von Reumont, der von seiner Schulzeit bis zu ihrem Tode mit ihr befreundet war und sie wiederholt besuchte, beschrieben:

> Inmitten der zahlreichen, von allen Seiten gespendeten Huldigungen war sie sich immer gleich, immer einfach und ohne Spur von Prätension geblieben, gleichsam unbewußt der ihr allgemein zuerkannten hohen Stellung, freundlich gegen jedermann. Man konnte, wenn man sie nicht früher gekannt, lange mit ihr verkehren, ohne zu ahnen, dass sie auf den Höhen der Wissenschaft stand. Die Frau, die sich einen großen Theil des Tages hindurch mit den schwierigsten Problemen beschäftigte und mit ihrem geistigen Blick das Weltall umfaßte, war in der Gesellschaft höchst bescheiden in Erscheinung und Unterhaltung, eingehend in die großen und kleinen Tages- und Familieninteressen, ohne je auf Arbeiten oder Studien hinzudeuten, dem Anschein nach nicht hinausgehend über die Kreise des geselligen und häuslichen Lebens einer Frau von Stande.[20]

Die Kunst der Vermittlung

Noch etwas haben Mary Somerville und Ada Lovelace gemein: Sie etablierten ihren herausragenden Ruf nicht durch ein komplett eigenständiges Werk, sondern durch eine Übersetzung. Im Fall von Ada Lovelace handelte es sich um die Schrift *Notions sur la machine analytique de Charles Babbage* von Menabrea, bei Mary Somerville um die *Mécanique Céleste* von Laplace. In beiden Fällen handelte es sich nicht um eine rein sprachliche Übertragung.

Beide Übersetzerinnen interpretierten und erweiterten den Text und erbrachten so eine Eigenleistung, für die sie in herausragender Weise gewürdigt wurden – Mary Somerville von ihren eigenen Zeitgenossen, Ada Lovelace von einer Nachwelt, die erst über ein Jahrhundert nach ihrem Tod in der Lage war, ihren Text als ersten Algorithmus für eine programmierbare Maschine zu erkennen[21]. Wenn man sich weiter umsieht, stellt man schnell fest, dass hier eine Nische existierte, die häufig von Frauen besetzt wurde[22]: Die Rolle als Übersetzerin und Vermittlerin, die innerhalb dieser traditionellen Frauenrolle eine erkennbar eigene Leistung erbringt und dafür gewürdigt wird.

Neeley zählt (neben Somerville und Lovelace) eine Reihe naturwissenschaftlich arbeitender Frauen auf, die sich als Übersetzerinnen betätigten: Aphra Behn, Emilie du Châtelet, Claudine Guyton de Morveau, Marie Lavoisier und Mary Lyell[23]. Elisabeth Juliana Sabine übersetzte den *Kosmos* und die *Ansichten der Natur* von Humboldt, die dann ihr Mann, Sir Edward Sabine, herausgab[24]. Damit ist die Liste aber noch nicht vollständig, besonders nicht, wenn man den Blick auf Autorinnen erweitert, die vermittelnd tätig waren. Hier ist an erster Stelle Jane Marcet zu nennen. Sie verfasste populäre Darstellungen zu verschiedenen Themen, darunter auch naturwissenschaftlichen. Nachdem Alexander Marcet gestorben war, ging seine Witwe nach England zurück und gehörte hier dauerhaft zum Freundeskreis der Somervilles. Auch Harriet Martineau verfasste ähnliche populäre Darstellungen. Sie und Marcet hatten vor allem unterschiedliche Spezialgebiete. Marcet schrieb überwiegend über Naturwissenschaften, Martineau über Wirtschaft, allerdings „wilderten" beide auch im Revier der anderen. Auf derartige populäre Darstellungen wurde keineswegs herabgeblickt, sie wurden sogar als besonders wertvoll betrachtet. Michael Faraday verwies etwa darauf, nur durch Marcets *Conversations on Chemistry* zur Naturwissenschaft gekommen zu sein[25]. Von den hier genannten Frauen war Somerville mindestens mit Marie Lavoisier[26], Mary Lyell[27], Jane Marcet, Harriet Martineau[28] und Elisabeth Juliana Sabine[29] persönlich bekannt.

Interessant ist allerdings, dass diese Nische in Deutschland nicht in derselben Weise existierte[30]. Dies wird schon durch einen Blick auf die deutschsprachige Rezeption des Somervilleschen Werkes deutlich. So schreibt der Übersetzer in seiner Vorrede:

> Wir können nicht umhin, einige Bemerkungen über das Werk von Lady Somerville zu machen, um so mehr, als es einiges Bedenken erregen könnte, einen so rein wissenschaftlichen Gegenstand wie die physikalische Geographie ist, von einer Frau bearbeitet zu sehen; […] [31]

Hier schwingt eine grundsätzliche Geringschätzung jeder Leistung mit, wenn sie von einer Frau erbracht wurde, wie sie sich in den englischsprachigen Äußerung zu Somerville und ihrem Werk nicht wiederfinden lässt. Selbst Äußerungen, die skeptisch sind, was die wissenschaftliche Betätigung von Frauen angeht, ziehen nicht in Zweifel, dass das Werk einer Frau grundsätzlich dem eines Mannes gleichwertig sein kann. Umstritten ist lediglich, ob solche Betätigung für Frauen wünschenswert ist, und mit welchen Nebenwirkungen sie verbunden sein könnte. Dass hier ein gravierender Unterschied in der Wissenschaftskultur vorliegt, war vielleicht auch dem Übersetzer bewusst, wenn er fortfährt:

> Wer aber wie wir die von englischen Damen herrührende wissenschaftliche Literatur genauer kennt und das vorliegende Werk von Lady Somerville ließt, wird sehr bald von diesem Vorurtheil zurückkommen.[32]

Von Frauen – für Frauen?

Die Wissenskultur des 19. Jahrhunderts hielt eine weitere Nische für Frauen bereit: Die Bildung und Erziehung von Frauen und Mädchen. Da es auch hier um Vermittlung geht, scheint es sich zunächst um einen Spezialfall der eben beschriebenen Rolle zu handeln. Tatsächlich schließen sich die beiden Aspekte nicht aus, sondern ergänzen sich.

Häufig wandten sich Werke von Frauen bevorzugt, aber eben nicht ausschließlich, an Frauen und Mädchen. Die Bücher von Jane Marcet wären hierfür ein ausgezeichnetes Beispiel. Auch die Connection of the Physical Sciences wendet sich gemäß der Widmung an Königin Adelaide besonders an Frauen. Allerdings hat man den Eindruck, dass dies sowohl für die übrige Gestaltung des Textes wie auch für die Rezeption in England weitgehend folgenlos blieb und lediglich als höfliche Geste zu verstehen ist[33].

Aufschlussreich ist allerdings ein Vergleich mit der Rezeption in Deutschland (vgl. Anm. 24). Schon durch den Titel *Kosmos für gebildete Frauen* wird das Werk stärker als allein für Frauen präsentiert und die Autorin verschwindet hinter dem Sachtitel und Namen des durch Doktortitel gezierten Mannes, der die Übersetzung verantwortete[34]. Es ist überdeutlich, dass das Geschlecht der Autorin ein Makel und ein Hindernis ist, das entschuldigt und klein geredet werden muss. Auch als Erklärerin und Vermittlerin ist hier für Frauen in der Wissenschaft kein Platz.

Neben einer Literatur, die sich besonders an Frauen wandte, gab es eine gegenseitige Unterstützung unter Frauen, die oft parallel zu den Beziehungen der Familien und Männer untereinander entstand, aber eine eigene Qualität hatte. Beispiele lassen sich in Adas Jugend leicht finden. Ihre Mutter hatte William Frend beauftragt, bei der Bildung und Erziehung ihrer Tochter zu helfen, doch fast noch intensiver tauschte sich Ada mit seiner Tochter Sophia aus, die möglicherweise sogar größeres Interesse an mathematischen Fragen hatte als ihr Vater[35]. Dr. King (nicht zu verwechseln mit ihrem späteren Ehemann gleichen Namens) blieb als ihr Lehrer für Mathematik teilweise hinter Adas Erwartungen zurück, aber seine Frau, mit der Ada ebenfalls korrespondierte, begleitete sie zu naturwissenschaftlichen Vorträgen[36]. Ada selbst begann aus eigener Initiative 1834 bei einem längeren Besuch bei Lady Gosford, deren Töchter Olivia (genannt Livy) und Annabella in Mathematik zu unterrichten und setzte dies dann brieflich fort[37].

Ein besonders amüsantes Beispiel für wissenschaftliche Interessen und den Weg, den Frauen dazu finden konnten, ist ein Schlüsselmoment in der Biografie Mary Somervilles: Zu Besuch bei einer Freundin entdeckte sie in einer Frauenzeitschrift eine Mathematikaufgabe mit Buchstaben. Die Freundin erklärte, das sei Algebra, mehr könne sie dazu aber auch nicht sagen. Marys unbändige Neugier war geweckt. Sie setzte alles daran, um herauszufinden, was Algebra sei. Da sie weder einen Lehrer hatte noch einfach ein Buch kaufen konnte und ihre mathematischen Interessen möglichst nicht vor der Familie ausbreiten sollte – zu intensive intellektuelle Beschäftigung galt nach damaliger Lehrmeinung und nach Ansicht ihres Vaters als ernsthaft bedrohlich für das weibliche Gemüt –, war dies nicht einfach.

Das Bild, das sich hier ergibt, ist, dass es spezifische Räume für Frauen und ihre Interessen – wissenschaftliche wie nicht-wissenschaftliche – gab. Dabei war aber die Bewertung und der Grad der Abschließung ein anderer als in Deutschland. In der Konstruktion eigener Frauenwelten stellt sich letztendlich die Frage nach Separation oder Inklusion. Dabei wurde „für Frauen“ in Großbritannien stärker als „speziell [aber nicht nur] für Frauen“ gesehen, in Deutschland eher als „nur für Frauen“ (in des Wortes „nur“ doppelten Bedeutung).

Zur rechten Zeit am rechten Ort

Die Karriere von Mary Somerville wurde auch durch bestimmte Faktoren begünstigt, die sich in ihrer Person in besonderer Weise trafen.

Chapmann hat treffend herausgearbeitet, dass ihre Karriere sich so anderswo nicht hätte entfalten können. Sie setzt eine Tradition des „Grand Amateur“ voraus, eine Wissenschaftstradition, die offen für jeden Beitrag ist, ohne viel nach Abschlüssen, Zeugnissen und institutioneller Anbindung zu fragen[38].

Dazu kam die besondere Gunst, um 1800 in der Umgebung von Edinburgh groß geworden zu sein. Damals war dies der einzige Ort in Großbritannien, an dem die neuesten Strömungen der Mathematik aus Kontinentaleuropa bereits gelehrt wurden. Verantwortlich war dafür eine bestimmte Art von englischem Nationaldünkel, die es schwer machte, über Newton hinaus zu denken. Die große Verehrung Newtons hatte England, was die Entwicklung der Infinitesimalrechnung angeht, lange Zeit gehindert. Die Universität von Edinburgh war damals nicht nur auf ihrem Höhepunkt, sondern von derartigen Denkzwängen auch weitgehend frei[39] und so wurde Somerville als Mathematikerin von Anfang an von Größen wie Playfair und Wallace geprägt, die ihr den Anschluss an die französische Mathematik erlaubten, zu deren Verbreitung in Großbritannien sie später selbst durch ihre Mechanics of the Heavens beitragen sollte.

Wie wir bereits gesehen haben, wäre eine deutsche Mary Somerville kaum möglich gewesen. Spätestens ab 1810 errichteten die Humboldtschen Bildungsreformen, auf die wir in Deutschland durchaus zu Recht stolz sind, Hürden, die für Frauen unüberwindlich waren. Die strenge Hierarchie von Bildungsabschlüssen, die z.B. für den Besuch der Universität den Abschluss eines humanistischen Gymnasiums voraussetzte, hat ganz sicher vereinheitlichte, hohe Standards und einen hohen Grad von Professionalisierung gefördert, die ein Schlüssel für die Erfolge der deutschen Wissenschaftler im 19. und 20. Jahrhundert waren. Sie knüpften aber zugleich die Mitwirkung am Werk der Wissenschaft an formale Bedingungen, die für Frauen für rund 100 Jahre grundsätzlich nicht erfüllbar waren[40].

Dazu kamen weitere Faktoren. Dass Frauen in Deutschland andere Rollen zugewiesen wurden als in ihrer Heimat, vermerkt Mary Somerville, sichtlich schockiert, bei ihrem Besuch in Deutschland:

> At Bonn we met with Baron [Alexander von] Humboldt, and M. Schlegel, celebrated for his translation of Shakespeare. On going up the Rhine, Sir James [Mackintosh] knew the history of every place and of every battle that had been fought. A professor of his acquaintance in one of the towns invited us to dinner, and I was astonished to see the lady of the house going about with a great bunch of keys dangling at her side, assisting in serving up the dinner, and doing all the duty of carving, her husband taking no part whatever in it. I was annoyed that we had given so much trouble by accepting the invitation. In my younger days in Scotland, a lady might make the pastry and jelly, or direct in the kitchen; but she took no part in cooking or serving up the dinner, and never rose from the table till the ladies went to the drawing-room. However, as we could not afford to keep a regular cook, an ill-dressed dish would occasionally appear, and then my father would say, "God sends food, but the devil sends cooks." [41]

Auch das, was wir oben über die spezifische Nische gesagt haben, die sich Frauen in ihrer Rolle als Übersetzerinnen und Vermittlerinnen bot, verhielt sich in Deutschland anders, wie wir am Beispiel der Somerville-Rezeption gesehen haben[42].

Fazit und Ausblick

Eine Betrachtung von Werk und Leben von Mary Somerville kann uns dafür sensibilisieren, dass unser Wissenschaftsmodell nur eines von vielen möglichen ist. Wir sind heute dabei, dieses Modell unter dem Gesichtspunkt der Geschlechtergerechtigkeit zu prüfen. Es kann nicht darum gehen, das England um 1830 zum Paradies der Frauenemanzipation zu erklären. Es gibt genug und zahlreiche Gründe, warum es dies nicht war. Derartige Vergleiche sind immer in der Gefahr, das Fremde zu idealisieren und schöner zu zeichnen, als es ist. Eine vergleichende Betrachtung des Wissenschaftskultur um 1830 in Großbritannien und Deutschland und der Rolle, die Frauen in ihr spielen konnten, kann uns aber dafür sensibilisieren, bestimmte Parameter, die heute als unveränderbar betrachtet werden, kritisch in den Blick zu nehmen und im Hinblick auf ihre Auswirkungen neu zu bewerten.

Es darf dabei nicht übersehen werden, dass hier Mary Somerville vor allem als mathematisch-naturwissenschaftlich interessierte Frau und ihr Leben und Werk vor allem unter dem Blickwinkel des Geschlechts betrachtet wurden. Ein Vergleich der Wissenschaftskulturen am Beispiel von Somerville müsste aber eigentlich auch den Aspekt der Klasse bzw. des Standes mit umfassen. Dieser konnte hier nur ganz am Rande anklingen. Die Tatsache, dass die Wissenschaftskultur in Deutschland im 19. Jahrhunderten viel stärker eine bürgerliche Bewegung war, wurde weitgehend ausgeklammert. Eine nähere Betrachtung unter dem Aspekt der Verschränkung der Kategorien Geschlecht und Stand müsste unbedingt erfolgen, um vorschnell konstruierte und daher falsche Erklärungsmuster (wie etwa nationale Eigenheiten) zu verhindern.

Die Rollen und Tätigkeiten von Frauen in den Wissenschaften wirft die bis heute aktuelle Frage nach der Bewertung von Leistungen auf. Es lässt sich an den historischen Beispielen von Lovelace und Somerville deutlich machen, wie wenig objektiv die Kriterien hier sind. Wird etwa die Frau als Helferin, Begleiterin, Vermittlerin für ihre spezifischen Beiträge besonders gewürdigt – oder wird ihre Leistung als minderwertig und unwesentlich klassifiziert? Am Fall Lovelace lässt sich zeigen, wie willkürlich eine solche Bewertung oft ist. Einige Autoren haben sehr gerungen, ob man ihre Schrift über die Analytical Engine als eigenständigen Beitrag werten und würdigen, ob sie zu Recht als Schöpferin des ersten Computerprogrammes gelten darf. So schreibt Campbell-Kelly:

> Lovelace's 'Sketch of the Analytical Engine' [...] contained a number of very detailed examples of computations, and for this reason Lovelace is often credited with being the world's first programmer [...]. In fact, recent scholarship has demonstrated that all of the examples in the Sketch were devised by Babbage.[43]

Hintergrund ist offenbar, dass sich Lovelace über ihre Arbeit mit Babbage austauschte und sich von ihm insbesondere die Formel zur Berechnung der Bernoulli-Zahlen schicken ließ[44]. Sie hätte nach Verständnis von Campbell-Kelly also „nur“ die Idee des großen Mannes entfaltet. Aber wie verhält es sich mit den zahllosen Frauen, die zur selben Zeit die Berechnungen für die wissenschaftlichen Arbeiten ihrer Männer durchführten, wie z.B. Elisabeth Sabine? Wenn Lovelace nicht als originelle Schöpferin gelten kann, weil Babbage für sie eine Formel heraussucht oder eine Berechnung vornimmt, wieso gilt dieselbe Regel dann nicht, wenn die Frau die Berechnungen für das unter dem Namen des Mannes publizierte Werk durchführt?

Man kann sich des Eindrucks kaum erwehren, dass es bis heute Autoren (und Autorinnen?) gibt, die große Mühe darauf verwenden, nachzuweisen, dass bei einer Kooperation zwischen einem Mann und einer Frau, unabhängig von der Art der Zusammenarbeit, das Endprodukt immer als die Leistung des

Mannes zu sehen ist. Wenn es unter ihrem Namen publiziert wurde, dann gebührt ihm als dem eigentlichen Ideengeber natürlich das Verdienst. Ist es unter seinem Namen publiziert, dann gelten alle Beiträge, die die Frau geleistet hat, als unwesentliche Zuarbeit und dem, der das Werk mit seinem Namen verantwortet, gilt alles Lob.

Dass Somerville dem entgehen konnte, liegt wohl nur daran, dass ihr Mann bewusst die Förderung der Karriere und des Rufes seiner Frau zu seinem Anliegen gemacht hat. Hätte er selbst auch publiziert, hätte auch das Werk seiner Frau sehr schnell als bloße Zuarbeit oder umgekehrt als handwerklich geschickte Ausformulierung seiner Ideen gelten können. Seine Tochter hat sehr bedauert, dass er seine Erinnerungen an seine Afrikaerkundungen nie publiziert hat. Dass ein Mann bewusst die eigenen Leistungen und Möglichkeiten zu Gunsten seiner Frau zurückstellt, war selten.

Das Zusammenwirken von Frauen mit mathematisch-naturwissenschaftlichen Interessen im Umfeld von Lovelace und Somerville ist aber auch ein inspirierendes Beispiel für weibliche Solidarität und die spezifische Art des Umgang der Frauen untereinander und kann unsere teilweise einseitigen Vorstellungen von Wissenschaftlichkeit in Frage stellen und bereichern. Die Frage nach dem Wohlergehen des Kindes, die Verfolgung von Interessen, die als feminin gelten, das Interesse an Menschen, das über ein Interesse am Werk und an der Leistung hinausgeht, gilt heute häufig noch als unstatthaft und Karrierekiller, als mit echter Wissenschaft unvereinbar. Mary Somerville und Ada Lovelace zeigen uns, dass dies nicht immer so war und nicht unbedingt so sein muss, dass ein anderer Umgang im Wissenschaftsbetrieb eine mögliche Alternative ist – und das nicht nur für Frauen.

Bibliografie

Arianrhod, Robyn, *Seduced by Logic. Émelie Du Châtelet, Mary Somerville and the Newtonian Revolution*, New York 2012.

Baum, Joan, *The Calculating Passion of Ada Byron*, Hamden 1986.

Bayertz, Kurt, *Spreading the Spirit of Science. Social Determinants of the Popularization of Science in Nineteenth-Century Germany*, in: Shinn, Terry, Whitley, Richard, Expository Science: Forms and Functions of Popularisation, Dordrecht, 1985, S. 209 – 227.

Campbell-Kelly, Martin, „Analytical Engine“, in: Raúl Rojas (Ed.), *Encyclopedia of Computers and Computer History*, Volume 1, A – L, Chicago, London 2001, S. 29 – 32.

Chapman, Allan, *Mary Somerville and the World of Science*, Cham u. a. 2015 [zuerst: Bristol 2004].

McMillan, Dorothy, *Queen of Science. Personal recollections of Mary Somerville*, Edinburgh 2001.

Elwin, Malcolm, *Lord Byron's Wife*, London 1962.

Flood, Raymond, Rice, Adrian, Wilson, Robin, *Mathematics in Victorian Britain*, New York 2011.

Kim, Eugene Eric, „Lovelace, Augusta Ada Byron King, Countess of“, in: Raúl Rojas (Ed.), *Encyclopedia of Computers and Computer History*, Volume 1, A – L, Chicago, London 2001, S. 479 – 481.

Kosmos für gebildete Frauen. Nach der dritten Auflage des englischen Werkes von Mstrs. Maria Somerville, unter Bezugnahme auf den Berghaus'schen physikalischen Atlas bearbeitet von Dr. Carl Hartmann, Grimma und Leipzig 1851 (zitiert als: Bd. I: Kosmos I; Bd. 2: Kosmos II).

Mann, A. J. S., Craik, A. D. D., Scotland, in: Flood, Raymond, Rice, Adrian, Wilson, Robin, *Mathematics in Victorian Britain*, New York 2011, S. 76 – 101.

Neeley, Kathryn A., *Mary Somerville. Science, Illumination, and the Female Mind*, Cambridge u. a. 2001.

Patterson, Elisabeth Chambers, *Mary Somerville, 1780 – 1872*, Oxford 1979.

von Reumont, Alfred, „Mary Somerville“, in: *Historisches Taschenbuch*. Begründet von Friedrich von Raumer. Herausgegeben von W. H. Riehl. Fünfte Folge. Siebenter Jahrgang, Leipzig 1877, S. 180-248.

Toole, Betty A., *Ada, the Enchantress of Numbers. A Selection from the Letters of Lord Byron's Daughter and Her Description of the First Computer*, Mill Valley 1992.

Patterson, Elisabeth Chambers, *Mary Somerville and the Cultivation of Science, 1815–1840*, Den Haag 1983.

Anmerkungen

1 Um die Darstellung knapp zu halten, habe ich auf Einzelbelege verzichtet, wo Somervilles Lebenserinnerungen und ihre Biografen Patterson, Neeley und Chapman weitgehend übereinstimmen. Strittiges oder dort nicht Auffindbares ist in den Anmerkungen belegt.

2 Diese Ortsangabe scheint dem Folgenden zu widersprechen, sie erklärt sich aber aus einer Generalisierung, da Lady Byron tatsächlich später in Moore Place in Esher lebte.

3 McMillan S. 125f.

4 Elwin S. 82.

5 Baum S. 14; Toole S. 7.

6 Baum S. 13; Toole S. 10.

7 Baum S. 13; Toole S. 11.

8 Baum S. 8.

9 Toole S. 44. Patterson 1983 S. 148 spricht dagegen vage von „um 1830“ und fügt hinzu, dass die Briefe, die hier die die Quelle sind, keine genauere Datierung zulassen. Allerdings möchte man meinen, dass Toole sich intensiver mit den Briefen von Ada und ihrer Mutter befasst haben dürfte. Auch Woronzow Greig (nach Patterson 1983 S. 148) sagt, er habe Ada 1832 oder 1833 kennengelernt, was nicht allzu lange nach dem Einzug von Lady Byron und ihrer Familie in Fordhook geschehen sein muss.

10 Baum S. 34. Wahrscheinlich war es Mary Sommerville, die Lady Byron und ihre Tochter am 5. Juni 1833 Babbage vorstellte. (vgl. Toole S. 48).

11 Zitiert nach Toole S. 61.

12 Tatsächlich kann man wohl sagen, dass Mary Somerville gerade im Begriff ist, dem Vergessen entrissen zu werden. Allerdings trifft dies bisher überwiegend auf Großbritannien zu, wo sie nie ganz vergessen war, schon weil ein College in Oxford ihren Namen trägt. Allerdings ist unübersehbar, dass die Veröffentlichungen zu ihrem Leben und Werk nach einer Pause von 150 Jahren wieder zahlreicher werden. Entscheidend für das Wiedererwachen des Interesses war, dass eine Sammlung von Briefen, Dokumenten und anderen Erinnerungsstücken, die sich in Familienbesitz befunden hatten, dem bereits erwähnten Somerville College übergeben wurden. Die Sammlung umfasst mehr als 5000 Stücke (Patterson 1983, S. VII). Auf

der Grundlage dieser Archivbestände hat sich Patterson intensiv mit Leben und Werk von Somerville beschäftigt und seit 1979 wiederholt dazu publiziert. Ihr folgten weitere Autorinnen und Autoren. Auch eine überarbeitete Neuausgabe der Lebenserinnerungen, in der nunmehr auch die durch die Tochter Martha Somerville zensierten Teile rekonstruiert wurden, war erst durch die Übergabe der Dokumente möglich geworden. 2004 erschien ein Neudruck der gesammelten Werke, der über eine rein mechanische Wiedergabe deutlich hinausging. Erstmals wurden auch die kleinen Schriften vom Herausgeber, James A. Secord, versammelt, der auch eine Bibliografie der älteren Literatur zu Somerville zusammentrug. Das neu geweckte Interesse hat im englischsprachigen Raum bereits eine Reihe von Publikationen hervorgebracht. In Deutschland dagegen ist Somerville – anders als bei ihrem Tode 1872 – noch weitgehend unbekannt und unberücksichtigt, obwohl eine der ganz wenigen zeitgenössischen Biografien – nämlich die von Alfred von Reumont – in Deutschland publiziert wurde. Auch wenn von Reumont in weiten Teilen den Lebenserinnerungen von Somerville folgt, enthält sein Werk doch wertvolle Passagen, die seine eigenen Eindrücke von ihr festhalten. Mit den Gründen, die dazu führten, dass Mary Somerville so weitgehend vergessen wurde, hat sich Neeley S. 199 – 203 beschäftigt.

13 Mann, Craik S. 98.

14 Insgesamt hatte Mary Somerville sechs Kinder; ein Sohn starb wenige Monate nach der Geburt, ein weiterer Sohn und eine Tochter im Alter von etwa sieben und neun Jahren.

15 Mary Somerville schreibt in ihren Lebenserinnerungen (McMillan S. 92) sehr bestimmt, dass sie Jane Marcet erstmals bei diesem Besuch in Genf traf, auch wenn Patterson 1979 S. 15 es so beschreibt, als hätten beide Ehepaare sich bereits zuvor in London regelmäßig getroffen.

16 Die beiden überlebenden Töchter – Martha und Mary Charlotte – begleiteten die Eltern nach Italien, während der überlebende Sohn – Woronzow Greig – in England blieb, wo er als Rechtsanwalt arbeitete.

17 Neeley S. 89f. Ähnlich Chapman S. 74.

18 Zusätzlich unterstützte sie das Anliegen finanziell, wie sich aus den Unterlagen in ihrem Nachlass ergibt (Chapman S. 75).

19 Brief von Maria Edgeworth, zitiert nach: McMillan S. 127.

20 von Reumont S. 242f.

21 Mit den Faktoren, die zur Entdeckung der historischen Ada Lovelace und ihres Beitrags zur Geschichte des Computers seit 1952 führten, hat sich Baum S. XIV – XVI befasst.

22 Dies hat auch Neeley S. 99 bereits erkannt und herausgearbeitet. Darüber hinaus hat sie genau diesem Aspekt einen eigenen Artikel gewidmet (Neeley, Kathryn A., Women as Mediatrix: Women as Writers on Science and Technology in the Eighteenth and Nineteenth Centuries, IEEE Transactions on Professional Communication 35, 1992, 208 – 217), den ich allerdings nicht einsehen konnte.

23 Neeley S. 99 Anm. 2.

24 von Reumont S. 215. Rezeptionsgeschichtlich interessant ist hier die unterschiedliche Darstellung durch von Reumont im Vergleich zur Vorrede aus der deutschen Ausgabe von Mary Somervilles *Physical Geography*. Reumont schreibt eindeutig, dass die von Sabine herausgegebene englische Ausgabe des Humdoldtschen *Kosmos* von seiner Frau bearbeitet wurde (a. a. O.). So stellt es auch Mary Somerville (McMillan, S. 112) dar. In der Vorrede wird die Bearbeitung allerdings „Obristen Sabine" allein zugeschrieben. (Kosmos I S. V)

25 Chapman S. 28; Arianrhod S. 218. Conversations on Chemistry war Marcets erstes und vermutlich einflussreichstes Buch.

26 von Reumont S. 205 (hier unter ihrem zweiten Ehenamen als „Madame de Rumford").

27 Chapman S. 22. Er erwähnt in diesem Zusammenhang auch Charlotte Murchison und Mary Buckland, beide mit bedeutenden Geologen verheiratet und mit den Somervilles befreundet, als „intellectual women in their own right", ohne aber näher auf ihre spezifischen Leistungen und Interessen einzugehen.

28 Patterson 1979 S. 22.

29 von Reumont S. 215.

30 Kurt Bayertz hat sich in einem Aufsatz ausführlicher mit der Popularisierung wissenschaftlicher Forschung in Deutschland im 19. Jahrhundert beschäftigt und stellt dieses Gebiet eben-

falls als eine frauenfreie Angelegenheit dar (Bayertz, passim), auch wenn sich das Profil der Popularisierer in anderen Punkten (z. B. häufig Autodidakten, Bayertz S. 221) mit dem für England sich bietenden Bild deckt.

31 Kosmos I S. VI.

32 Kosmos I S. VI.

33 Arianrhod S. 217 hat sehr gut und deutlich herausgearbeitet, dass und wie sich das Werk Somervilles von anderen bekannten Werken unterscheidet, die sich primär an Leserinnen wandten, indem sie es mit den Werken von Jane Marcet vergleicht.

34 Dadurch erscheint für das Werk in seiner deutschen Übersetzung in Bibliothekskatalogen als Autorenname nicht Mary Somerville, sondern Dr. Carl Friedrich Hartmann.

35 Baum S. 29f.; S. 32; Toole S. 39. Sophia heiratete 1837 den Mathematiker Augustus De Morgan und beide De Morgans blieben Ansprechpartner für Ada in mathematischen Fragen.

36 Baum S. 32.

37 Toole S. 56.

38 Chapman S. VII und S. 75 („good relations between individuals ultimately counted for more than relations with institutions“) trifft diese Aussage besonders pointiert, sie durchzieht aber sein gesamtes Werk.

39 Dass es darüber hinaus zu Anfang des 19. Jahrhunderts noch wesentliche Unterschied zwischen England und Schottland im Wissenschaftsbetrieb wie im intellektuellen Klima gab, haben speziell für den mathematischen Bereich Mann und Craig 2011 herausgearbeitet.

40 Einen ähnlichen Vergleich zwischen dem britischen und deutschen Bildungssystem hat bereits Chapman S. 5f. gezogen. Dabei hebt er – durchaus zu Recht – hervor, dass das deutsche System größere soziale Mobilität schuf und es so talentierten Individuen – solange sie nur Männer waren – einen Aufstieg in die Bildungselite durch Leistung eher ermöglichte als das großteils auf persönlichen Ressourcen aufbauende britische System.

41 McMillan S. 129.

42 Auszunehmen ist hier die Biografie Alfred von Reumonts. Möglicherweise führte die persönliche Bekanntschaft, die er zu Somerville pflegte, dazu, dass ihr Bild in seiner Darstellung weniger durch Klischees überformt wurde. Eher scheint von Reumont aber ein ungewöhnliches Interesse an Frauen und ihrem Werk gehabt zu haben. In seiner Biografie von Mary Somerville geht er immer wieder besonders auf bemerkenswerte Frauen in ihrem Umfeld ein. Auch in seinem Gesamtwerk findet sich eine relativ große Anzahl von Frauenbiografien.

43 Campbell-Kelly S. 32.

44 Kim S. 480f.

Bernhard J. Dotzler

Anmerkungen der Übersetzerin. Charles Babbage und Ada Augusta Lovelace in Kooperation

Nicht ganz wie ein Goethe mit seinem Eckermann – aber mindestens einmal hatte doch auch Charles Babbage das Vergnügen, dass er nur redete und ein anderer aufschrieb. So geschehen im August 1840. Babbage war auf Einladung des auswärtigen *Royal Society*-Mitglieds Giovanni Plana zur Versammlung italienischer Naturforscher nach Turin gekommen und hielt dort nun Hof wie sonst in seinem Haus in London, Marylebone, 1 Dorset Street. Zum Empfang geladen waren Italiens bedeutendste Mathematiker und Ingenieure. Vor ihnen breitete Babbage die Formeln, Zeichnungen und Notate zu jener Maschine aus, auf deren Erfindung heute sein ganzer Nachruhm beruht: der *Analytical Engine*. Zugegen war auch Luigi Federico Menabrea. Und so kam es, dass 1842 aus dessen Feder die *Notions sur la machine analytique de M. Charles Babbage* in der *Bibliothèque Universelle de Genève* erschienen.

Seit rund einem Jahrzehnt hatte Babbage zu diesem Zeitpunkt aber bereits ein anderes Paar ihm geneigter Ohren gefunden. Wann immer auf einem seiner legendären Empfänge in der Dorset Street neuer Besuch erschien, wurde dieser sogleich danach taxiert, ob er nur an der gemeinen Konversation sein Gefallen fand, oder ob er womöglich für das Lebenswerk des Gastgebers – seine Rechenmaschinen – zu begeistern sei. So auch am 21. Juni 1833. Lady Byron und ihre Tochter, Ada Augusta, wurden von Sophia De Morgan in Babbages Haus eingeführt. Und Ada bestand den Test. „Jung wie sie war“, berichtet Sophia De Morgan, begriff sie flugs die ihr vorgeführte Maschine „und vermochte die Schönheit der Innovation gebührend zu würdigen“.[1] Und so kam es, jene zehn Jahre später, dass sich der in der Schweiz publizierte französische Aufsatz des Italieners Menabrea fast unverzüglich in das Englisch der Augusta Ada Byron King, Countess of Lovelace, verwandelte und im September 1843 in Richard Taylors *Scientific Memoirs, Selected from the Transactions of Foreign Academies of Science and Learned Societies, and from Foreign Journals* erschien als: *Sketch of the Analytical Engine invented by Charles Babbage Esq. By L.F. Menabrea, of Turin, Officer of the Military Engineers.* Ada Lovelace blieb soweit als Übersetzerin ungenannt; ebenso der Umstand, dass dieser *Grundriß der von Charles Babbage erfundenen Analytical Engine* keineswegs nur eine englischsprachige Version des Artikels von Menabrea war, sondern vielmehr eine umfänglich annotierte Übersetzung, versehen also mit Anmerkungen der Übersetzerin, deren Ausführlichkeit die Länge des – dadurch neuen – Gesamtartikels von 25 auf 66 Seiten brachte, also mehr als verzweifachte.

Babbage, um dennoch zunächst zu sagen, was zu der im Titel beider Publikationen in den Vordergrund gerückten Hauptfigur zu erinnern ist, hatte den so ihm zuteilwerdenden Zuspruch auch bitter nötig. „Jahre der Verzögerung und Sorge“[2] lagen sowohl hinter ihm als auch – wie er noch nicht wissen, aber vielleicht schon fühlen konnte (wer von uns entgeht schon seiner eigenen Haut?) – vor ihm. Die Ada im Juni 1833 vorgeführte Maschine war nämlich gewiss nicht die *Analytical Engine*, wie Sophia De Morgan in ihren Erinnerungen fälschlich schreibt, sondern die *Difference Engine*, Babbages frühere Erfindung zur Automatisierung der Errechnung mathematischer Tafelwerke. Diese, wird der *Grundriß* betonen, ist von jener „vollkommen verschieden“[3]. Aber diese war schon über Jahre staatlich gefördert worden. Nur geriet ihre Fertigstellung ausgerechnet im fraglichen Jahr ins Stocken, während – und nicht zuletzt weil – Babbage um die gleiche Zeit auf jene bessere Idee der *Analytical Engine* kam. Am Ende seines Lebens, um eine so lange wie oft erzählte Geschichte hier kurz zu machen, wird Babbage mit beiden Maschinen-Projekten gescheitert sein. Mehr und mehr wird er stattdessen zur Berühmtheit, „weil zahllose komische Leitartikel über den menschenfeindlichen Herrn Professor geschrieben werden“[4]: über seine Vorschläge zur Parlamentsreform, seinen Drehorgelkrieg, sein ewiges Querulantentum[5], mit dem auch bereits Ada zu kämpfen hatte, als es an die Veröffentlichung ihrer Fassung des Menabrea-Artikels ging. Auch diese wollte Babbage vorab dazu nutzen, seine naturgemäß polemische Sicht auf die „vielen Missverständnisse, die hinsichtlich der Umstände betreffs Erfindung und Bau der Rechenmaschinen entstanden“ seien, „einmal verbindlich darzustellen“[6].Ada wusste das zu verhindern, aber nicht ohne selbst feststellen zu müssen:

> I have been harassed and puzzled in a most perplexing manner by the conduct of Mr. Babbage ... I am sorry to come to the conclusion that he is one of the most impracticable, selfish, and intemperate persons one can have to do with ...[7]

Babbage, kurzum, hatte mit seinen Maschinen kein Glück – bis auf das Glück, dass es ihre *Beschreibungen* wie die von Menabrea und Lovelace gab. Zwar dementiert Menabrea, man solle von seinen *Notions sur la machine analytique* „nicht erwarten, eine Beschreibung von Herrn Babbages Maschine zu finden“[8]. Aber der Schluss seines Artikels macht unmissverständlich klar, dass sie nun einmal in anderer Form kaum existierte. Er selbst, ergänzte Babbage, habe bis dato auf die Veröffentlichung von Beschreibungen verzichtet, um sich lieber auf das Maschinen-*research&development* als solches zu konzentrieren, und musste doch zugleich konzedieren: „Mit dem Bau wurde noch für keinen einzigen Teil der *Analytical Engine* begonnen.“[9] So war der *Grundriß* nicht nur praktisch die Ersterscheinung der *Analytical Engine*, sondern für lange Zeit auch ihre einzige einer etwas breiteren Öffentlichkeit bekannte Erscheinungsform. In der durch Ada Lovelace übersetzten und erweiterten Fassung galt er für Babbage sogar schon als ihre vollgültige konzeptionell-deskriptive Realisierung[10] – und entsprechende Anerkennung scheint er bei den Computerpionieren des 20. Jahrhunderts gefunden zu haben, bei Alan Turing, Konrad Zuse, John von Neumann, Howard Aiken, wenn sie sich zur Erläuterung ihrer Erfindungen auf Maschinen „of the Babbage type“[11] beriefen. Mit Blick auf Ada Lovelace reichte und reicht diese nachträgliche Anerkennung bekanntlich soweit, dass schließlich sogar eine der moderne(re)n Programmiersprachen nach ihr benannt wurde – *Ada*, 1974/75 bis 1983 im Auftrag des US-Verteidigungsministeriums entwickelt und seitdem eingetragenes Warenzeichen der US-Regierung –, weshalb schon lange zum Schulbuchwissen über sie gehört: „Sie war Mitarbeiterin von Charles Babbage und wird gemeinhin als *‚the worlds' first programmer'* bezeichnet.“[12]

Es bleibe dahingestellt, ob es nicht heißt, sich zu *ver-lesen*, wenn man die *Analytical Engine* aus der nachträglichen Computer-Perspektive liest.[13] Auch dann (wenn nicht dann umso mehr) bleibt es ihre vollgültige Erscheinung durch den *Grundriß*, wonach es zu fragen gilt: als die Frage nach ihrer durch diesen *er-schriebenen* Realität. Immerhin ist *Er-schreibung* auch eine mögliche, wenngleich vielleicht etwas freie, Übersetzung von *Pro-grammierung*, und ihre Programmierbarkeit war die entscheidende Neuerung der *Analytical Engine* gegenüber der *Difference Engine* wie allen älteren Rechenmaschinen.

Dabei machte Menabrea, wie erwähnt, den Anfang. Babbage sprach. Menabrea notierte. Und übersetzte, was ihm begreiflich geworden war, ins Französische. Babbage breitete Formeln, Konstruktionszeichnungen und alles übrige – papierne – Stückwerk aus, soweit eben seine Maschine bis zu jenen Turiner Tagen gediehen war[14], und Menabreas Artikel verwandelte, ganz in Übereinstimmung mit der zeitgenössischen Übersetzungstheorie, „das Unzusammenhängende“[15] in ein Ganzes. Programmierbarkeit war dessen Novum schon gemäß diesem Artikel. Will sagen: Vor jeder Rückübersetzung ins Englische und noch vor jeder Ergänzung durch Ada Lovelace beschrieb Menabrea den Entwurf oder gar Wurf namens *Analytical Engine* in seiner spezifischen Differenz zur Differenzenmaschine alias *Difference Engine*. Diese, schreibt Menabrea, war dadurch definiert,

> dass die Maschine, wenn man so will, der Ausdruck nur eines einzigen Theorems der Analysis ist; und dass ihre Operationen – kurz gesagt – nicht so erweitert werden können, dass sie auch die Lösung der zahllosen anderen Probleme einschließen würde, die das Feld der mathematischen Analysis beinhaltet

Die *Analytical Engine* dagegen war der „Plan für ein anderes mechanisches System“, nämlich ein System „von eben solcher Allgemeinheit wie die der algebraischen Notation“.[16] Um dies zu erreichen, so kann man Menabreas Text entnehmen, müsste die *Analytical Engine* erstens nicht nur mit je verschiedenen Zahlenwerten, sondern auch mit wechselnden Rechenvorschriften operieren können, wozu sie zweitens nicht nur eine Recheneinheit im engeren Sinn, sondern ebenso eine Speichereinheit mit variabel adressierbaren Speicherplätzen enthalten sollte. Erstmals in der Geschichte der Rechenmaschinen bestimmt damit die Dreifaltigkeit von Daten, Adressen und Befehlen als zu unterscheidenden Informationstypen den Systementwurf. Erstmals auch kommt es zu einer „Zusammenstellung [assemblage] der Operationen“[17], wie sie für den Beispielfall der Lösung zweier Gleichungen ersten Grades nacheinander durchzuführen sind, in Form einer Tabelle, die eben Schritt für Schritt auflistet, welche Maschinenbefehle auf welche Speicheradressen wie einwirken sollen, also kurz: zur Anschrift eines Programms.

Die Steuerung solcher Programmabläufe sollte nach dem Vorbild des Jacquard-Webstuhls, das heißt: durch Lochkarten, erfolgen, und wie Menabrea die Transformation algebraischer Ausdrücke in jene Tabellenform einerseits sowie Stapel von Lochkarten andererseits erläutert, verleiht der Erfindung des Programmierens – auch wenn das Wort noch an keiner Stelle bemüht wird – alle nur denkbare Prägnanz. Die Verwendung von Lochkarten, schreibt Menabrea,

> bringt eine Allgemeinheit mit sich, die der algebraischer Formeln gleich ist, da eine solche Formel schlicht die Art und die Reihenfolge der Operationen anzeigt, die erforderlich sind, um ein bestimmtes feststehendes Resultat zu erreichen, ganz wie die Karten der Maschine nicht mehr und nicht weniger befehlen, als eben diese Operationen durchzuführen. Nur müssen, damit der Mechanismus irgendeinem Zweck zu dienen vermag, für jeden bestimmten Fall die numerischen Daten des Problems eingegeben werden. Also wird dieselbe Folge von Karten für alle Probleme geeignet sein, deren Gleichartigkeit darin besteht, dass mit Ausnahme der numerischen Daten nichts verändert werden muß. In dieser Hinsicht sind die Karten lediglich eine Übersetzung algebraischer Formeln oder, besser gesagt, eine andere Form der analytischen Notation.
>
> Wenn die Maschine einmal gebaut sein wird, werden [alle] Schwierigkeiten auf die Ausarbeitung der Lochkarten reduziert sein.[18]

So ist es absolut „ein Prinzip gänzlich neuer Ordnung“, das Babbage „in der Analytical Engine zur Verkörperung“[19] gebracht und Menabreas Ekphrase in Worte gefasst hatte.

Babbage selbst autorisierte die letztere als „eine ausgezeichnete Darstellung der Maschine“, nicht anders als umgekehrt Menabrea die Urheberschaft Babbages deutlich betonte – Gentlemen unter sich, könnte man sagen:

> Der berühmte Erfinder war so freundlich, mir während eines Besuches, den er Turin abstattete, einige seiner Ansichten über diesen Gegenstand mitzuteilen. Mit seiner Erlaubnis habe ich die dabei gewonnenen Eindrücke hier zusammengestellt.[20]

Anders verhält es sich mit dem zweiten Teil der Geschichte, als Ada Lovelace auf die Bühne trat. Fast ein Jahrzehnt lang hatte sie schon mit Babbage – als ihrem Privatlehrer, wie auch eine Mary Somerville, ein Augustus De Morgan und in gewisser Weise ein Charles Wheatstone ihre Privatlehrer waren – zusammengearbeitet und die Entwicklung der *Analytical Engine* so gut wie *ab ovo* mitverfolgt, bevor ihr Menabreas Artikel unterkam und sie ihn übersetzte. Entsprechend gut kannte sie die Materie, und dementsprechend findet man diese nachgerade intimen Kenntnisse von Babbage erwähnt, als er von Adas Übersetzungsarbeit erfuhr, oder jedenfalls als er sich daran bei der Niederschrift seiner Autobiografie erinnerte:

> Die Grundprinzipien, auf denen die Analytical Engine basiert, wurden somit zum ersten Mal von General Menabrea der Öffentlichkeit vorgestellt.
>
> Einige Zeit, nachdem sein Memoire über diesen Gegenstand in der „Bibliothèque Universelle de Genève" erschienen war, informierte mich die inzwischen verstorbene Countess of Lovelace, dass sie das Memoire von Menabrea übersetzt habe. Ich fragte sie, warum sie nicht einen eigenen Aufsatz über ein Thema geschrieben habe, mit dem sie doch so sehr vertraut sei. Lady Lovelace antwortete, ihr sei dieser Gedanke gar nicht gekommen. Daraufhin schlug ich vor, sie solle einige Anmerkungen zu Menabreas Memoire hinzufügen – eine Idee, die sogleich in die Tat umgesetzt wurde.
>
> Wir besprachen gemeinsam die verschiedenen Illustrationen, die eingefügt werden könnten: Ich machte verschiedene Vorschläge, die Auswahl jedoch blieb allein ihre Sache. Ebenso die algebraische Ausarbeitung der verschiedenen Probleme, mit Ausnahme des einen, das sich auf die Bernoulli-Zahlen bezieht, und das ich mich anbot zu übernehmen, um ihr die Mühe zu ersparen. Sie sandte es mir zur Überarbeitung zurück, da sie einen schwerwiegenden Fehler entdeckt hatte, den ich in den Prozeß eingebaut hatte.
>
> Die Anmerkungen der Countess of Lovelace sind etwa dreimal so lang wie das ursprüngliche Memoire. Die Autorin ist in nahezu alle der überaus schwierigen und abstrakten Probleme, die mit dem Thema zusammenhängen, tief eingedrungen.[21]

Auch hier nichts als Töne höchster Anerkennung. Aber zugleich ein ganz anderer Gestus der Autorisierung. Babbage erlaubt nicht, sondern schlägt vor. Und Ada selbst habe nie im Leben daran gedacht, selbst und im eigenen Namen zu schreiben. Womöglich war nicht einmal die Übersetzung des fremden Artikels ihre eigene Idee, sondern entstand „auf Anregung und unter der Aufsicht"[22] ihres anderen Mentors, Charles Wheatstone.

Man kennt den seither oft erzählten und eingangs ja auch schon andeutungsweise vorweggenommenen Hergang ebenso wie dessen geschlechterdiskursgeschichtlichen Hintergrund. Das Somerville College der Universität Oxford zum Beispiel, 1879 gegründet, sieben Jahre nach Mary Somervilles Tod, wurde nach dieser benannt, eben weil ihr selbst jeder Zugang zu einer Universität noch verwehrt war. Oder als Mary Godwin – in jenem Jahr ohne Sommer, in dem sie mit ihrem alsbaldigen Ehemann Percy Bysshe Shelley und mit Lord Byron, Adas Vater, am Genfer See weilte – ihren *Frankenstein or The Modern Prometheus* ersann, konnte, was sie in Romanform brachte, ‚natürlich' nur anonym erscheinen. Die Frau war vielleicht Stimme, hatte aber keine. Also war auch Ada Lovelace angewiesen auf den erwähnten Privatunterricht; also erging es ihr publizistisch so, dass ihre Urheberschaft kein Geheimnis war und doch ihr voller Name nirgendwo im ganzen dritten Band der *Scientific Memoirs* zu finden ist. Nur ihre Initialen – A.A.L. – weisen sie als

ÜbersetzerIn und als VerfasserIn der umfänglichen Kommentare aus. Am Ende, als letzte Zeile des Texts, ist sogar dieser dürre Hinweis noch durch einen Druckfehler – A.L.L.[23] – entstellt, und im Vorfeld bedurfte selbst diese marginale Kennzeichnung einer umständlichen Rechtfertigung.

Die Ergänzung ihrer Initialen sei ein Vorschlag von „Lord L.“, schrieb Ada an Babbage. Denn „wie sie ihre Autorschaft kenntlich machen konnte, ohne ihren Namen darunterzusetzen“, war zum einen gewiss eine Frage, „bei der die Ansichten ihres Ehemannes von größerer Bedeutung waren als ihre eigenen“ [24]. Zum anderen ist aber wohl auch Babbage angesprochen, und nicht nur angeschrieben, wenn der Brief fortfährt, es gehe dabei nicht um eine öffentliche Erklärung, wer der Verfasser (die Verfasserin) ist, sondern eher um eine im Druck erscheinende Signatur, die das Verfasste inskünftig mit anderen Hervorbringungen besagter A.A.L. in Verbindung zu bringen erlaubt: „

> It is not my wish to *proclaim* who has written it; at the same time that I rather wish to appear anything that may tend hereafter to *individualize* and *identify* it with other productions of the said A.A.L.“[25]

Nun wollte wiederum die zeitgenössische Übersetzungstheorie ohnehin, dass Übersetzen so viel wie „eigne Wercke zustande bringen“[26] heißt. Umso mehr ist aber als Hintergrund der Zeilen Adas an Babbage erstens in Erinnerung zu rufen, dass sie den Artikel Menabreas zwar ohne Babbages Wissen übersetzte, und zweitens nachzutragen, dass aber dann ihre Erweiterungen des Artikels in weit höherem Maße in Zusammenarbeit mit Babbage entstanden, als dessen Autobiografie zum Ausdruck bringt. Mehrmals täglich ging die Post zwischen Ada und Babbage in jenem Sommer 1843, in dem sie die Anmerkungen schrieb, hin und her: „almost email-like“[27], wie eine jüngere Untersuchung es nannte, die nicht die erste war oder ist, die sich um eine penible Rekonstruktion der Anteile beider am *Sketch of the Analytical Engine* bemüht.

Diese Sichtungen der Hinterlassenschaften von Babbage und Lovelace haben zu denkbar widersprüchlichen Ergebnissen geführt. Da ist auf der einen Seite die Mythisierung Adas – als Herausforderung, gegen sie anzugehen und stattdessen die sogenannten Fakten sprechen zu lassen. Dazu gehört wohl auch ihre Selbstbezeichnung als „Braut der Wissenschaft“[28], nicht anders als ihre Charakterisierung durch die Menschen in ihrem Umfeld. Sir James Phillips Kay-Shuttleworth etwa, ein weiterer ihrer zeitweiligen Vertrauten, der in jener Zeit das britische Schulwesen reformierte, beklagte und pries zugleich ihre „Launenhaftigkeit“, ihre „Schönheit“ und ihre „Unbegreiflichkeit“.[29] So könnte man Adas Leben im Ganzen durchaus als das einer großen Hysterikerin zeichnen oder gar, mit der Übertreibung moderner Romanliteratur, überspitzen zu Ada: für die einen „die Königin der Maschinen, die Zauberin der Zahl“, für die anderen die „größte Hure in ganz London“. [30] Fern davon, ihr Leben ausschließlich der Wissenschaft zu widmen, brachte ihr Wankelmut sie zwischenzeitlich sogar auf den Plan, Opernsängerin zu werden und mit einer Arie aus *Norma* zu reüssieren. Kurz vor ihrem frühen Tod soll sie zusammen mit ihrer Affäre, John Crosse, der Wettleidenschaft verfallen sein. Ihre wissenschaftliche Flatterhaftigkeit streifte, wie die Mathematik, auch die Physik und die Medizin, die Phrenologie und den Mesmerismus. Aber auf keinem dieser Gebiete kam es dazu, dass zu den „Hervorbringungen besagter A.A.L." je noch Bedeutsames hinzugekommen wäre. Selbst ihr Eifer, „über Babbages Sache zu schreiben"[31], scheint nicht übertrieben lange angehalten zu haben, wie eine entsprechende Briefstelle belegt, und so kann man wohl auch zu dem Ergebnis kommen, dass Adas Selbstdarstellung durchaus der Show-Effekte nicht entbehrte: „Ada ließ keine Gelegenheit aus, ihre Bekannten, die die wahre Größe ihrer mathematischen Kenntnisse und Leistungen nicht zu beurteilen vermochten, zu blenden und an der Nase herumzuführen."[32] Zwar soll Babbage die Lücke, die Adas Tod hinterließ, dennoch nur schwer oder gar nicht verwunden und danach nur noch unsystematisch, wie ohne Halt und Ziel, an der *Analytical Engine* gearbeitet haben. Aber mehr noch, meint dessen Biograf, habe Ada, als sie nach dem einen Artikel nicht mehr intensiver in Babbages Projekte involviert war, „ihre Existenz als öde und sinnlos"[33] empfunden. „Without such a partner", lautet das Urteil, „Ada failed to live up to her promise on her own or any other terms."[34]

Auf der anderen Seite hat man, nicht minder quellengestützt, argumentiert, dass Ada völlig zurecht von sich als „a fully professional person"[35] gesprochen und ihre Werkherrschaft über die Übersetzung und Kommentierung des Artikels von Menabrea behauptet hat:

> The original documentation shows that all contemporaries of Lovelace and Babbage, having first-hand knowledge of how the ‚Notes' came into being, acknowledged Lovelace at the time as the primary author.[36]

Gewiss, vor dem ihre Initialen verfälschenden Druckfehler in Taylors *Scientific Memoirs* war da die Merkwürdigkeit eines anderen Druckfehlers, den die Übersetzerin schlicht nicht als solchen erkannte. In der französischsprachigen Originalveröffentlichung ist nämlich von einem Cosinus („le cos. de") die Rede, wo es schlicht „le cas" (für den Fall, dass) hätte heißen müssen. Ada Lovelace aber bemerkte den mathematischen Unsinn nicht und schrieb deshalb ihrerseits „the cos of"[37], womit der Unsinn fortbestand. Wie weit, lautet daher die skeptische Frage, mag es also um ihre Mathematikkenntnisse bestellt gewesen sein? Sollte sie wirklich imstande gewesen sein, all die auch mathematisch elaborierten Ergänzungen zu Menabreas Artikel unabhängig von Babbages Anleitung zu verfassen? Jedoch, lautet der Einwand gegen den Einwand, auch Babbage stieß der Fehler nicht auf, wie er ja schon bei der Drucklegung des Originals (also von Menabrea selbst, wenn er denn Korrektur las) nicht bemerkt worden war.

Bleibt – statt schlechter Psychologie, statt unnötiger Mythenkritik gegenüber einer ebenso unnötigen Mythisierung – nur der Textbefund. Täglich gingen die Briefe zwischen Babbage und Lovelace hin und her, bis endlich auch die letzte der „Notes by the Translator" nicht nur im Manuskript, sondern ebenso in den Druckfahnen fertiggestellt worden war, und doch behauptet gleich die erste dieser „Notes“ über die Sichtweise, die sie darlegt:

> Ob der Erfinder dieser Maschine irgendeine dieser Perspektiven im Sinn hatte, als er die Erfindung ausarbeitete, oder ob er sie später jemals unter diesem Aspekt in Betracht gezogen hat, wissen wir nicht. Aber es handelt sich um einen Aspekt, der uns zwingend vor Augen trat, als wir die konkreten Methoden kennen lernten, mit denen die Maschine die analytischen Verknüpfungen herstellt.[38]

Beinahe heimlich, versteckt, aber zugleich unleugbar erschreibt sich das Subjekt des Aussagens so – und dies dann erstmals im ganzen Text unterzeichnend als A.A.L. – seine Identität mit dem Subjekt der Aussage, dem „wir“, indem es sich für selbständig gegenüber dem Subjekt des Ausgesagten erklärt, dem Erfinder des Gegenstands oder Sujets, von dem es berichtet. A.A.L. heißt das, erschreibt sich seine/ihre individuelle Autorschaft so deutlich, wie die Strategie der Kommentierung erkennbar auf deren Selbständigkeit gegenüber dem Kommentierten zielt. „Zusammen genommen“, lautet Babbages abschließende Einschätzung zu Menabreas Artikel und Adas erweiterter Übersetzung, „bieten die beiden Memoires [...] einen vollständigen Beweis dafür: *Dass sämtliche Entwicklungen und Operationen der Analysis nun maschinell ausgeführt werden können.*“[39] So also Babbage: als wäre nicht in Adas „Memoire“ dasjenige Menabreas enthalten, doch immerhin die *Notions* und den *Sketch* auf eine Stufe stellend. Aber schon der bloßen Übersetzung wie zumal dann der zusätzlichen Annotation der *Notions* ging es darum, diese zu überbieten.

Zwei Arten von Anmerkungen, die Ada Lovelace ihrer Übersetzung beifügte, sind hierbei zu unterscheiden. Die eine davon gehört zur Übersetzung selbst; sie ergänzt den Text in Form von Fußnoten und ist jeweils als „Note by Translator“ gekennzeichnet. Die andere, abgetrennt durch eine „Notes by the Translator“ ankündigende Zwischenüberschrift, supplementiert die Übersetzung als diese um beinahe das Doppelte vermehrender Anhang. Mit den Fußnoten interveniert die Übersetzung in ihre Vorlage teils korrigierend, teils konkretisierend. „Herr Menabrea hatte bei weitem nicht ausreichend Gelegenheit, sich über einen Punkt wie diesen zu informieren“[40], heißt es etwa zu dessen Erklärung eines genetischen Zusammenhangs zwischen *Difference* und *Analytical Engine*, dem Adas Darstellung im weiteren widerspricht, um vielmehr die Unterschiedenheit beider zu betonen. Die dazu erforderliche Konkretisierung und Detaillierung der Erfindung Babbages erfolgt im Anhang, auf den die Fußnoten in ihrer Mehrzahl verweisen. Hier dann gewinnt die *Analytical Engine* erst vollends Gestalt – eben jene Gestalt, die in der Folge als „computer of the Babbage type“ wahrgenommen werden würde. In Menabreas Artikel ist alles schon angesprochen: das Speicher- und Rechenwerk, die Lochkartensteuerung, die Programmierbarkeit sowie sogar schon die Frage nach der Intelligenz der Maschine. Aber erst die „Notes by the Translator“ realisieren den vollen Gehalt dieser Ideen.

Durch die in die Programme gesteckte Intelligenz, liest man bei Menabrea, könne die *Analytical Engine* selbst „als das Wesen betrachtet werden, das die Vorstellungen der Intelligenz erfüllt".[41] Also, heißt indes seine ganze Schlußfolgerung, würde sie der Intelligenzersparnis dienen:

> Die Ausführung einer einfachen arithmetischen Berechnung erfordert einen Menschen mit nur wenig Fähigkeiten; gehen wir zu komplizierteren Rechnungen über, und wollen wir in bestimmten Fällen algebraische Formeln einsetzen, sind Kenntnisse nötig, die eine mathematische Vorbildung von gewissem Umfang voraussetzen. Die Maschine nun, dank ihrer Fähigkeit, alle diese rein materiellen Operationen selbständig durchzuführen, spart intellektuelle Arbeit ein, die ertragreicher eingesetzt werden kann. Die Maschine kann somit als eine wirkliche Ziffernfabrik betrachtet werden, die ihre Unterstützung all den vielen nützlichen Wissenschaften und Künsten gewährt, die auf Zahlen aufbauen.[42]

Babbage selbst sah die Maschine kaum anders, wenn er sie – in der einzigen öffentlichen Erwähnung, die vor Menabreas Artikel erschien – einführt wie folgt:

> Die neue Maschine soll *hundert* Variablen (oder Zahlen, die verändert werden können) umfassen, und jede dieser Zahlen soll aus 25 Stellen bestehen können. Sie wird dann jede der nachstehenden Operationen, sowie die Kombinationen, die sich aus ihnen ergeben, ausführen:
>
> Seien *v1, v2, ... v100* irgend beliebige Zahlen, so beherrscht die Maschine das
>
> | | |
> |---|---|
> | Addieren | v_i zu v_k; |
> | Subtrahieren | v_i von v_k; |
> | Multiplizieren | v_i mit v_k; |
> | Dividieren | v_i durch v_k; |
> | Radizieren | v_i von v_k; |
> | Rückstellen von | v_k auf null.[43] |

Ebenso unterstreicht noch Babbages im Alleingang verfasste und publizierte *Addition to the Memoire of M. Menabrea on the Analytical Engine* als deren Zweck, „alle Formeln der Analysis in Zahlen umzusetzen und die algebraische Entwicklung aller Formeln auszuarbeiten, deren Gesetze bekannt sind"[44] – wiederum also deren schiere Ziffernfabrikmäßigkeit.

Dagegen endet zwar auch die Supplementierung des Artikels von Menabrea durch A.A.L. (oder in diesem letzten Fall A.L.L.) mit dem gewissermaßen exzessiv numerischen Beispiel der Bernoulli-Zahlen-Berechnung, lässt aber bis dahin zugleich auch erstaunlich andere Töne anklingen. Und selbst das Bernoulli-Beispiel wird eingeleitet durch eine die Erstaunlichkeit noch ins Quadrat erhebende Volte gegen den übersetzten Text. „Es gibt gewisse Zahlen", erläutert dieser, „die häufig in Rechnungen auftreten", Zahlen wie π oder eben jene Bernoulli-Zahlen.[45] Doch nicht an dieser Stelle hakt die Kommentierung ein, sondern erst mehrere Absätze weiter, wenn Menabrea auf die „Intelligenz" der Maschine zu sprechen kommt. Mit Bezug darauf wird das Bernoulli-Programm als zum Abschluss beeindruckend „kompliziertes Beispiel ihrer Leistungsfähigkeit“[46] angegeben, nachdem die Anmerkung der Übersetzerin zuvor *einschränkend* reagierte:

> Es wäre gut, sich vor der Möglichkeit überspannter Ideen zu hüten, die über die Fähigkeiten der Analytical Engine entstehen könnten. Bei der Betrachtung irgend eines neuen Gegenstands gibt es häufig die Tendenz, erstens das, was wir bereits interessant oder bemerkenswert finden, zu *überschätzen*, und zweitens – als natürliche Reaktion darauf – den wahren Stellenwert der Sache *unterzubewerten*, sobald wir entdecken, dass unsere Vorstellungen diejenigen überstiegen, die wirklich haltbar gewesen wären.[47]

Die hierauf folgenden Sätze zur Konkretion dessen, was es heißen soll, die *Analytical Engine* nicht zu überschätzen, gehören zu den wohl bekanntesten Äußerungen des ganzen Texts, weil Alan Turing sie rund hundert Jahre später im Rahmen der beginnenden modernen KI-Debatte als den „Einwand von Lady Lovelace“ diskutieren sollte. Dieser also lautet:

> Die Analytical Engine erhebt nicht den geringsten Anspruch, irgendetwas *hervorzubringen*. Sie kann tun, was immer *wir* ihr auszuführen *zu befehlen wissen*. Sie kann der Analysis *folgen*. Aber sie besitzt nicht das Vermögen, irgendwelche analytischen Relationen oder Wahrheiten zu *antizipieren*. Ihr Gebiet ist darauf beschränkt, uns bei der *Verfügbarmachung* dessen zu assistieren, womit wir bereits vertraut sind.[48]

Dass damit bereits die generellen oder prinzipiellen Grenzen aller Maschinenintelligenz umrissen seien, wird Turing seinerseits zum Widerspruch herausfordern. Aber jedenfalls mit Blick auf die Beschreibung der *Analytical Engine* – und nicht schon späterer Maschinengenerationen – ist der entscheidende „Einwand von Lady Lovelace“ weniger, dass die Fähigkeiten der Maschine ihre Grenzen haben, als vielmehr, dass in Anerkennung ihrer Grenzen erst die eigentliche Leistungsfähigkeit dieser Maschine deutlich wird.

Denn diese Verdeutlichung, weit über Menabrea hinaus, ist nun einmal die schon erwähnte besondere Leistung der „Notes by the Translator“. Aus dem Hinweis auf Babbages Adaption der Lochkartensteuerung wird durch sie – als mit Sicherheit berühmteste Zeile aus der Feder der Tochter Byrons, die von ihrem Vater sagte, er sei nie in einem solchen Maße „ein *Dichter*“ gewesen wie sie „eine *Analytikerin* (und Metaphysikerin)“[49] – die wahrhaft *poetische* Wendung (altgr. ποιέω, *machen*), „dass die Analytical Engine *algebraische Muster* webt, gerade so wie der Jacquard-Webstuhl Blätter und Blüten“[50]. Auf seiten dieser ihrer Poetizität vertiefen die Anmerkungen die rein papierne Existenz der *Analytical Engine*, insofern sie deren bis dato reines Erschriebensein im, wie es wörtlich heißt, „Medium von Stift, Tinte und Papier“[51] nicht etwa verleugnen, sondern im Gegenteil unterstreichen. Auf Seiten ihres Inhalts zielen sie vorab darauf ab, dass die *Analytical Engine* durch die Lochkarten-Verwendung die bloße Zahlenwelt hinter sich lasse. Eine „Ziffern-fabrik“, das wäre vielleicht die *Difference Engine* gewesen. Die *Analyti-*

cal Engine aber ist ebenso grundlegend anders als die *Difference Engine* wie als alle sonstigen Rechenmaschinen:

> Die Grenzen der *Arithmetik* wurden nun allerdings in dem Moment überschritten, in dem die Idee aufkam, Lochkarten einzusetzen. Die Analytical Engine hat deshalb nichts mehr mit bloßen „Rechenmaschinen" gemein. Sie steht allein auf weiter Flur, und die Betrachtungen, zu denen sie Anstoß gibt, sind von höchst interessanter Art.[52]

Weshalb die nämlichen „Betrachtungen", in denen Menabrea wie Babbage so sehr die numerische Leistungssteigerung durch die Maschine betonten, in aller, beinahe jene Herren selbst zu Dilettanten degradierenden Entschiedenheit erklären:

> Viele derer, die mit mathematischen Studien nicht vertraut sind, stellen sich vor, dass – weil es Sache der Maschine ist, ihre Resultate in *numerischer Notation* zu liefern – die *Natur ihrer Prozesse* folglich eher *arithmetisch* und *numerisch* als *algebraisch* und *analytisch* sein müsse. Das ist ein Irrtum. Die Maschine kann ihre numerischen Größen exakt so anordnen und kombinieren als wären es *Buchstaben* oder andere *allgemeine Symbole*; und sie könnte ihre Resultate sogar in algebraischer *Notation* ausgeben, wenn man sie entsprechend ausrüsten würde. Sie könnte drei Mengen von Resultaten gleichzeitig entwickeln, nämlich *symbolische* Resultate [...], *numerische* Resultate [...] und *algebraische* Resultate in *Buchstaben*notation.[53]

Die generelle Stoßrichtung der *Analytical Engine*-Beschreibung durch die „Notes by the Translator" ist in diesem Sinne eben die Generalität, die Universalität dieser Maschine, und zwar im Hinblick auf die Objekte ihrer Operationen ebenso wie auf ihre Operationalität als solche.

So sprechen die Anmerkungen mit den „Blumen und Blüten" erstens den visuellen Bereich des *imaging* (avant la lettre) an, wie ihn vor der *Analytical Engine* bereits der Jacquard-Webstuhl automatisiert hatte – gipfelnd in einem notorisch erwähnten „wunderschöne[n] gewebte[n] Portrait" des Erfinders, „zu dessen Herstellung 24000 Lochkarten erforderlich waren", und dem der Triumph zuteil wurde, selbst von Kennern mit einem Stich verwechselt zu werden.[54] Zweitens wird etwa auch der Bereich der Akustik ausdrücklich ins Feld geführt, wenn es da, wiederum gegen die Zahl als ausschließlicher Zweckbestimmung der Analytical Engine gewendet, heißt, diese könne ebenso

> mit anderen Dingen als *Zahlen* operieren, fände man Objekte, deren grundlegende Relationen zueinander sich durch Relationen der abstrakten Wissenschaft der Operationen ausdrücken und sich zugleich an die Arbeitsweise der Betriebsnotation [operating notation] sowie der Mechanik der Maschine anpassen ließen. Angenommen etwa die grundlegenden Relationen der Tonhöhen in der Harmonie- und Kompositionslehre könnten auf diese Art und Weise ausgedrückt und an die Maschine angepaßt werden, so könnte sie ausgefeilte und allen Regeln der Kunst gehorchende Musikstücke von beliebiger Komplexität und Länge komponieren.[55]

Woraus sich drittens, fokussiert man die Hinleitung zum akustischen Beispiel, die genannte „Wissenschaft der Operationen" alias *operations research* (avant la lettre) als das ergibt, was sich in der *Analytical Engine* verkörpert. Unmittelbar folgend lautet tatsächlich das bündige Resümee: „Die Analytical Engine ist eine *Verkörperung der Wissenschaft der Operationen*"[56], und vorbereitend dazu deren Definition:

> Es mag wünschenswert sein zu erklären, dass wir unter dem Wort *Operation* jeden *Prozeß* verstehen, *der die Relation zweier oder mehrerer Dinge untereinander verändert*, welcher Art diese Relation auch immer sein mag. Dies ist die allgemeinste Definition und würde alle Gegenstände des Universums einschließen. In der abstrakten Mathematik verändern Operationen natürlich jene speziellen Relationen, die in die Betrachtung von Zahl und Raum verwickelt sind, und die *Resultate* der Operationen sind speziell solche Resultate, die der Natur der Operanden [subjects of operation] entsprechen. Aber die Wissenschaft der Operationen – abgeleitet von der Mathematik im engeren Sinne – ist eine Wissenschaft für sich und hat ihre eigene abstrakte Wahrheit und ihren eigenen Wert, ebenso wie die Logik ihre eigene Wahrheit und ihren eigenen Wert besitzt, unabhängig von den Gegenständen, auf die wir logische Überlegungen und Verfahren anwenden.[57]

Die Verdeutlichungsleistung der Anmerkungen zur Übersetzung gegenüber dem Übersetzten betrifft auf diese Weise sowohl die Allgemeinheit der *Analytical Engine* als umgekehrt auch die Schritte, die dadurch notwendig sind, sie auf spezielle Aufgaben abzurichten. In ihrem, wie als Terminus explizit eingeführt wird, „*neutralen* oder *Nullzustand*" kann und muss die *Analytical Engine* als nicht weniger denn

> als materieller Ausdruck jeder beliebigen unbestimmten Funktion von beliebiger Allgemeinheit und Komplexität beschrieben werden, wie zum Beispiel:
>
> $F(x,y,z, \log x, \sin y, x^p$ usw.),
>
> was, wie man bemerken wird, eine Funktion aller anderen möglichen Funktionen mit beliebig vielen Größen ist.[58]

Erst durch die Eingabe entsprechender Befehle verwandelt sich die „Repräsentation einer *allgemeinen* Funktion" in „eine *spezielle*" Repräsentation oder Maschine „für eine *besondere* Funktion", welche nun ihrerseits „in [der] Maschine [soweit nur] *implizit* ausgedrückt" ist, bis die „konkrete Arbeit des Mechanismus" alias konkrete Programmausführung „den Wert dieser Funktion *explizit*" angibt.[59] Mit der Analytical Engine, heißt das, oder genauer mit ihrer Be- und Erschreibung durch A.A.L. kommt die Sache und fast auch schon der Begriff der *virtuellen Maschine* auf, wie umgekehrt auch schon konkretere Vorstellungen ihrer jeweiligen programmiertechnischen Realisierung entstehen. So zum Beispiel die Idee von Routinen und Subroutinen („*Rücklauf* [*backing*] der Karten" für „*Schleife*[*n*] von Operationen"[60]) oder etwa die zugleich ein- und wieder ausgeblendete Frage einer übergeordneten Programmier-theorie:

> Die *Ordnung*, in der die Operationen in jedem Einzelfall duchgeführt werden sollen, ist eine sehr interessante und spannende Frage, auf die detailliert einzugehen, uns der Platz hier nicht gestattet. In nahezu jeder Berechnung ist eine große *Vielfalt* von Anordnungen der Operationsabläufe möglich, und verschiedene Überlegungen müssen in die Auswahl einer von ihnen für die Zwecke einer Rechenmaschine einfließen. Eines der Hauptziele besteht dabei darin, jene Anordnung zu wählen, die dazu tendiert, die für die Vollendung der Rechnung notwendige *Zeit* auf ein Minimum zu reduzieren.[61]

Lange bevor irgendein lauffähiger Code für irgendeine lauffähige Maschine geschrieben wurde, gab A.A.L. damit schon die Parole unermüdlicher Code-Optimierung aus.

Versteht man die Zusammenarbeit zwischen Babbage und Lovelace als implizite Aufforderung, die Anteile beider an der Erschreibung der *Analytical Engine* zu entflechten[62] könnte man daher – gestützt auf die Signatur der Anmerkungen – bei Ada Augusta Lovelace die größere Weitsicht, um nicht Genialität zu sagen, verorten. So zumindest glaubte es die jüngere Forschung festhalten zu sollen:

> Lovelace's vision of the Engines' potential for the future of computation may now be seen as having exceeded Babbage's own vision for his machines in several key ways. She became the first person known to have crossed the intellectual threshold between conceptualizing computing as only for calculation on the one hand, and on the other hand, computing as we know it today: with wider applications made possible by symbolic substitution.[63]

Schon Ada selbst hatte ihrerseits gegenüber Babbage proklamiert: „Ich denke nicht, dass Sie auch nur die Hälfte *meiner* Vorausahnung besitzen & meines Vermögens, alle *möglichen* Eventualitäten zu sehen".[64]

Aber das, wenn man so will, eigentliche Genie der „Notes by the Translator" ist wohl weniger die Abgrenzung von als vielmehr die unauflösliche Symbiose mit ihrem Prätext wie darin ihrem Präzeptor. Die Anmerkungen der Übersetzerin tasten die etablierte Hierarchie zwischen ‚dem Text' und ‚bloßem Kommentar' in keiner Weise an, weder in ihrer ‚kleinen' Fußnotenform noch als das ‚große' Supplement im Anhang. Und doch machen sie mit den erwähnten Vertiefungen und Ergänzungen „gewaltige Sprünge über den Text hinaus" in Richtung auf ein „eigenes Werk",[65] das freilich wiederum seinen Status als Übersetzung nicht nur nirgends infrage stellt, sondern im Gegenteil überall nur trickreich affirmiert: als Übersetzung erstens aus dem Französischen ins Englische; Übersetzung zweitens der ver- und zerstreuten Äußerungen, Briefe und Papiere Babbages in die Konsistenz zusammenhängender Prosa; und Übersetzung drittens aus der algebraischen Formelsprache in die prototypische Maschinensprache der tabellarisch angeschriebenen Programme. Mit letztgenannter ereignete sich nichts anderes als die Erschreibung der Maschine durch die Maschine ihrer Erschreibung. Zumal durch diese also schloss sich – und schließt sich für hier – ein Kreis.

Anmerkungen

1 Zit. n. Stein, Dorothy, *Ada: A Life and a Legacy*, Cambridge, Mass., 1985. Dt.: *Ada. Die Braut der Wissenschaft*, Berlin, 1999, S. 53.

2 Babbage, Charles, „Erklärung über die Erfindung und Bau der Rechenmaschinen von Herrn Babbage betreffenden Umstände“ [1843], in: *Babbages Rechen-Automate. Ausgewählte Schriften*, Wien – New York, 1996, S. 55-59, hier: 56. – Verweise auf diesen Band im folgenden mit der Sigle: BRA.

3 Menabrea, Luigi Federico/Lovelace, Ada Augusta, „Grundriß der von Charles Babbage erfundenen Analytical Engine“ [1843], in: BRA, S. 309-381, hier: 310.

4 Fontane, Theodor, *Unechte Korrespondenzen*, hg. v. Heide Streiter-Buscher, Berlin – New York, 1996, S. 525. – Vgl. dazu Dotzler, Bernhard J., „Echte Korrespondenzen. Fontanes Welt-Literatur“, in: ders., *Diskurs und Medium III. Philologische Untersuchungen: Medien und Wissen in literaturgeschichtlichen Beispielen*, München, 2011, S. 145-178, hier: 147f.

5 Vgl. Babbage, Charles, *A Chapter on Street Nuisances. Extracted from „Passages from the Life of a Philosopher“*, London, 1864, sowie ders., *Thoughts upon an Extension of the Franchise*, London, 1865. – Für eine Babbage-Biografie entlang dieser Linie s. Moseley, Maboth, *Irascible Genius: The Life of Charles Babbage*, Chicago, 1964.

6 Babbage, Erklärung, S. 55. – Diese Darstellung erschien dann zuerst anonym als: „Addition to the Memoire of M. Menabrea on the Analytical Engine“, in: *Philosophical Magazine* 23/1843, S. 235-239.

7 Ada an ihre Mutter, 8.8.1843, zit. n. Fuegi, John/Francis, Jo, „Lovelace & Babbage and the Creation of the 1843 ‚Notes‘“, in: *IEEE Annals of the History of Computing* 4/2003, S. 16-26, hier: 23.

8 Menabrea/Lovelace, Grundriß, S. 310.

9 Babbage, Erklärung, S. 59 (mit 57).

10 Vgl., einschließlich der entsprechenden Belegstelle, Dotzler, Bernhard J., *Diskurs und Medium II. Das Argument der Literatur*, München, 2010, S. 147.

11 Randell, Brian (Hrsg.), *The Origins of Digital Computers: Selected Papers*, Berlin – Heidelberg – New York, 1982, S. 471. – Vgl. die Zusammenstellung weiterer Belegstellen bei Fuegi/Francis, Lovelace & Babbage, S. 18 bzw. 25 (Anm. 11-14).

12 Baumgarten, Uwe, *Ada – Eine Einführung*, Bonn u.a., 1988, S. 1.

13 Vgl. Dotzler, Bernhard J., *Diskurs und Medium [I]. Zur Archäologie der Computerkultur*, München, 2006, S. 83ff. u. 175ff.

14 Vgl. Babbage, Charles, „Über die Analytical Engine“ [= Kap. VIII von Babbage, Charles, *Passages from the Life of a Philosopher*, London, 1864], in: BRA, S. 237-256, hier: 249.

15 Goethe, Johann Wolfgang, *Wilhelm Meisters Lehrjahre*, in: ders., *Sämtliche Werke. Frankfurter Ausgabe Bd. I/9*, Frankfurt/M., 1992, S. 504; vgl. dazu Kittler, Friedrich A., *Aufschreibesysteme* 1800/1900, München, 1985, S. 77.

16 Menabrea/Lovelace, Grundriß, S. 313.

17 Menabrea/Lovelace, Grundriß, S. 319.

18 Menabrea/Lovelace, Grundriß, S. 326.

19 Babbage, Erklärung, S. 55 u. 57.

20 Menabrea/Lovelace, Grundriß, S. 310.

21 Babbage, Über die Analytical Engine, S. 253.

22 Stein, Ada. Die Braut der Wissenschaft, S. 108.

23 Taylor, Richard (Hrsg.), *Scientific Memoirs, Selected from the Transactions of Foreign Academies of science and Learned Societies, and from Foreign Journals*, Bd. III, London, 1843, S. 731.

24 Stein, Ada. Die Braut der Wissenschaft, S. 149.

25 Ada Lovelace an Charles Babbage, 4.7.1843, zit. n. Fuegi/Francis, Lovelace & Babbage, S. 20. – Die Briefstelle wird auch zitiert bei Stein, Ada. Die Braut der Wissenschaft, S. 149, und Plant, Sadie, *Zeros and Ones*, London, 1997. Dt.: *nullen + einsen. Digitale Frauen und*

die Kultur der neuen Technologien, Berlin, 1998, S. 16. In beiden Fällen bleiben die Übersetzungen indes enttäuschend, wo nicht irreführend.

26 Novalis, zit. n. Kittler, Aufschreibesysteme, S. 78.

27 Fuegi/Francis, Lovelace & Babbage, S. 19.

28 Stein, Ada. Die Braut der Wissenschaft, S. 172. Als Biografie auf dieser Spur vgl. Woolley, Benjamin, *The Bride of Science: Romance, Reason and Byron's Daughter*, London, 1999.

29 Zit. n. Stein, Ada. Die Braut der Wissenschaft, S. 207.

30 Zit. n. Stein, Ada. Die Braut der Wissenschaft, S. 207.

31 Zit. n. Stein, Ada. Die Braut dcr Wissenschaft, S. 177.

32 Stein, Ada. Die Braut der Wissenschaft, S. 149.

33 Hyman, Anthony, *Charles Babbage 1791-1871. Philosoph, Mathematiker, Computerpionier*, Stuttgart, 1987, S. 351.

34 Stein, Ada: A Life and a Legacy, S. 278 (dt. S. 320).

35 Zit.n. Fuegi/Francis, Lovelace & Babbage, S. 19.

36 Fuegi/Francis, Lovelace & Babbage, S. 26.

37 Siehe: Taylor, Scientific Memoirs III, S. 687, und zum Streit um die Bedeutung dieser Stelle Stein, Ada. Die Braut der Wissenschaft, S. 111, versus Fuegi/Francis, Lovelace & Babbage, S. 21 u. 26.

38 Menabrea/Lovelace, Grundriß, S. 333.

39 Babbage, Über die Analytical Engine, S. 253.

40 Menabrea/Lovelace, Grundriß, S. 310.

41 Menabrea/Lovelace, Grundriß, S. 326.

42 Menabrea/Lovelace, Grundriß, S. 327.

43 Babbage, Charles, „Brief an Herrn Quetelet über die Rechenmaschine" [1835], in: BRA, S. 263f., hier: 263.

44 Babbage, Erklärung, S. 58.

45 Menabrea/Lovelace, Grundriß, S. 325.

46 Menabrea/Lovelace, Grundriß, S. 371f.

47 Menabrea/Lovelace, Grundriß, S. 369.

48 Menabrea/Lovelace, Grundriß, S. 369. – Vgl. Turing, Alan, „Rechenmaschinen und Intelligenz" [1950], in: ders., *Intelligence Service*. Schriften, Berlin, 1987, S. 147-182, hier: 169.

49 Zit. n. Stein, Ada. Die Braut der Wissenschaft, S. 134; s.a. Plant, nullen + einsen, S. 23.

50 Menabrea/Lovelace, Grundriß, S. 335.

51 Menabrea/Lovelace, Grundriß, S. 340.

52 Menabrea/Lovelace, Grundriß, S. 335f.

53 Menabrea/Lovelace, Grundriß, S. 356.

54 Menabrea/Lovelace, Grundriß, S. 365, mit Babbage, Charles, *Passagen aus einem Philosophenleben* [1864], Berlin, 1997, S. 116f.

55 Menabrea/Lovelace, Grundriß, S. 332.

56 Menabrea/Lovelace, Grundriß, S. 332.

57 Menabrea/Lovelace, Grundriß, S. 331.

58 Menabrea/Lovelace, Grundriß, S. 329.

59 Menabrea/Lovelace, Grundriß, S. 346f.

60 Menabrea/Lovelace, Grundriß, S. 347 u. 360.

61 Menabrea/Lovelace, Grundriß, S. 354.

62 Vgl. *To Dream Tomorrow* (USA 2003, R: John Fuegi/Jo Francis) sowie zu diesem Film Fuegi/Francis, Lovelace & Babbage, S. 17: „[...] it was our intention in making *To Dream Tomorrow* to examine and acknowledge what each one did as an individual, as well as what the two achieved working together."

63 Fuegi/Francis, Lovelace & Babbage, S. 16.

64 Brf. v. 30.7.1843, s. Stein, Ada: A Life and a Legacy, S. 109 (dt. S. 132), hier nach Plant, nullen + einsen, S. 28 (Übers. geringf. modifiziert).

65 Plant, nullen + einsen, S. 17.

JENS SCHRÖTER

Bilder weben, Musik komponieren. Ada Lovelace und das Universalmedium Computer

Es gibt nur einen Text von Lady Ada Lovelace, der eine Rolle in der Geschichte des Computers spielt – ihre „Notes by the Translator" zu Manabreas Text über Babbages (nie gebaute) *Analytical Engine* von 1842.[1] In dem Text fallen immer wieder zwei Stellen auf: Erstens: „Am treffendsten können wir sagen, dass die Analytical Engine *algebraische Muster* webt, gerade so wie der Jacquard-Webstuhl Blätter und Blüten."[2] Zweitens:

> Der Operationsmechanismus [...] könnte [...] mit anderen Dingen als Zahlen operieren, fände man Objekte, deren grundlegende Relationen zueinander sich durch Relationen der abstrakten Wissenschaft der Operationen ausdrücken und sich zugleich an die Arbeitsweise der Betriebsnotation [operating notation] sowie der Mechanik der Maschine anpassen ließen. Angenommen etwa die grundlegenden Relationen der Tonhöhen in der Harmonie- und Kompositionslehre könnten auf diese Art und Weise ausgedrückt und an die Maschine angepaßt werden, so könnte sie ausgefeilte und allen Regeln der Kunst gehorchende Musikstücke von beliebiger Komplexität und Länge komponieren.[3]

An beiden Stellen fällt auf, dass Lady Ada Lovelace die Potentiale der Rechenmaschine Babbages mit dem in Verbindung bringt, was man heute ‚Medien'[4] nennen würde. In der ersten Stelle vergleicht Lovelace den Prozess der Erzeugung ‚algebraischer Muster', also der Berechnung, mit dem Prozess des Webens von Blumen und Blättern. Damit sind Muster auf Stoffen gemeint, gewebt durch die automatisierten Webstühle, die Joseph-Marie Jacquard um 1800 erfunden hatte. Diese sind die ältesten programmierbaren Maschinen – in dem eingeschränkten Sinn, dass nur die zu webenden Muster programmiert werden konnten. Dies geschah mit Lochkarten. Mithin kann man die gewebten Bilder von Jacquard-Webstühlen als digitale Bilder bezeichnen.[5] Lovelace kommt zu ihrer Erwähnung der Webstühle zunächst dadurch, dass Babbage den Mechanismus der Lochkarte 1836 für das Design seiner *Analytical Engine* übernahm:

> Das unterscheidende Merkmal der Analytical Engine, wie auch das, das es ermöglicht hat, den Mechanismus mit so umfassenden Fähigkeiten auszustatten, dass es sich anbietet, diese Maschine zur exekutiven rechten Hand der abstrakten Algebra zu machen, ist die Einführung des Prinzips, das Jacquard entwickelte, um – mit Hilfe von Lochkarten – die Herstellung der kompliziertesten Muster in Brokatstoffen zu steuern.[6]

Mithilfe der Lochkarten sollte die *Analytical Engine* also programmiert werden – jedoch nicht, um etwa damit Bilder zu erzeugen. Wie auch? Es gab noch keine Peripherie wie Monitore oder Drucker[7] mit deren Hilfe man Bilder hätte darstellen können; und eine Maschine zur programmierten Erzeugung gewebter Bilder hatte man ja schon, eben die Jacquard-Webstühle.

Der Bezug auf das ‚Weben von Blumen und Blättern' ist metaphorisch, es geht nicht darum, dass Babbages Maschine wirklich Bilder von Blumen und Blättern produziert, sondern nur dass sie mithilfe der Lochkarten ebenso programmierbar ist wie die Webstühle. Nichtsdestotrotz scheint die in dieser metaphorischen Beschreibung ausgedrückte Nähe zwischen einer Maschine, die digitale Bilder herstellt und einer allgemeinen Rechenmaschine ein überraschender Vorgriff auf heutige Computer zu sein, die ganz selbstverständlich Bilder einlesen und/oder erzeugen und ausgeben können. Heutige Computer können (näherungsweise) alle medialen Formen erzeugen und darstellen, weswegen oft vom ‚Universalmedium Computer' die Rede ist.[8]

Expliziter scheint der potentiell mediale Charakter aber noch in dem Beispiel mit der Musik ausformuliert zu sein. Lovelace bemerkt, dass es die *Analytical Engine* nicht wesentlich und zuerst mit Objekten wie ‚Zahlen' zu tun habe, sondern mit Relationen. Lovelace erkennt die Möglichkeit einer Maschine, die allgemein Symbole verarbeiten kann. Daher müsste die Maschine auch geeignet sein, Musik zu komponieren, insofern (zumindest westlich-klassische) Musik harmonisch auf Relationen verschiedener Töne zueinander beruht, die als Zahlenverhältnisse ausgedrückt werden können. Insbesondere an diesem Gedanken von Lady Lovelace hat sich später großes Interesse entzündet:

> Perhaps more importantly, the article contained statements by Ada that from a modern perspective are visionary. She speculated that the Engine ‚might act upon other things besides number... the Engine might compose elaborate and scientific pieces of music of any degree of complexity or extent'. The idea of a machine that could manipulate symbols in accordance with rules and that number could represent entities other than quantity mark the fundamental transition from calculation to computation. Ada was the first to explicitly articulate this notion and in this she appears to have seen further than Babbage. She has been referred to as ‚prophet of the computer age'. Certainly she was the first to express the potential for computers outside mathematics. In this the tribute is well-founded.[9]

Lady Ada Lovelace wird hier als ‚Prophetin des Computerzeitalters' bezeichnet und ihre Formulierung als ‚visionär'. Dass sie den Computer mit Musik in Verbindung bringt und nicht bloß mit Mathematik im engeren Sinne, ist ihr entscheidender Beitrag.

Aber ohne die Bedeutung von Lady Ada Lovelace im Geringsten schmälern zu wollen, zeigt sich an solchen Äußerungen ein grundsätzliches Problem von Geschichtsschreibung – nämlich das der ‚Rückprojektion'. Heute gibt es Computer, die Musik machen, Computer werden in Tonstudios eingesetzt, um Musik zu bearbeiten, Musik wird digital gespeichert und distribuiert. Daher erscheint uns genau dieser Aspekt als ‚visionär'[10] – und mehr noch: Wir lesen Lady Ada Lovelaces Äußerung so, als sei sie ein Vorschein dieser heutigen Möglichkeiten. Unsere Computer werden heute in Verbund mit einer entsprechenden Peripherie genutzt, um Klänge zu erzeugen und wiederzugeben, aber das ist nicht dasselbe, wie mit Ihnen Musik zu *komponieren*, wie es Lovelace beschreibt. Natürlich kann man auch mit heutigen Computern Musik komponieren, viele Komponisten machen das – und insofern ist ihre Voraussage korrekt. Doch das ist nicht das, was man heute wesentlich mit dem Mediencharakter des Computers verbindet. Lovelace hätte sich gar nicht vorstellen können, dass die *Analytical Engine* Klänge erzeugt, wie auch? Es waren noch nicht einmal die einfachsten Verfahren der analogen Klangreproduktion erfunden worden, Edisons Phonograph etwa wurde erst 1878 patentiert – sie konnte sich lediglich vorstellen, dass die in Notationen bzw. Partituren dargestellten Relationen zwischen Tönen berechnet und z.B. in Form von Lochkarten ausgegeben werden – die dann evtl. wieder in Notenpapier übertragen werden. Sie konnte die heutige Fähigkeit von Computern, z.B. reale Klänge zu ‚samplen' oder synthetisch Klänge durch Manipulation von Wellenformen zu erzeugen, in keiner Weise ‚visionär' vorwegnehmen, weil dazu die Programmierbarkeit und die Fähigkeiten zur Berechnung, die die *Analytical Engine* ‚im Prinzip' mit heutigen Computern verbindet, schlichtweg nicht ausreicht. Vielmehr ist eine ganz andere Mediengeschichte der analogen Klangaufzeichnung, die erst nach Lovelaces Tod begann, dafür eine Voraussetzung.[11]

Man kann nicht einfach eine Verbindungslinie zwischen heutigen Computern und Babbages (zudem nur theoretisch existenter) *Analytical Engine* ziehen, als ob diese Maschinen unabhängig von den Konfigurationen, Kontexten und Konstellationen existierten, in die sie immer eingebettet sind.[12] Sicher, auch die *Analytical Engine* war ‚im Prinzip' eine programmierbare Rechenmaschine wie die heutigen Computer.[13] Doch wäre sie, wenn sie überhaupt existiert hätte, in einer ganz anderen Umgebung real geworden. Es hätte z.B. keine Peripherie gegeben (bspw. Monitore). Doch diese Konstellation, in der eine Maschine real wird, ist nicht bloß technisch, sondern auch sozial.[14] Wäre eine *Analytical Engine* im 19. Jahrhundert gebaut worden, dann wäre sie vielleicht – wie imaginiert in Bruce Sterlings und William Gibsons Steampunk-Roman *The Difference Engine* von 1990 – zum technischen Kern eines industriellen Imperialismus geworden. Babbage selbst jedenfalls hat 1832 ein Buch mit dem Titel *The Economy of Machines and Manufacture* veröffentlicht, bei dem er aus seiner Analyse der industriellen Produktion seiner Zeit Schlussfolgerungen für deren verbesserte, auch automatisierte Organisation zog.[15] Seine Rechenmaschinen blieben auf diesen Horizont der industriellen Produktion bezogen – er konnte sie nicht als ‚Medien' verstehen. Er hätte niemals auf die Idee kommen können, Rechenmaschinen als Quellpunkt von kleinen mobilen Computern (bspw. Smartphones) anzusehen, wie sie heute millionenfach z.B. dem Entertainment, der universellen Kommunikation und der kommerziellen Adressierung durch Datenerfassung dienen. Allein schon deswegen, weil die Potentiale seiner Maschinen zur Berechnung auf einer mechanischen Technologie beruht hätten, die sich niemals so stark hätte miniaturisieren und damit mobilisieren lassen, wie die Transistor-Elektronik moderner Computer: ‚Im

Prinzip' sind die *Analytical Engine* und heutige Computer darin gleich, programmierbare Rechenmaschinen zu sein, aber schon die bloße Materialität, in der diese rechnerische Funktionalität verwirklicht ist, ist so verschieden, dass Babbages Maschinen nur in einem abstrakten Sinne ,Vorläufer' heutiger Computer sind.[16] Die historische Konstruktion, die Lady Ada Lovelace zur Visionärin eines Computers-als-Medium erhebt, kann nur dadurch funktionieren, dass die Kontexte und Konstellationen, in die Maschinen immer eingebettet sind, ignoriert werden:

> Einige marginale Passagen in den Schriften von Lady Lovelace, der wichtigsten Mitarbeiterin von Babbage, sind als Andeutungen der Idee verstanden worden, die Programme der analytischen Maschine zu speichern. Doch solange der interne Speicher der Maschine mechanisch, also sehr langsam arbeitete, konnte dieser Gedanke nicht denselben Sinn haben wie für uns.[17]

Dass Computer programmierbar sind, bedeutet ja, dass sie auf nichts speziell festgelegt sind, anders als andere Technologien. Computer müssen erst z.B. auf eine Geschichte der Klangaufzeichnung und -reproduktion treffen, um selbst Klangmedien werden zu können. Die Idee, Computer als Medien zu verstehen, setzt erst in den 1960er Jahren ein – als der Begriff ,Medien' in Folge der Ausbreitung der Massenmedien etabliert war.[18]

Es kann also nicht darum gehen, eine durchgängige Linie von Lady Ada Lovelace (und Charles Babbage) zu den heutigen ,multimedialen' Computern zu konstruieren – das ginge noch nicht einmal, verstünde man Computer allein als Rechenmaschinen. Weder ist Alan Turing, der in seinem vielzitierten Text *On Computable Numbers with an Application to the Entscheidungsproblem* einen äußerst wichtigen Beitrag zur Theorie der Berechenbarkeit beigesteuert hatte, die alleinige Quelle ,des Computers' und seiner verschiedenen Konstellationen, noch John von Neumann, der (zusammen mit Eckert und Mauchly) einen wichtigen Beitrag zur Rechnerarchitektur lieferte. Oder war Zuses Z3 von 1941 die erste programmierbare Rechenmaschine in Europa? Oder ist die Entwicklung des Binärkalküls schon durch Leibniz im 17. Jahrhundert die eigentliche ,Erfindung'? Aber wie kann das sein, wo es doch auch analoge Computer gab und solche, die nicht auf dem Binärkalkül beruhten, sondern z.B. trinär (also mit drei Grundzuständen: -1, 0 und 1) organisiert waren? Es ist hier gar nicht möglich, die verwickelte und riesenhafte Diskussion um die Geschichte des Computers bzw. seiner konstellativen Ausdifferenzierungen auch nur zu skizzieren.[19] Es reicht festzuhalten, dass es keine ,lineare' Entwicklung in dem Sinne einer Verbindungslinie gibt, auf der verschiedene Orte zu verschiedenen Zeiten, wo etwas ,geschah', wie auf einer Perlenschnur aufgereiht werden könnten. Vielmehr ähnelt eine solche Geschichte eher einem Flickenteppich zusammenhangloser Fetzen, Levy spricht von einer „unbestimmte[n] Verteilung schöpferischer Momente und Orte"[20], und zu bestimmten historischen Zeitpunkten verbinden sich manche dieser Flecken zu einem größeren Gebilde. Schon Babbages Entwürfe waren gewissermaßen vorgelagerte Fetzen und ebenso Lady Lovelaces Kommentare zur *Analytical Engine*. Sie sind keine Vorläufer und Visionen, aber vielmehr ein deutliches Zeichen dafür, wie sich eine historische Entwicklung auf viele Punkte verteilt, wie Erkenntnisse wieder verschwinden oder im Rückblick wieder reaktiviert werden können. Michel Foucault schlug für eine solche Modellierung von Geschichte vor, „an die Stelle der linearen Abfolgen" andere Beschreibungstypen zu setzen, die er mit Begriffen wie „Serien von Serien" oder „[r]ücklaufende Neueinteilungen" umkreiste.[21]

Lady Ada Lovelace ist im Grunde deswegen so interessant, da sie das etablierte Bild der Geschichte nicht nur des Computers, sondern von Geschichte überhaupt, die man sich als geordnete Perlenschnur von Ereignissen vorzustellen pflegt, fraglich macht. Sie ist eine rätselhafte, erratische Erscheinung, die so gar nicht zu unseren Vorstellungen eines kontinuierlichen ‚Fortschritts' passen will. Sie ragt aus ihrer Zeit heraus, steht quer zu ihr – und lässt sich in kein historisches Narrativ richtig integrieren. Das macht ihre Bedeutung und ihre Faszination bis heute aus.

Anmerkungen

1 Vgl. „Grundriß der von Charles Babbage erfundenen Analytical Engine. Aus dem Französischen des Luigi Federico Menabrea übersetzt und kommentiert von Ada Augusta Lovelace (1843)", in: Bernhard Dotzler (Hg.): *Babbages Rechen-Automate. Ausgewählte Schriften*, Wien/New York: Springer 1996, S. 309-381 und 467-469; zur Geschichte und Funktionsweise von Babbages Maschinen siehe Allan G. Bromley: „Difference and Analytical Engines", in: William Aspray (Hg.): *Computing before Computers*, Iowa: Iowa State University Press 1990, S. 59-98, insb. S. 88/89, wo Bromley das „romantically appealing image" von Lovelace als erster Programmiererin der Geschichte kritisiert und zurückweist – das ändert aber nichts an der Relevanz und verwirrenden Kraft der hier diskutierten Textpassagen. Vgl. zur Korrespondenz zwischen Lovelace und Babbage: Velam R. Huskey/Harry D. Huskey: „Lady Lovelace and Charles Babbage", in: *Annals of the History of Computing*, Vol. 2, No. 4, 1980, S. 299-329.

2 Grundriß, S. 335.

3 Grundriß, S. 332.

4 Was genau unter einem ‚Medium' zu verstehen sei, ist durchaus umstritten, vgl. als Überblick Stefan Hoffmann: „Medienbegriff", in: Jens Schröter (Hg.): *Handbuch Medienwissenschaft*, Stuttgart: Metzler 2014, S. 13-20. So kann man diskutieren, ob Begriffe wie ‚Bild' und ‚Musik' überhaupt auf der gleichen Stufe rangieren und ob man nicht ‚Bild' und ‚Klang' einander zuordnen müsse; oder ob nicht die Maschine das Medium sein, Bild und Klang hingegen Formen, die in diesem Medium vorkommen. Die Frage wird hier offengelassen.

5 Vgl. Birgit Schneider: *Textiles Prozessieren. Eine Mediengeschichte der Lochkartenweberei*, Zürich/Berlin: diaphanes 2007 und Janet Delve: „Joseph Marie Jacquard: Inventor of the Jacquard Loom", in: *IEEE Annals of the History of Computing*, Vol. 29, No. 4, 2007, S. 98-102.

6 Grundriß, S. 335; Vgl. Bromley, Analytical Engines, S. 86 und S. 87, wo er vor einer Überbewertung des Einsatzes der Lochkarte durch Babbage warnt: „Babbage made little of this development and its importance has been considerably over-romanticized by the analogy with modern uses of punched cards."

7 Vgl. aber Doron D. Swade: „Redeeming Charles Babbage's Mechanical Computer", in: Scientific American 1993, S. 87: „Babbage also designed a printing mechanism for the difference engine, but because of limited time and money, the printer has not yet been built." Bab-

bage hat selbst den ,printer' nicht realisiert und das ,not yet built' bezieht sich auf die Bemühungen Swades u.a. um 1991 die ,Difference Engine No. 2' nachzubauen, was mit gewissen Transformationen und Abstrichen auch gelang – doch der von Babbage geplante Drucker war zu kompliziert und wurde erst im Jahre 2000 nachgebaut.

8 Man könnte sogar argumentieren, dass Computer eben in dem Maße, in dem sie bisherige Medien simulieren, Medien werden. Vgl. Jens Schröter, „Medienästhetik, Simulation und ,Neue Medien'", in: Zeitschrift für Medienwissenschaft, Nr. 8, 1/2013, S. 88-100.

9 http://www.computerhistory.org/babbage/adalovelace/, Zugriff: 27.03.2015.

10 Vgl. Nicolas Pethes, „Fiction as Prediction in Popular Scripts on Political Scenarios", in: Soziale Systeme, Vol. 9, Nr. 2, S. 272-284. Pethes bezieht sich u.a. auf die ,Voraussagen' der Science Fiction und argumentiert, dass man gar keine wundersame, ,visionäre' Kraft der Voraussage annehmen muss, um zu erklären, warum manche SF-Autoren (oder in unserem Beispiel: Lady Ada Lovelace) eine ,richtige Voraussage' etwa der technischen Zukunft machen konnten. Es werden einfach zu jedem Zeitpunkt viele mögliche Aussagen getätigt – und manche stellen sich dann hinterher eben zufällig als richtig heraus. Allerdings ist Lady Ada Lovelace ,visionäre' Vorwegnahme der Nutzung von Rechenmaschinen als Musikinstrumente ja im Kontext ihres Textes, der tatsächlich wohl das erste Computerprogramm der Geschichte entwirft, zu finden und besitzt insofern einen herausgehobenen Platz.

11 Vgl. zur Geschichte der Klangaufzeichnung nur Jonathan Sterne: *The Audible Past: Cultural Origins of Sound Reproduction*, Durham: Duke University Press 2003.

12 Auch die Frage, wie groß der ,Einfluss' Babbages ,wirklich' auf die Computerentwicklung war, ist und bleibt umstritten, vgl. Nicholas Metropolis/Jack Worlton: „A Trilogy on Errors in the History of Computing", in: *Annals of the History of Computing*, Vol. 2, No. 1, 1980, S. 49-59, insb. S. 50-53. Allerdings ist die Frage nach dem ,wirklichen Einfluss' nicht unbedingt relevant – denn selbst wenn der Einfluss stark gewesen wäre, müsste keine Kontinuität zwischen den heutigen und den vergangenen Einsätzen des Computers bestehen in dem Sinne, dass die späteren aus den früheren Verwendungsweisen ableitbar wären.

13 Vgl. Swade, Redeeming, S. 88: „He intended the Analytical Engine as a general-purpose programmable computing machine, whose features are startlingly similar to those of modern electronic computers. [...] The internal architecture of the machine featured a separate ,store' and ,mill,' equivalent to the memory and processor in a modern computer. The separation of store and mill has been a dominant design feature of electronic computers since the mid-1940s."

14 Vgl. zur Nutzung des Begriffs der Konstellation für die Computergeschichte Jens Schröter: *Das Netz und die Virtuelle Realität. Zur Selbstprogrammierung der Gesellschaft durch die universelle Maschine*, Bielefeld: Transcript 2004.

15 Vgl. Charles Babbage: *Die Ökonomie der Maschine*, Berlin: Kadmos 1999.

16 Vgl. Bromley, *Analytical Engines*, S. 87-89, der betont, dass die Ähnlichkeit nur auf einer abstrakten Ebene gilt, die reale technische Verwirklichung hingegen – also: mechanisch vs. elektronisch – jedoch ganz anders ist. Ausgehend davon wird bei einem genaueren Blick die Ähnlichkeit fragwürdig. So war die ,Difference Engine' auch nicht binär-digital wie heutige Computer, sondern dezimal (Swade, Redeeming, S. 87).

17 Vgl. Pierre Levy: „Die Erfindung des Computers", in: Michel Serres (Hg.): *Elemente einer Geschichte der Wissenschaften*, Frankfurt a. M.: Suhrkamp 1995, S. 905-944, hier 910. Auf den S. 908-912 diskutiert Levy Babbages Werk und wie wenig dieses als direkter ,Vorläufer' heutiger Computer betrachtet werden kann.

18 Vgl. exemplarisch Michael A. Noll: „The Digital Computer as a Creative Medium", in: IEEE Spectrum, Vol. 4, No. 10, 1967, S. 89-95. In der deutschsprachigen Medienforschung war der Band Norbert Bolz/Friedrich Kittler/Georg-Christoph Tholen (Hg.): *Computer als Medium*, München: Fink 1994 einflussreich.

19 Vgl. als Überblick über die Literatur: Thomas Haigh: „The History of Information Technology", in: Annual Review of Information Science and Technology, 45, 2011, S. 431-487.

20 Levy, Erfindung des Computers, S. 943.

21 Michel Foucault: Archäologie des Wissens, Frankfurt a. M.: Suhrkamp 1995, S. 9-11.

Sybille Krämer

Wieso gilt Ada Lovelace als die ‚erste Programmiererin' und was bedeutet überhaupt ‚programmieren'?

1. Worum es geht

Ada Lovelace teilt das Schicksal vieler für die Entwicklung des Computers bedeutsamer ‚rechnender Frauen': In den überkommenen Informatik- und Computergeschichten wird sie kaum erwähnt, auch wenn sich in neueren Publikationen ein Umbruch zeigt[1]. Gleichwohl ist Ada Lovelace – computerhistorisch betrachtet – eine Ausnahmeerscheinung. Sie gilt als die „erste Programmiererin", als eine „Ahnfrau" jener universellen Maschine[2], die Charles Babbage als *Analytical Engine* auf Papier entworfenen hat. Zwar wurde der Entwurf als Hardware nicht realisiert; gleichwohl hat Ada Lovelace dafür eine ‚lauffähige' Software konzipiert und diese Maschine in ihren Grenzen, wie ihrem Potenzial, grundsätzlich reflektiert.

Diese herausgehobene Rolle, Autorin des ersten Textes zu sein, der vom Programmieren einer universalen Maschine handelt, erringt sie mit einem einzigen Text: Ada Lovelace übersetzt den Aufsatz *Grundriß der von Charles Babbage erfundenen Analytical Engine*, den der italienische Mathematiker Luigi Federico Menabrea auf Französisch verfasste und ergänzt diesen mit sieben umfangreichen Anmerkungen, welche den Artikel Menabreas an Länge weit übertreffen.[3] Sie unterzeichnet ihre Anmerkungen übrigens mit dem Kürzel A.A.L. und es sollten 30 Jahre vergehen, bis die Autorin, die sich in dieser Signatur verbirgt, mit Namen bekannt wurde.

Es läge nahe jetzt herauszuarbeiten, was in und an diesem Text als ein ‚Programmieren'[4] und als eine ‚Reflexion der Grenzen und der Reichweite des Programmierens einer universellen Maschine' gelten kann. Und so müssten wir an dieser Stelle von ‚Subroutinen', ‚Schleifen', ‚bedingten Anweisungen', von ‚Sprung' und ‚Rücksprung' als auch heute noch bekannten und praktizierten Programmierverfahren sprechen, von Instruktionen in Form von Lochkarten sowie deren Aufteilung in Operations- und Variablenkarten. Und wir müssten betonen, dass Ada Lovelace die Universalität dieser Maschine erkannte, die mehr ist als eine ‚Rechenmaschine', da sie nicht nur arithmetische Berechnungen anstellen kann, vielmehr „algebraische Muster weben"[5] und – im Prinzip – auch würde Musik komponieren können. Und zu betonen wäre überdies, dass sie in ihrem Kommentar davor warnte, der Maschine Denkfähigkeit zuzusprechen im Sinne eines Ausweises von maschineller Intelligenz. Auf all dies wird zurückzukommen sein. Doch zuvor – und gänzlich unabhängig von Ada Lovelace – wollen wir uns eine sehr elementare Frage stellen, um zu erkennen, wonach wir in diesem Text überhaupt zu suchen haben: Was ist ein Programm und was bedeutet ‚programmieren‘?[6]

2. Vom Schleifenbinden, Kuchenbacken, Addieren

Stellen wir uns drei Situationen vor, in denen es um Erwerb und Ausübung eines *Knowing how* geht. Wie bekommen wir lose Schnürsenkeln zu einer Schleife gebunden? Wir erlernen das als Kind durch Üben: es wird uns gezeigt, wir machen es nach und erkennen aus Erfahrung, wann eine Schleife hält und wann sie wieder aufgeht. Das Schuhezubinden kann von Tag zu Tag ein klein wenig anders ausfallen, denn eine Schleife kann größer oder kleiner sein, fester oder lockerer geknüpft und gleichwohl als Schleife halten. Kommt also – so können wir uns fragen – beim Schleifebinden ein Programm zur Anwendung?

Das zweite Beispiel ist das Backen eines unbekannten Kuchens nach Rezept. Nicht immer führt dessen Befolgung zum erhofften Produkt. Wie dünnflüssig die zu erwärmende Butter, wie grobkörnig das Mehl ist, wie groß die Eiern sind, wie lange der Teig geknetet wird: Das alles kann variieren und führt dazu, dass das Gelingen des Kuchens nicht schon mit Lektüre, Verstehen und Anwendung des Rezeptes gewährleistet ist. Überdies gibt es eine Fülle im Rezept nicht artikulierter Bedingungen: die Schüssel muss groß genug, die Backform hoch genug, der Backofen gleichmäßig beheizt sein etc. Und auch hier die Frage: ist die Situation des Backens nach Rezept so zu beschreiben, dass dabei ein Programm umgesetzt wird?

In beiden Beispielen wird eine komplexe Handlung in einfache Schritte aufgeteilt, die nur dann zum Erfolg führen, wenn die Schritte in einer vorgeschriebenen Aufeinanderfolge umgesetzt werden. In beiden Fällen wird auch dabei eine Routine erworben, ein Können, *wie* etwas gemacht wird, welches – einmal erlernt – dann wiedererholt und zunehmend ‚automatisch‘ ausgeführt werden kann. Doch gibt es einen Unterschied, der auf den ersten Blick marginal erscheint: Schuhezubinden lernt man nicht nach Rezept; das Backen eines unbekannten Kuchens dagegen schon. Selbstverständlich gibt es auch für das Schnürsenkelbinden – das Internet hält solche Anweisungen bereit! – schriftliche und bildliche Instruktionen. Doch gewöhnlich hat keiner von uns diese je zu Gesicht bekommen. Der Unterschied auf den es hier ankommt, ist die dingliche Faktizität und Eigenständigkeit des Rezepts. Rezepte sind Schriftstücke und damit eine Art von Dingen, die bestand haben unabhängig ihrer gelingenden oder misslingenden Anwendung. Rezepte als schriftliche Abfolgen von Instruktionen gehören – anders als ihre gebackenen Ergebnisse – der Welt der Zeichen an. Sie können gesammelt, veröffentlicht, umgeschrieben, ausgetauscht oder auch zerrissen werden. Können wir daraus schließen, dass Rezepte geeignete Kandidaten sind für Programme? Auf den ersten Blick *scheint* es jedenfalls so.

Wir kommen zum dritten Beispiel: das Addieren zweier Zahlen. Sobald es sich um größere Zahlen handelt, geht das nicht im Kopf, sondern wir rechnen schriftlich. Wir erwerben dieses *Knowing how* in der Grundschule. Auch dafür gibt es eine Regel; diese hat den Charakter einer eindeutigen, also ‚effektiven‘ Vorschrift: Die Additionsregel für Dezimalzahlen ist ein Algorithmus. Wenn wir die Zahlen 92605 und 56787 mit Papier und Bleistift addieren sieht das gewöhnlich so aus:

$$\begin{array}{r} 92605 \\ +56787 \\ \underline{1\ 1} \\ 149392 \end{array}$$

Haben wir hierbei tatsächlich *Zahlen* addiert? Genau genommen: nein; denn das schriftliche Zahlenaddieren ist keine Operation, bei der wir mit *Zahlen* so umgehen, wie beim Backen mit seinen stofflichen Zutaten. Vielmehr operieren wir mit *Zeichen* für Zahlen. Die ‚Materie‘ des Zahlenrechnens ist eine ‚Zeichenmaterie‘, der Graphismus anzuschreibender und umzuformender Ziffern. Dabei kommt alles auf die Spezifik solcher – kulturell variierender – Zahlzeichensysteme an. Mit der altgriechischen Buchstabenschrift für Zahlen, aber auch mit römischen Ziffern können wir nicht schriftlich rechnen: Daher benötigten Griechen und Römer gegenständliche Rechenwerkzeuge wie Rechenbrett und Abakus. Doch Zahlzeichen, die im dezimalen Stellenwertsystem angeschrieben sind, bei denen also der Wert jeder einzelnen Ziffer aus der *Position* hervorgeht, welche die Ziffer innerhalb des ganzen Ziffernausdrucks einnimmt, ermöglichen ein rein schriftliches Rechnen mit dem uns vertrauten Additionsalgorithmus. So kann durch exaktes Untereinanderschreiben der Summanden, durch das elementare Addieren jeweils nur einer Spalte von rechts beginnend nach links fortschreitend (erst die Einerspalte, dann die Zehner, die Hunderter …), sowie durch das Zwischennotieren des Übertrags, der entsteht, wenn die Summe in einer Spalte die Anzahl 9 überschreitet, die gesuchte Zahl minutenschnell ermittelt werden.

Es ist daher kein Zufall, wie der Begriff ‚Algorithmus‘ entstanden ist: durch Latinisierung des Namens jenes arabischen Gelehrten Al Chwarizmi, der Europa mit dem von den Indern entwickelten und von den Arabern verbreiteten dezimalen Positionssystem und den darauf beruhenden Rechenregeln bekannt machte.[7]

Doch was bedeutet es, die Additionsregel als einen ‚Algorithmus‘ zu charakterisieren? Ohne Anspruch auf Vollständigkeit seien vier Merkmale hervorgehoben: (i) *Allgemeingültigkeit*: Das Regelwerk ist unabhängig von den konkreten Zahlenwerten. Die Rechenregel gilt für eine ganze Klasse von Problemen. (ii) *Finitheit*: Die Anweisungen müssen die Gestalt eines endlichen und damit überschaubaren Textes annehmen. Diese Finitheit gilt auch für die Berechnung, die in einer begrenzten Menge von Bearbeitungsschritten zu einer Lösung führen muss. (iii) *Eindeutigkeit*: Die Regel gibt eine unzweideutige diskrete Abfolge der Bearbeitungsschritte vor. Nach der Realisierung eines jeden Schrittes steht fest, welches der nächstfolgende Schritt ist. (iv) *Variabilität:* Ein Problem, das algorithmisch gelöst wird, kann immer auch mithilfe eines anders aufgebauten Algorithmus gelöst werden.

Dass diese vier Attribute beim schriftlichen Addieren erfüllt sind, ist intuitiv einsehbar. Ein Verfahren, bei dem es – im Prinzip – zugeht wie bei der schriftlichen Addition ist eine ‚effektive Prozedur'. Über einen Algorithmus für eine Problemlösung zu verfügen heißt also, eine Erfolgsgarantie zu haben, dass bei strenger Befolgung der Anweisungen die Prozedur ausnahmslos zum gewünschten Ergebnis führt – und dass die Nichteinhaltung des Regelwerks nicht etwa zu einem mehr oder weniger guten bzw. schlechten Ergebnis führt, sondern *zu gar keinem* Ergebnis.

Wie verhält es sich bezüglich der Effektivität des Verfahrens beim Schnürsenkelbinden und Kuchenbacken? Anders als beim schriftlichen Addieren im Dezimalsystem gilt die Charakterisierung eine ‚effektive Prozedur' zu sein – und zwar selbst dann wenn schriftliche oder bildliche Anweisungen vorliegen – für das Schuhezubinden und Kuchenbacken gerade *nicht.* Das entscheidende Kriterium für den Unterschied zwischen unseren drei Beispielen ist, dass Schleifenbinden und Backen Handlungen sind, die *mehr oder weniger gut* ausgeführt werden können; es gibt nicht nur *ein* Ergebnis, sondern ein ganzes Spektrum möglicher Ergebnisse zwischen Gelingen und Misslingen. Und überdies gilt: durch Übung können beide Handlungen graduell besser werden; ihr *Knowing how* ist optimierbar.

Doch der Additionsalgorithmus für ganze Zahlen – haargenau angewendet – führt garantiert zu einem eindeutigen und bei allen Anwendungen mit gleicher Ziffereingabe auch identischem Ergebnis. Es gibt keine Zwischentöne, keine Grauzonen zwischen Gelingen und Misslingen, kein ‚besser oder schlechter', sondern nur die Alternative: richtig angewendet und Problem gelöst oder falsch angewendet und Problem bleibt ungelöst. Dem Algorithmus zu folgen ist ein stereotyper Prozess, der ‚bedeutungsblind' und mechanisch abläuft: Ob die Zahlen lang oder kurz sind, ob eine Null im Ziffernausdruck vorkommt und ganz unterschiedliche Vorstellungen darüber bestehen, wie die Ziffer ‚0' mathematisch überhaupt zu interpretieren ist (denn was ist eigentlich die Null – ist sie eine Zahl, ist sie eine leere Menge?): Das alles spielt beim Addieren keine Rolle; Überlegung und Interpretation können – im wahren Sinne des Wortes – ‚ausgeschaltet' bleiben. Die algorithmische Zeichenmanipulation ist in ihrer operativen Dimension von der Zeicheninterpretation unabhängig.

3. Warum ein Algorithmus noch kein Programm ist

Wir haben nun ein – wenn auch durchaus holzschnittartiges – Verständnis erreicht von dem, was ein Algorithmus ist: Eine Regel, die erlaubt, eine Operation, die ausschließlich mit Zeichen arbeitet, als eine effektive Prozedur zu realisieren. Doch was hat das mit Computerprogrammen und dem Vorgang des Programmierens zu tun?

Zuerst einmal ist wichtig: Ein Algorithmus ist noch *kein* Programm; allerdings ist die Existenz eines Algorithmus eine notwendige, aber eben nicht hinreichende Bedingung für die Programmierung. Algorithmen sind das Rohmaterial für die Programmierung, das also, was die Schnürsenkel beim Schuhezubinden und was die Backzutaten für das Backen sind. Denn ein Programm gestaltet einen Algorithmus oder Komplexe von Algorithmen so zu einer Folge von Instruktionen, dass eine Maschine diese Instruktionen als Input empfangen, lesen, umsetzen und deren Ergebnis als Output abgeben kann. Von ‚Programm‘ im informationstechnischen Sinne zu sprechen, heißt also, dass eine Maschine und deren ‚Fähigkeiten‘ auf den Plan treten. Algorithmen sind allesamt Regeln, die – im Prinzip – in maschinenlesbare Programme umgewandelt werden können.

Im Gefolge der Einführung des schriftlichen Rechnens im dezimalen Positionssystem in Europa wurden Rechenmaschinen erfunden und konstruiert, die Ziffernpositionen mit Anordnungen von Zahnrädern und das Rechnen durch Transformationen von Zahnradstellungen realisierten. Die Entstehungsgeschichte der mechanischen Rechenmaschinen ist mit den Namen Schickardt, Pascal und Leibniz verbunden; Letzterer konstruierte die erste Rechenmaschine, die alle vier Grundrechenarten ‚beherrschte‘. Wie sehr also die Ausübung einer effektiven Prozedur, auch wenn der Akteur menschlich ist, von Grund auf maschinenhaft-mechanisch exekutiert wird, führt der enge historische Zusammenhang zwischen Einführung der Rechenalgorithmen des Dezimalsystems und der Erfindung mechanischer Rechenmaschinen vor Augen. Doch diese Rechenmaschinen funktionieren ohne Programm; ihre physikalisch-technische Konstitution, ihre ‚Hardware‘ also, ist derart, dass ihr Zweck erreicht werden konnte durch manuelle Eingabe der zu verknüpfenden Ziffern und Aktivierung einer Rechenfunktion, welche diesen Maschinen materialiter *implementiert* ist. Die Hardware verkörpert technisch die Algorithmen schriftlichen Rechnens; eine Programmierung ist nicht vonnöten. Doch wann ist von einer Maschine zu sprechen, die zur Ausübung ihrer Funktionen eigens programmiert werden muss?

Charles Babbage (1792-1871) ist in die Vorgeschichte der Computerkonstruktion eingegangen als Erfinder zweier Maschinen: Der *Difference Engine*, deren Zweck im Addieren bestand und die, da alle Grundrechenarten letztlich auf Addierverfahren zurückführbar sind, eine mechanische Rechenmaschine für die vier Grundrechenarten darstellt; sodann, noch ehe die *Difference Engine* als physikalische Maschine lauffähig wurde, entwarf Babbage eine weitere, davon grundsätzlich unterschiedene Maschine: die *Analytische Maschine* und es ist diese Maschine von der Ada Lovelaces Notizen handeln und von der man sagen kann: Die *Analytical Engine* ist der erste Entwurf einer *universellen Maschine*, welche – um funktionsfähig zu sein – ein Programm benötigt und die zugleich in der Lage ist, unterschiedliche Programme zu realisieren, sich also in Abhängigkeit des eingegebenen Programmes in *verschiedene spezielle* Maschinen transformieren zu können. Es ist diese Universalität, welche Ada Lady Lovelace mit sicherem Blick erkannt hat. Wenn wir also die Frage beantworten wollen, wann eine Maschine vorliegt, die eines Programmes bedarf, um zu arbeiten, so ist zuerst zu klären: Was ist überhaupt eine ,universelle' Maschine'? An dieser Stelle ist ein Exkurs sinnvoll: Es geht um Gottfried Wilhelm Leibniz und seine Idee eines Universalkalküls.

4. Exkurs: Leibniz universelle Kalküle, die spezielle Kalküle instruieren

Was bedeutet der Unterschied zwischen der algebraischen Gleichung a+b=b+a und der arithmetischen Gleichung 3+4=4+3? Offensichtlich: die mit Buchstaben notierte Gleichung gibt die Regel an, nach welcher die konkrete Zahlengleichung 3+4 korrekt umzuformen ist in 4+3. Die algebraische Formel notiert das Kommutativgesetz der Algebra: Eine Vertauschung der Summanden ist möglich, ohne dass der Wert der Gleichung sich ändert. Wesentlich ist, dass der algebraische und der arithmetische Ausdruck sich im Schriftbild grundsätzlich unterscheiden: In der Buchstabenform der symbolischen Algebra werden nicht individuierte Zeichen, sondern Variablenzeichen dargestellt, so dass die Vertauschungsregel auf eine *allgemeingültige* – wir können dazu auch sagen: auf eine lehr- und lernbare – Weise notiert ist.[8] Die Ebene der allgemeingültigen Instruktion (= Algebra) ist somit von der Ebene ihrer Anwendung auf Zahlenprobleme (= Arithmetik) eindeutig zu unterscheiden.[9]

Doch der Philosoph Leibniz, dem wir nicht nur die mechanische Rechenmaschine, sondern auch die Erfindung des Binäralphabets verdanken, erkennt nun, dass die Universalität der symbolischen Algebra weiter geht, als deren Erfinder, der französische Mathematiker Francois Viète ursprünglich annahm. Leibniz ,befreit' die Algebra von ihrer Zahleninterpretation. Die algebraischen Buchstaben *können* für Zahlen stehen – müssen das aber nicht. Für Leibniz ist *alles* rationale Denken an das Medium sinnlich sichtbarer Zeichen gebunden.[10] Und die Mathematik wird zu einem Modell wie die unseren Intellekt unterstützende Zeichenkunst zu entwickeln und zu praktizieren ist. Denn Mathematiker operieren – so Leibniz – nur auf dem Papier und mit den Zeichen, welche ihre Erkenntnisgegenstände stellvertretend darstellen, nicht aber mit den mathematischen Gegenständen selbst.[11] Das ,Zahlenrechnen' ist de facto ein algorithmisches Operieren mit *Zeichen für Zahlen* wobei die Interpretation dieser Zeichen als ,Zahlen' nur eine von vielen möglichen Interpretationen ist. Leibniz gelangt so zur Idee des Kalküls: Ein Kalkül ist eine beschränkte Menge von Zeichen in Form eines Alphabets[12]; Formationsregeln geben an, wie die Grundzeichen zu Ausdrücken (*expressiones*) aneinander gefügt werden[13], und Transformationsregeln stellen Beziehungen zwischen den Ausdrücken her, damit diese ineinander umgeformt werden können. Die Regeln von Kalkülen sind deutungsinvariant konzipiert: Werden für die Variablen Zahlenzeichen eingesetzt, entsteht Arithmetik; werden Begriffszeichen eingesetzt, entsteht Logik; werden Figuren eingesetzt, entsteht Geometrie.[14] Daher wird für Leibniz die symbolische Algebra zur *Kombinatorik* und die ,Ars Combinatoria'[15] wird als ein Universalkalkül projiziert, welcher die Instruktionen für viele spezielle Kalküle in all jenen Wissensbereichen enthalten könnte, die im Prinzip formalisierbar sind. Indem Leibniz diese Differenz zwischen universellem und speziellem Kalkül entdeckt, wird er zum Vorreiter der Formalisierung.

Worauf es hier nur ankommt, ist, dass der Universalkalkül sich zum Bereichskalkül verhält, wie eine allgemeine Instruktion zu ihren Instantiierungen in ganz verschiedenartigen konkreten Aufgabenbereichen. Stellen wir uns vor, es könnte eine Maschine konstruiert werden, die einem Leibniz'schen Universalkalkül entspricht; dann wäre das eine Maschine, die eines Programms bedürfte, um sich aus einer universellen in eine spezielle Maschine zu verwandeln. Eine solche Maschine gewinnt als – im Übrigen immer wieder veränderter – technischer Bauplan erstmals in der *Analytischen Maschine* von Charles Babbage Gestalt: Es ist eine universelle Maschine zum Ausführen beliebiger Rechnungen, doch alles was sie tun kann, muss ihr in Form von Programmen eingegeben werden. Die *analytische Maschine* gilt als Archetyp des modernen digitalen Computers. Und Ada Lovelace schrieb für diese das erste Programm.

5. Babbages *Analytische Maschine*

Babbage hat seine Maschine als Entwurf nur einmal öffentlich präsentiert und zwar vor einer Gruppe von Ingenieuren und Mathematikern in Turin.[16] Dies war der Anlass, dass der italienische Mathematiker Luigi Federico Menabrea, der die Präsentation miterlebte, aber auch Texte von Babbage sowie weitere Entwürfe für die Analytische Maschine kannte, einen französischen Aufsatz über diese Maschine verfasste, der dann von Ada Lovelace ins Englische übersetzt und kommentiert wurde.

Vorab ist zu sagen, dass diese Maschine – selbst als Entwurf – keine endgültige Gestalt fand, sondern ein sich wandelndes Projekt blieb „in a constant state of flux in Lovelace's and Babbage's lifetime"[17] Gleichwohl gibt es eine gewisse – und für den universellen Charakter der Maschine entscheidende – Architektur der Grundkomponenten: Entworfen wurden ein Rechenwerk (,the mill'), ein Arbeitsspeicher (,the store') sowie ein Lochkartenleser über den die Eingaben zu machen sind; die Schnittstelle der Ausgabe blieb unbestimmt: Der Output sollte entweder gedruckt oder als Lochkarte ausgegeben werden.

Babbages Zahlen enthalten 40 Dezimalstellen und jede Ziffer ist durch die Stellung eines handtellergroßen Messingzahnrades verkörpert, sodass 40 Messingräder pro Zahl kolumnenartig an einer drei Meter hohen Messingwelle geschichtet werden sollten. Für das Rechenwerk sind über Hundert solcher Kolumnen kreisförmig angeordnet und der Speicher enthält weitere 100 Kolumnen; das alles ist in ausgeklügelter Weise mit Hebeln, Riegeln etc. versehen, die zu gewährleisten haben, dass sich in der Maschine nur bewegt, was sich bewegen soll.[18]

Die Besonderheit in der *Operationsweise* kann in drei Hinsichten charakterisiert werden:

Lochkartentechnik als Kommunikations- und Steuerungsmittel

Der Jacquard-Webstuhl 1805 setzte bereits Lochkarten zur Steuerung des mechanischen Webstuhls ein: Trifft die Abtastnadel ein Loch, wird der Faden angehoben, trifft sie kein Loch, wird der Faden gesenkt. Mit dieser einfachen Automatisierung der Webstuhlaktivität können – in Abhängigkeit vom Lochkartenmuster – komplizierte Webmuster hergestellt werden.[19] Die Lochkarten (die meist ein Lochstreifen sind) stellen ein binäres System, also ein digitales Speichermedium dar. Babbage adaptiert das Lochkartensystem nun für seine *Analytical Engine*. Übrigens wich die Lochkartentechnik moderner Computer erst in den 60er Jahren des 20. Jahrhunderts der magnetischen Speicherung.

Der Unterschied von Variablen- und Operationskarten und deren Indifferenz gegenüber konkreten Inhalten/Werten

Die Lochkarten teilten sich in zwei Gruppen, welche der Aufteilung in Rechenwerk und Speicher analog sind. Die ‚Variablenkarten' benennen die Adresse, wo die zur Bearbeitung anstehenden Daten jeweils anzutreffen und wo die errechneten Daten wieder neu abzulegen sind; die ‚Operationskarten' verzeichnen die auszuführenden Rechenoperationen. Wenn also die Maschine spezifizierte Werte bearbeitet, bearbeitet sie – genau genommen – nicht einfach ‚Werte', vielmehr den Inhalt eines adressierten Speicherplatzes.

Warum Speicherplätze mit dem Terminus ‚Variablenkarten' gekennzeichnet sind, ist einsichtig: Dies drückt gerade die *Allgemeinheit* der Operation mit einem Speicherplatz aus, der unabhängig ist von seinen konkreten je aktuell gespeicherten Werten. Tatsächlich vergleichbar der Buchstabennotation der Algebra, bei welcher ein Buchstaben ebenfalls einen Platz, eine Stelle markiert, an der höchst unterschiedliche Werte eingesetzt werden können, steht eine Variablenkarte, die einen Speicherplatz in der *Analytical Engine* notiert, für alle möglichen Daten, die genau an dieser Stelle platziert sind. Insofern sind „die Karten lediglich eine Übersetzung algebraischer Formeln."[20]

Die Duplizität von Variablen- und Operationskarten kennzeichnet die Maschine als ein Allzwecksystem, dem ein konkretes Programm mit spezifischen Werten einzugeben ist, damit dieses sich in eine spezielle, einen bestimmten Zweck realisierende Maschine verwandelt. Daher bildet die zweidimensionale

Tabelle mit Spalten und Zeilen die bevorzugte Form der Inskription, mit der sowohl das Schema der sukzessiven Arbeitsweise der Maschine, wie auch jenes konkrete Programm niedergeschrieben ist, mit dem Ada Lovelace die Maschine zur Berechnung der Bernoulli-Zahlen instruierte.

Operationsanweisungen in Form von Bedingten Verzweigungen

Aus den bis hierher geschilderten Operationsweisen der Maschine geht hervor, dass diese das Potenzial zu Anweisungen in Form *bedingter Verzweigungen* enthält: Anstelle des Abarbeitens einer linearen Sequenz von Instruktionen, kann eine Verzweigung auftreten, und es hängt vom Gegebensein einer bestimmten Bedingung ab, welcher der beiden Pfade weiter bearbeitet wird. Wenn bei einer Heizung das Thermostat auf 20 Grad eingestellt ist, wird diese bei der Temperatur unter 20 anspringen und bei mehr als 20 Grad sich abstellen. In diesem Falle ist allerdings die Bedingung eine dem Heizsystem äußerlich auferlegte. Wenn jedoch bei der schriftlichen Additionsregel nur dann beim Zusammenrechnen einer Spalte ein Übertrag mit zu addieren ist, wenn dieser bei der vorhergehenden Summierung tatsächlich entsteht, wird klar, dass diese Bedingung – als ein Zwischenergebnis – durch den Rechenvorgang selbst entstanden ist. Bedingte Verweisungen sind eine Grundsäule der Programmiertechnik und die *Analytical Engine* konnte mit solchen nichtlinearen Operationsstrukturen umgehen. Instruktionen können dann als Subroutinen mehrmals abgearbeitet werden oder Instruktionen können nur unter bestimmten Umständen ausgeführt und ansonsten übersprungen werden.

6. Ada Lovelaces Anmerkungen zur *Analytischen Maschine*

Nun endlich ist auf jenen Text zurückzukommen, der Ada Lovelaces Beitrag zur Vorgeschichte – oder sollten wir besser sagen: zur Geschichte? – der Programmierung enthält. Dieser Text *Grundriß der von Charles Babbage erfundenen Analytical Engine* (1843) besteht aus zwei Teilen: Die Übersetzung des französischen Artikels von Luigi Federico Menabrea durch Lovelace (309-328) sowie ihre eigenhändigen „Anmerkungen der Übersetzerin“ (328-384), die mit A.A.L. unterzeichnet sind.[21] Unsere Frage nun ist: Was an und in diesen von Lovelace geschriebenen Anmerkungen bildet einen originären Beitrag zur Praxis und Theorie der Programmierung sowie zur Reflexion von Operationsweise und Stellenwert universeller Maschinen? Unsere Antwort darauf hebt vier Aspekte hervor: (1) Die Wissenschaft von den Operationen. (2) Die Mathematik als Sprache. (3) Das Programm zur Berechnung der Bernoulli-Zahlen unter Einschluss von Programmiertechniken wie Schleifen, Rücklauf und Subroutinen. (4) Die Reichweite und Grenzen universeller Maschinen.

6.1 Entwurf einer Wissenschaft von den Operationen und die Auffassung der universellen Maschine als Verkörperung dieser Wissenschaft

Einer der Zentralbegriffe des Textes, insbesondere in der Anmerkung A (328-341) ist der Begriff der ‚Operation'. Lovelace visioniert eine „Wissenschaft der Operationen ... deren Eigenständigkeit ... kaum erfaßt und im allgemeinen wenig bedacht wurde." Die Domäne dieser Wissenschaft, die einen Bereich der abstrakten Mathematik bildet, sind Operationen. Eine Operation ist die „Relation zweier oder mehrerer Dinge zueinander", sodass aus dem „[

> Wahrsein einiger weniger grundlegender Relationen notwendig gewisse andere Kombinationen von Relationen folgen; Kombinationen, deren Vielfalt und Umfang unbegrenzt sind. (331)

Relationen zu stiften und kombinierbar zu sein, sind die wichtigsten Attribute von Operationen. Hinzu tritt ihre Mechanisierbarkeit: Operationen sind Aktivitätsformen, die nicht an menschliche Akteure gebunden sind, sondern durch die „exekutiven Fähigkeiten" (369) von Maschinen wie die Analytische Maschine realisierbar sind. Diese bildet für Lovelace geradezu die „Verkörperung der Wissenschaft der Operationen" (332).

Es geht also beim Begriff ‚Operation' um mehr als um eine Tätigkeit, die stereotyp ausführbar ist. ‚Operationen' sind vielmehr Prozeduren, die mathematisierbar, vielfältig miteinander kombinierbar und maschinenexekutierbar sind. Es sind Prozeduren, für die ein Programm geschrieben werden kann.

Diese operative Kombinatorik gemahnt an Leibnizens Projekt der ‚Ars Combinatoria', seiner Einsicht, dass die Algebra mehr ist als ein Regelwerk zum Umgang mit Quantitäten. Der Impuls, das Mathematische von seiner Reduktion auf Größenverhältnisse, die Algebra und Analysis von ihrer Reduktion auf Zahlenverhältnisse, wenn man so will: von der Arithmetik zu ‚befreien', leitet auch Ada Lovelace. Für sie ist genau dies der Unterschied zwischen der *Analytical Engine* und der *Difference Engine* von Babbage, die sich „in der Tat zueinander verhalten wie die Analysis zur Arithmetik" (333).

6.2. Die Mathematik als eine operative Sprache

Lovelaces ‚Wissenschaft von den Operationen' und die ‚Allgemeine Kombinatorik' von Leibniz gründen beide in der Einsicht, dass die Mathematik nicht einfach von Größen, sondern von Strukturen (zwischen Dingen) handelt und dass diese Strukturen die Form von Zeichenkonfigurationen annehmen, welche den Charakter einer ‚Sprache' haben, die nicht nur etwas darstellt, sondern mit dem, was sie darstellt, auch zu operieren erlaubt, also etwas herstellt. Wir haben die Mathematik als eine „Sprache" (335) aufzufassen, mit deren Hilfe wir eben nicht nur das Universum ‚lesen' können, sondern die als Symbolkonstellation zur „unmittelbar praktischen Form“ (335) werden kann – sofern ihre Prinzipien als Operationsanweisungen eingesetzt werden. Lovelace betont die Bedeutung, die der Konstruktion geeigneter Symbolsprachen zukommt. Der Grundfehler vieler Symbolsprachen besteht für sie darin, dass zwischen einer Operation, zwischen den Objekten von Operationen und zwischen Ergebnissen der über Objekten durchgeführten Operationen nicht klar unterschieden wird (331). So tauchen Ziffern sowohl als Symbole für numerische Größen auf und „ebenso (als) Symbole für Operationen“, denken wir nur an die Exponenten bei Potenzen. Daher hat sich als Grundprinzip für das Aufschreiben von Operationen die diagrammatische Tabelle mit ihren wohlunterschiedenen Spalten bewährt, da hier eine säuberliche Trennung zwischen Operation, Objekt und Ergebnis vollzogen ist.

Dieser Trennung korrespondiert die für die *Analytical Engine* konstitutive Unterscheidung zwischen den Operationskarten und Variablenkarten (344ff.), auf die wir bereits verwiesen haben. Die Variablenkarten repräsentieren die Objekte, welche von den Operationen bearbeitet werden, also die „Operanden“ (344). Lovelace unterstreicht die Eigenständigkeit der Operationskarten gegenüber den Variablenkarten. So kann „dieselbe Operation … mit verschiedenen Operanden durchgeführt werden“ (344). Die Unabhängigkeit und Allgemeinheit des Bearbeitungsprozesses von dem je zu bearbeitendem Objekt hat eine folgenreiche Implikation, die zu den zwei meistzitierten Sätzen von Ada Lovelace führt. Zum einen ist dies die Einsicht, dass *Musterbildung* das originäre Feld der *Analytical Engine* ist, unabhängig davon, in welchem ‚Stoff‘ die Anordnung realisiert wird: Lovelace stellt fest, dass diese Maschine „algebraische Muster webt, gerade so wie der Jacquard-Webstuhl Blätter und Blüten.“ (335) Zum andern kann dann auch die Musik zur Domäne maschinenbearbeitender Mustergenerierung werden:

> Angenommen etwa die grundlegenden Relationen der Tonhöhen in der Harmonie- und Kompositionslehre könnten auf diese Art und Weise ausgedrückt und an die Maschine angepasst werden, so könnte sie ausgefeilte und allen Regeln der Kunst gehorchende Musikstücke von beliebiger Komplexität und Länge komponieren. (332)

Die Grundlage dieser Universalität maschineller Operation ist allerdings eine ausgeklügelte Technik der Programmierung. Damit kommen wir zum nächsten Aspekt.

6.3 Ein Programm zur Berechnung der Bernoulli-Zahlen

Ada Lovelace unterwirft die *Analytical Engine* einem Lackmustest: Kann tatsächlich ein Programm geschrieben werden, welches die Operationen der Maschine so steuert, dass diese eine komplizierte Formel erfolgreich berechnet? Sie überprüft dies, indem sie – soweit das heute zu überblicken ist – das erste maschinenlauffähige Programm schreibt in Gestalt einer Tabelle, die detailliert die Operationsschritte zur Ermittlung der Bernoulli-Zahlen für ganz verschiedene miteinander interagierende Teile der virtuellen Maschine notiert. Wir sind – heute – gewohnt, zwischen Hardware und Software zu unterscheiden. Doch Ada Lovelaces Notizen markieren überhaupt erst den Beginn, eine solche Unterscheidung treffen zu können. Die Geschichte der Programmierung beginnt hier – und doch bleibt dieses Programm ein Solitär, denn erst ca. 100 Jahre später setzt im Zusammenhang mit der elektronischen Rechnertechnik die Entwicklung moderner Programmiersprachen ein – und es ist übrigens wieder eine Frau, Grace Hopper, die dafür entscheidende Impulse setzt.[22]

Das von Lovelace entworfene Programm bezieht sich auf die Berechnung der Bernoulli-Zahlen, eine von Jakob Bernoulli gefundene mathematische Konstante in Gestalt einer kompliziert voranschreitenden Zahlenreihe, die in vielen Bereichen der Mathematik Anwendung findet, und deren Formel – auf Lovelaces Bitte hin – ihr Babbage übermittelte. Der Umstand, dass sie die erbetene Formel von Babbage erhielt, heißt mitnichten, dass ihr kreativer Beitrag dadurch geschmälert wurde.[23] Erinnern wir uns an den Unterschied von Algorithmus und Programm: Die Formel hat den Stellenwert allenfalls ein Algorithmus zu sein; keinesfalls ist sie ein Programm, das eine universelle Maschine abarbeiten könnte. Eben diese – historisch erstmalige kreative Umschrift einer Formel in ein maschinengeeignetes Programm – macht den innovativen Kern ihrer ‚Programmierarbeit' aus. Für Ada Lovelace ist von Anbeginn klar, und dies wird an mehreren Stellen betont, dass das von ihr geschriebene Programm nur *eine* Demonstration des Potenzials der *Analytical Engine* ist, somit als „Illustration" (372) fungiert und nur ein allerdings „ziemlich kompliziertes Beispiel ihrer Leistungsfähigkeit" (371/2) abgeben soll.

Das Programm selbst wird in Tabellenform geschrieben, wobei jede horizontale Zeile einen bestimmten Gesamtzustand der Maschine in allen ihren, durch vertikale Spalten klar voneinander getrennten Teilen ausweist: In der Unterwärtsschreibung der vertikalen Spalte kann dann abgelesen werden, wie sich jeder dieser Teile mit jeder neuen Operation zu verändern hat. Dabei kommen Verfahren zur Geltung, die heute noch die Programmiertechniken bestimmen: Für Lovelace ist die ‚Bedingte Verzweigung' und damit das „Rücklaufsystem" (‚backing' 347/8), sowie „Operationsschleifen" (363) und „Schleifen von Schleifen" (361) für ihre Technik, die Maschine zu instruieren, essentiell.[24] Überdies ist es wünschenswert,

> die Reihenfolge und Kombination der Prozesse im Hinblick darauf einzurichten, dass sie so weit wie möglich symmetrisch und in Schleifen angeordnet sind, damit die mechanischen Vorteile des Rücklaufsystems optimal genutzt werden können. (365)

Kraft solcher Techniken wird eine Ökonomie und Eleganz des Programms erreicht, welches – wie Lovelace betont – prinzipiell auf verschiedenartige Weise entwickelt werden kann: Das Kriterium eines guten Programms ist, dass

Operationen gebündelt und Subroutinen eingeführt werden und so die „für die Vollendung der Rechnung notwendige Zeit auf ein Minimum“ reduziert wird. (354) Jene um die ‚Ablaufsprünge‘ gruppierten Programmiertechniken bilden für Lovelace die Gelenkstelle um „algebraische Verknüpfungen“ tatsächlich „vollständig in das Reich des Mechanismus“ einzugliedern (348).

6.4 Reichweite und Grenze universeller Maschinen

Ein letzter, doch entscheidender Gesichtspunkt in Ada Lovelaces Überlegungen bleibt hervorzuheben: Ihre Reflexionen über Grenze und Reichweite der *Analytical Engine*. Auffallend ist ihr nüchterner Blick auf die Sachlage ‚maschineller Intelligenz‘. Einerseits hebt sie den Unterschied hervor, der Babbages *Difference Engine*, die tatsächlich nichts kann als Additionsoperationen aneinanderzureihen, von seiner *Analytical Engine* trennt: Zwar kann ein Gutteil mathematischer Rechnungen auf das Addieren zurückgeführt werden und eben dies ist das Leistungsspektrum der *Difference Engine*, aber für die mathematische Analysis (=Algebra) ist dies nicht möglich. Die *Analytical Engine* kann demgegenüber nicht nur die vier Grundrechenarten *völlig unabhängig* voneinander ausführen (334), sondern sie kann beliebige algebraische Funktionen realisieren und wird für Lovelace damit zum „materiellen und mechanischen Repräsentanten der Analysis“. (334) Es bleibt also das Potenzial zur *Berechnung* auch das, was die *Analytical Engine* ausmacht; nur dass diese Berechnung eben nicht auf das *Zahlen*rechnen begrenzt ist, sondern alles einschließt, was in der Symbolsprache der Mathematik notierbar ist – und das kann auch die Komposition von Musik umfassen. (332)

Diese Fähigkeit „*allgemeine* Symbole in Folgen von unbegrenzter Variation und Länge miteinander zu kombinieren“ (336) wird zu einer Gelenkstelle, wie „Geist und Materie“ miteinander zu verbinden sind. Es ist also die „neue, weitreichende und mächtige Sprache“ zu welcher die Algebra und Analysis in den Augen von Lovelace wird, durch die der *technische* Mechanismus sich mit der *mathematischen* Abstraktion verbinden kann. Lovelace betont, dass ein solcher Gedanke noch nirgendwo ins „Auge gefaßt oder auch nur theoretisch bedacht worden wäre, so wenig wie die Idee einer denkenden oder mit Vernunftgründen argumentierenden Maschine. “(336)

Obwohl hier der Begriff der ‚denkenden Maschine‘ von Lovelace aufgeworfen wird, ist die Frage Künstlicher Intelligenz nicht die Perspektive, um die es ihr geht. Es ist – ganz prosaisch – die von Zahlen abgelöste phänomenale Rechenkraft der Maschine, die sie fasziniert und diese wird sich da bewähren, wo eine fehlerlose Berechnung durch Menschen extrem langwierig und schwierig, wiewohl keineswegs unmöglich ist, jedoch mit „so großem Aufwand an Zeit, Mühe und Geld zu bewältigen“ ist, dass sie „praktisch doch so gut wie unerreichbar bleibt“ (368). Mit dieser Feststellung verbindet sie eine unmissverständliche Warnung: „Es wäre gut, sich vor der Möglichkeit überspannter Ideen zu hüten, die über die Fähigkeiten der *Analytical Engine* entstehen könnten. Die Gefahr liegt darin aufgrund ihrer Neuartigkeit diese Maschine „zu überschätzen" oder „unterzubewerten". Sie kann nur tun, „was immer wir ihr auszuführen zu befehlen wissen." (369)

Kommen wir zum Schluss: Warum kann Ada Lovelace als erste Programmiererin gelten? Sie hat die Rolle erkannt, die darin liegt, einem Apparat, der eine *universale*, also: *unfestgelegte* Maschine ist, Befehle einzugeben, die ihn in eine spezielle Maschine verwandeln. Und sie hat erkannt, dass dies in einer Symbolsprache zu geschehen hat, welche der Apparat einerseits ‚versteht', also bearbeiten kann und welche andererseits nicht auf Zahlenoperationen zu begrenzen ist, sondern jede Form der formalisierbaren Musterbildung durch kombinatorische Operationen einschließt.

Im Horizont der uns heute vertrauten Unterscheidung zwischen Hardware und Software, können ihre Notizen von 1843 als die Geburtsurkunde dieser Unterscheidung zwischen der physikalisch-realen und der symbolisch-virtuellen Maschine gelten.[25]

Bibliografie

Beyer, Kurt, *Grace Hopper and the Invention of the Information Age*, 2009: Cambridge: MIT Press.

Bowdens, Bertram V., *Faster than Thought*, Sir Isaac Pitman & Sons, Ltd.,1953.

Dotzler, Bernhard, *Babbages Rechen-Automaet*, Ausgewählte Schriften, Computerkultur Bd. 6, Springer, Wien/New York 1996.

Fuegi J./Francis J., „Lovelace & Babbage and the creation of the 1843 'notes'", in: *Annals of the History of Computing*, IEEE, vol. 25, no. 4, 2003.

Haugeland, John, *Künstliche Intelligenz – Programmierte Vernunft?*, McGraw Hill, Hamburg 1987.

Hoffmann, *Ute, Computerfrauen. Welchen Anteil haben Frauen an Computergeschichte und -arbeit*, Hampp, München 1987.

Isaacson, Walter, *The Innovators: How a Group of Hackers, Geniuses, and Geeks Created the Digital Revolution*, Simon & Schuster, New York 2014.

Kim, Eugene Eric: „Lovelace, Augusta Ada Byron King, Countess of", in: Raúl Rojas (ed.) *Encyclopedia of computers and Computer history*. Vol 1, a-l, Chicago, London 2001.

Kim, Eugene/Toole, Betty Alexandra, „Ada and the first computer", in: *Scientific American*, New York 1999.

Krämer, Sybille (1988): *Symbolische Maschinen*, Wissenschaftliche Buchgesellschaft, Darmstadt.

Krämer, Sybille, „Schrift, Diagramm, Programm – Kulturtechniken der Inskription", in: Dieter Mersch, Joachim Paech (Hg), *Programm(e)*. Medienwissenschaftliche Symposien der DFG, Zürich: Diaphanes 2014, 159-174.

Leibniz, G. W. (C) *Opuscules et fragments inédits de Leibniz*, ed. Louis Couturat, Paris 1903 (repr. Hildesheim 1966).

Leibniz, G. W. (GP): *Die philosophischen Schriften*. Gerhardt CI (ed), 7 vols, repr Olms, Hildesheim 1965 (orig. Berlin 1875–1890).

Lovelace, Ada Augusta; Luigi Federico Menabrea, „Sketch of the Analytical Engine. Invented by Charles Babbage. With notes by Ada Augusta, Countess of Lovelace", in: *Taylor's Scientific Memoirs*, 1843, S. 666-731. Dt. Übersetzung: „Grundriß der von Charles Babbage erfundenenAnalytical Engine. Aus dem Französischen übersetzt und kommentiert von Augusta Ada Lovelace", in: Bernhard J. Dotzler (Hg.): *Babbages Rechen-Automate. Ausgewählte Schriften*, Wien, New York: Springer 1996.

Schneider, Birgit: *Textiles Prozessieren. Eine Mediengeschichte der Lochkartenweberei*, Zürich/Berlin: Diaphanes 2007.

Stein, Dorothy, *Ada Augusta Lovelace: eine Frau am Anfang der Moderne*, übers. aus dem Engl. von Björn Bossmann und Sabine Kreiner. Kulturverlag Kadmos, Berlin 2004 (engl. Original: *Ada. A Life and a Legacy*, MIT Press, Cambrige-London 1987).

Vogel, Kurt, *Muhammed Ibn Musa Alchwarizmi's algorismus. Das früheste Lehrbuch zum Rechnen mit indischen Ziffern*, Aalen: Zeller 1963.

Anmerkungen

1 Erstmals wurde Ada Lovelaces Arbeit publik gemacht in: B.V. Bowden, *Faster than Thought*, 1953. Zur neueren Rezeption: Kim 2001; Isaacson 2014; zur Rolle der Frau sowie von Ada Lovelace selbst in der Computergeschichte: Hoffmann 1987.

2 „...the first paper to discuss the programming of a computer." Kim/Toole 1999, 79.

3 Lovelace 1843 zit. nach der deutschen Version in: Dotzler 1996.

4 Selbstverständlich sind weder die Termini: ‚Programmieren', ‚Programm' noch gar ‚hardware', ‚software' damals in Gebrauch. Vielmehr bilden Ada Lovelaces ‚Notizen' die Scheidelinie, von der die systematische Unterscheidung zwischen Hardware und Software, zwischen der virtuell-symbolischen Version der Maschineninstruktionen und der physikalischen Maschine selbst ihren Ausgang nimmt.

5 Lovelace (1843) 1996, 335.

6 Der Programmbegriff interessiert hier in informationstechnischer Perspektive als jene Software, die aus einem Computer eine für einen bestimmten Zweck arbeitende Maschine macht. Vgl. auch: Krämer 2014.

7 Zu Al-Chwarizmi: Vogel 1963.

8 Die Buchstaben sind Variablenzeichen, für die alle Zahlen eingesetzt werden können, bei denen sich eine korrekte Gleichung ergibt.

9 Das Knowing how des Gleichungsumformens, ursprünglich als ein Art okkulter Geheimkunst praktiziert, wird mit der Erfindung der Buchstabenalgebra zu einem lehr- und lernbaren Wissen. Für den Erfinder der Buchstabenalgebra, François Viète (1540-1603), wie auch seine Nachfolger ist dabei klar, dass die algebraische Notation ein Regelwerk zum Lösen von *Zahlen*problemen artikuliert (vgl. Krämer1988, 61ff.).

10 Vgl. Leibniz GP VII 191: „Wenn Zeichen fehlen, können wir weder etwas klar erkennen, noch können wir vernünftig überlegen" und Leibniz GP VII 205: „Alles vernünftige Denken besteht im Gebrauch von Zeichen."

11 C 154.

12 GP VII 206..

13 Leibniz C 326/327.

14 Leibniz C 531.

15 „l'art des caractères" : Leibniz C 531.

16 Kim/Toole 1999.

17 Fuegi/Francis 2003, 19.

18 Vgl. Haugeland 1987,115.

[19] Zum Weben mit Lochkarten und seiner Geschichte: Schneider 2007.

[20] „Der Gebrauch der Karten bringt eine Allgemeinheit mit sich, die der algebraischen Formel gleich ist“ Lovelace 1843, 326.

[21] Es ist bekannt, dass Ada Lovelace ihre Übersetzung und die Anmerkungen in engem Kontakt mit Charles Babbage schrieb; nicht wenige Briefe darüber wanderten zwischen beiden hin und her: Fuegi/Francis 2003; Kim/Toole 1999.

[22] Beyer 2009.

[23] So allerdings bei: Stein 1987. Zur kritischen Auseinandersetzung mit Steins Kritik an Ada Lovelace's mathematische Inkompetenz: Kim/Toole 1999, 81.

[24] Z. B. Lovelace (1843) 1996, 347: Als Beispiel: „Es wurde eine Methode für das entwickelt, was technisch als Rücklauf (backing) der Karten in bestimmten Gruppen und nach bestimmten Gruppen bezeichnet wurde“.

[25] wobei nicht zu vergessen ist, dass auch die *Analytical Engine* von Babbage eine ‚im Entwurf‘ und ‚auf Papier‘ gewesen ist.

MARIE LUISE ANGERER

Conceiving Ada[1]. Geschichten von Frauen, Cyborgs und kleinen Schwestern

1998 kam der Film *Conceiving Ada* von Lynn Hershman Leeson in die Kinos. Er erzählt oder besser, inszeniert die Geschichte von Ada Lovelace (Ada Augusta Byron King, Gräfin von Lovelace, 1815-1852), der vergessenen Pionierin des Computers.

Wie bei so vielen Erfindungen, die von Männern und Frauen gemeinsam unternommen worden sind, wurde auch Ada Lovelace von der Technikgeschichte ignoriert und statt dessen Charles Babbages das alleinige Verdienst der theoretischen Entwicklung einer ersten *Analytical Engine* zugeschrieben. Ada jedoch hätte, wie es die feministische Einschreibung in die Geschichte dann formulierte, von einer Maschine geträumt, die alles kalkulieren können sollte und damit nicht länger mehr nur eine Rechenmaschine gewesen wäre. Heute weiß man auch, dass die Entwürfe von Babbage durchaus richtig waren und, wären sie denn je umgesetzt worden, funktioniert hätten.

Lynn Hershman inszeniert in ihrem Film die Geschichte von Ada entlang von zwei DNA-Sequenzen: von Ada, der historischen Ahnfrau der analytischen Maschine, und von Emmy Coer, einer auf die Erforschung künstlichen Lebens spezialisierten Expertin. Diese dringt immer tiefer in die Geschichte von Ada im wahrsten Sinne des Wortes ein, um mithilfe ihres Computers auf die echte Ada zu treffen bzw. diese zum Leben zu erwecken. Ada lebt somit als Software und diese wird im Film als DNA übersetzt, d.h. das algorithmische Programm des Computers biologisiert sich als DNA von Ada. Am Ende des Films wird Emmy ihr Kind gebären: eine Art Wiedergeburt von Ada.

Der Film folgt damit einer Narrationslogik, die das cyberfeministische Manifest von VNS Matrix und Sadie Plant verkündet haben. VNS Matrix, eine australische Künstlerinnengruppe, entwickelte gemeinsam mit der britischen Kulturwissenschaftlerin Sadie Plant Anfang der 1990er Jahre das Modell eines „viralen Feminismus“ in Form eines Computerspiels, „in which bodies and eroticism are far from being obsolete“.[2] Während männliche Hacker nämlich nach wie vor ihre ödipalen Phantasien ausleben würden, betonten VNS Matrix dagegen das Ansteckungsprinzip des Virus:

> „(T)he virus becomes a metaphor of a political process, the spread of feminist consciousness to cause permanent disruption to organs and functions of the male-controlled corporate technobodies.”[3]

Sadie Plant hat dieses virale Prinzip zur Grundlage ihres medientechnischen Verständnisses erhoben und Frauen als die Botinnen oder *agencies* dieser Ansteckung erklärt – als das neue Medium schlechthin. Frauen wären genealogisch mit dem Konzept eines (der) Cyborg zutiefst verschwistert: Selbst nie in die Geschichte des abendländischen, männlich codierten, Subjekts inkludiert, sind sie heute die ersten ‚echten' Cyborgs, die rhizomatisch, multifunktionell und technisch auf der Höhe der Zeit agieren.[4]

Bis heute hätte unsere Gesellschaft, so Plants Argumentation weiter, auf dem Austausch der Frau(en) basiert. Sie, die Frau(en), existierten ausschließlich als Medium, als Übergang, als Objekt der Transaktion zwischen Männern. Die Frau(en) waren das Dazwischen, die *in-between-Menschen*, diejenigen, die seine Botschaften sendeten, seine Zahlen zählten, seine Kinder bekamen und seinen genetischen Code weitergaben. All dies würde nun durch die kommmunikationstechnologische Revolution radikal auf den Kopf gestellt. Die Einführung eines universalen binären Codes unterwandert nämlich die Opposition zwischen einer materiellen = weiblichen Basis und einer männlichen Superstruktur. Damit spielt Plant sowohl auf das marxistisch definierte Verhältnis von Basis und Überbau an, als auch auf die abendländische Dichotomie-Tradition, der zufolge sich das Weibliche immer auf der inferioren Seite befindet, wo es mit Natur, Körper, Irrationalität, Hysterie, etc. gleichbedeutend gesetzt ist. Nun aber, so Plant, wird das *in-between* wichtiger als die Pole A und B.[5]

Diesem *in-between* folgt Lynn Hershman in ihrem Film, der die kinematische Bildabfolge als Überlagerung von Bildrahmungen vorführt und damit den narratologischen Tiefenschichten bildtechnische Tiefenschärfe zukommen lässt. Auf diese Weise trifft die tote Ada mit der Expertin am Computer aufeinander – ein mechanischer Vogel, den Ada aufzieht und fliegen lässt, durchquert die Film- und Zeitenschichten, um in der Jetztzeit des Films aus dem Monitor herauszufliegen. Ada und Emmy sind nun miteinander verbunden, teilen sich die über Jahrhunderte hinweg gleiche Geschichte von Frauen, die etwas anderes wollen, als für sie von der Gesellschaft vorgesehen ist: „Will you save me?" Lässt Hershman Ada Lovelace Emmy fragen, deren Leben jedoch ebenfalls oder immer wieder fremdbestimmt und damit immer wieder auch ihrer Kontrolle entzogen ist – wenn ihr Partner mit ihr Sex haben möchte bzw. sie als schwangere Frau leiser treten soll – womit sie natürlich die Geschichte Adas wiederholt, die oftmals erschöpft durch Geburten und kontrolliert durch Mutter, Ehemann und Babbage von ihren Träumereien, eine Maschine zu erfinden, die alles berechnen kann, abgehalten worden ist.

Intuitiv hat Emmy bei ihrer Forschung zu künstlichem Leben gewusst, dass sich in ihrem Computer Lebendiges befindet, dass *sie* da drinnen ist, dass Ada da drinnen in der Maschine lebt. Mithilfe algorithmischer Tiefenbohrung gelingt es ihr, Adas DNA nicht nur als Gleichung aufzufinden, sondern diese zum Leben zu erwecken, um Ada Lovelace, gespielt von Tilda Swinton, lebendig werden zu lassen. Während Emmys eigenes Leben drunter und drüber geht und auch filmisch nicht wirklich anregend erscheint, ist es dasjenige von Ada natürlich umso mehr. Wie eine Fee aus dem Märchenreich erscheint Ada, eingesperrt in einen (goldenen) Käfig namens Computer-Tiefenzeit. Die

Bilder, die Adas Leben erzählen, sind jedoch getränkt von Klischee-Frauenbildern und -typen, wie sie das 19. und 20, Jahrhundert in Unmengen produziert hat: hysterisch, erschöpft, träumerisch, genial, an diesem Genius zerbrechend, immer in patriarchaler Kopplung, ohne diese nicht überlebensfähig, Vater-Töchter, zerrieben zwischen beruflichem Ehrgeiz und Mutterrolle, androgyn bis magersüchtig, den eigenen Körper kontrollierend und darüber sich Unabhängigkeit imaginierend.

Es war alles andere als ein bloß feministischer Dreh von Donna Haraway, ihre Cyborg-Figur als ein Mädchen zu konzipieren, das keine Frau werden will. Vielmehr konzipierte sie ihre Cyborg als ein Geschöpf einer Post-Gender-Welt. Die Cyborg besitzt keine Ursprungsgeschichte – wie sie sowohl die Psychoanalyse als auch der Marxismus erzählt haben –, sondern (re)agiert in einem Netz von Affinitäten und politischen Notwendigkeiten. Die Cyborg bevorzugt einen Fokus auf das Partielle, sie ist Anhängerin von Ironie, Perversion und Intimität gleichermaßen und erhofft sich von den Vätern keine Rettung.[6] Haraway stellte sich mit ihrem *Manifest für Cyborgs* sowohl auf die Seite feministischer Schwestern als auch gegen die Positionierung als Frau/weiblich, um diese als immer schon politische Metaphern zu entkleiden. Ihre Forderung, Geschichten zu erzählen, die dem narrativen Kern jeder Wissenschaft und Politik auf der Spur sind, um damit zu zeigen, dass jede Gesellschaft sich über und mit Geschichten erfindet, hat wesentlich dazu beigetragen, dass im Gefolge ihrer Arbeit, feministische Geschichten das letzte Jahrzehnt vor 2000 zu überziehen begonnen haben. VNS Matrix, Sadie Plant, Lynn Hershman sind nur ein paar Beispiele für diese neuen Geschichtenerzählerinnen über Hybridwesen, Trickster, Cyborgs und andere in den neuen Räumen des sich öffnenden Cyberspace.

Tilda Swinton ist als Darstellerin des *Orlando* im gleichnamigen Film von Sally Potter,[7] der Verfilmung des Romans von Virginia Woolf [8] aus dem Jahre 1928, berühmt geworden. Orlando, ein junger englischer Adeliger, der in der Gunst von Elizabeth I. steht und auf deren Geheiß nicht mehr „altern darf“, verwandelt sich im Laufe seines (nun ewigen) Lebens in eine Frau. Als adelige Frau erfährt sie die Nachteile und Einschränkungen, die einem weiblichen Dasein vom 16. bis ins 20. Jahrhundert hinein auferlegt sind. Von Zeit zu Zeit schlüpft sie daher in Männerkleider, um sich nächtens mit Damen der Unterwelt zu treffen und mit diesen lesbische Liebschaften zu unterhalten. Es ist also wiederum ein bedeutungsvoller Trick, Ada im Film mit Tilda Swinton zu besetzen, um durch sie das Moment der instabilen geschlechtlichen Identitäten anzudeuten, das mit der Figur der Cyborg von Anfang an verknüpft war, und welches, als Ada, der Film, 1997 erschien, in der Formation von *queerer Identitätspolitik* seinen gesellschaftlichen Höhepunkt zelebriert. Die fiktionalen, utopischen Geschichten eines cyberfeministischen Begehrens haben sich zu diesem Zeitpunkt endgültig mit gesellschaftspolitischen und medientechnischen Realitäten verwoben, um dem Patriachat der Moderne, seinen naturalisierten Dualismen und kanonischen Werten von Hoch- und Popkultur, sein Ende vor Augen zu führen.

Lynn Hershman dekliniert diese Absage in ihren Filmen von *Conceiving Ada* über *Teknolust* (2002) bis *Strange Culture* (2007) – in allen Filmen spielt Tilda Swinton entweder die oder eine Protagonistin – durch.

Teknolust ist laut seiner Regisseurin eine aktuelle Version von Mary Shellys Frankenstein-Roman, der 1818 zunächst anonym erschienen ist, Ada Lovelace wurde 1815 geboren. Das heißt, Ada und der Roman-Frankenstein sind Zeitgenossen. Und *Teknolust* tauscht wieder die geschlechtlichen Positionen aus: aus dem jungen Frankenstein des Romans wird Rosetta Stone, eine Bio-Ingenieurin, die ihre drei Klons mit dem Y-Chromosom am Leben erhalten muss und daher einen der Klons zur Sperma-Jägerin anleitet. Dies geschieht im Schlaf, indem Ruby, dem „roten" Klon (jeder der drei Klone ist in einer Farbe gekleidet) Filme gezeigt werden, wie Miteinander-Schlafen zwischen Mann und Frau vor sich geht. Dann geht sie los, hat mit Männern *safer sex*, um das Sperma dann zu kochen und ihren Klon-Schwestern zu spritzen. Die Geschichte verläuft natürlich Frankenstein-isch, d.h. die Bio-Ingenieurin Stone verliert zunehmend die Kontrolle über ihre Klons, die gegen ihre Lebensweise aufbegehren und aus dem Cyberspace auszubrechen versuchen. Das Ende des Films bleibt offen, die Klons klonen sich nun ebenfalls, die Produktion künstlich-technisch hergestellter Menschen ist nicht mehr aufzuhalten.

Als Hershman ihre Filmgeschichten zu erzählen beginnt, werden die medientechnischen Entwicklungen mit großer Euphorie begleitet. Insbesondere für Frauen, wie bereits angedeutet, sollte der neue Raum ungeahnte Freiheiten mit sich bringen und alte Geschlechter-Traditionen obsolet werden lassen. Wir wissen heute, dass diese Euphorie längst großer Ernüchterung Platz gemacht hat: junge Frauen dürfen/sollen ihre Eizellen einfrieren, Mobbing ist auch und gerade im Internet ein großes Thema, Frauen- und Kinderpornographie sind im Internet noch weniger als sonst zu kontrollieren, und die genetische Forschung zum Manipulieren des genetischen Codes macht Riesenfortschritte.

Vorbei die Zeit also, als *Trouble and Her Friends*[9] im Roman von Melissa Scott ihren Kampf gegen den *brainworm* heroisch im Netz austrägt, gegen den Gehirnwurm, der versucht, Daten direkt ins Gehirn zu schleusen. Vorbei auch die Zeit von Marge Piercys Roman *The Body of Glass*,[10] der die Geschichte von Jod, einem Kampfcyborg erzählt, der jedoch, weil von einem Mann und einer Frau programmiert, erstmals imstande ist, Gefühle zu entwickeln und daher von Shira, die ihn in *social skills* unterrichtet, ganz genau wissen will, was es heißt, verliebt zu sein, jemanden zu begehren, oder was es bedeutet, Frau oder Mann zu sein. Alles Fragen, auf die es keine Antworten gibt – die letztlich auch programmierbar wären.

Doch diese Zeiten sind eben vorbei: denn heute geht es sehr wohl um die Programmierung von Gefühlen, von Stimmungen und affektiven Reaktionen. Ada wollte eine Maschine entwickeln, die in der Lage sein sollte, alles zu kalkulieren, sie dachte dabei auch an Musik, auch an Gefühle. Nun, diese Botschaft ist in der

Forschung zu *affective computing* angekommen – und es ist vielleicht nicht zufällig wieder eine Frau, die diese Forschung vorantreibt: Rosalind Picard.[11]

In der Gründungsnummer von IEEE beschreibt Picard, wie sie eines Morgens, beim Müsli sitzend, auf eine Meldung im Wall Street Journal stößt, worin die Erfindung einer Maschine beschrieben wird, die Emotionen messen könne. Ihr Erfinder: kein geringerer als Manfred Clynes, Forscher bei der NASA, dem die Einführung der Bezeichnung Cyborg zugeschrieben wird.[12] Sein „Sentograph“ sollte die jeweils kleinsten Abweichungen beim Drücken einer Taste messen und diese Daten mit entsprechenden Gefühlslagen wie Freude, Erregung, Traurigkeit usw. korrelieren: „I was amused by this crazy fact.“[13] Picard wird Jahre später durch Marvin Minsky Clynes vorgestellt, und dieser vertraut ihr an, dass er bei der erstmaligen Präsentation seiner Maschine mit lautem Gelächter entlassen wurde („he was literally laughed off the stage“[14]). Sie beschreibt dort weiter, wie sie in den Folgejahren versucht, die Bedeutung von Emotionen zu ignorieren, da sie als hart arbeitende Ingenieurin nicht in den Ruf kommen wollte, sich mit so etwas unwichtigen wie Emotionen zu beschäftigen: Frauen und Gefühle in der Wissenschaft! Natürlich überwindet Picard all diese Widerstände und Ängste und gilt heute als Pionierin der Erforschung von Computer und Emotionen:

> Today we know emotion is involved in rational-decision-making and action selection, and in order to behave rationally in real life you need to have a properly functioning emotion system.[15]

Dass Picard selbst mit der Gründung der Firma *Affectiva* inzwischen erste ausgereifte Anwendungen vermarktet – aktuell das *Affdex* genannte Programm zur Dekodierung der Gesichtsmimik von KundInnen –, stellt die gegenwärtige Verflechtung von Technowissenschaft und Ökonomie unter Beweis.

Die bereits existierenden bzw. sich in Entwicklung befindenden Anwendungen des *affective computing* umfassen mittlerweile neben den Sicherheits- und Überwachungstechnologien das elektronisch gestützte Lernen, die Therapie mit autistischen Menschen, Computerspiele, Robotik und Dienstleistungen im Wellness- und Gesundheitsbereich. So weit die Versprechungen des *affective computing* also gestreut sind, so sehr fällt das fast gänzliche Fehlen kritischer Einwände auf.

Picard stellt ihre Vision jedenfalls in voller Überzeugung als geradezu antithetisch zu Orwells *Big Brother* hin:

> Within the family metaphor, the closest image of an affective system is not one of a powerful big brother, but of a pleasing little sister.[16]

Mit der Figur dieser kleinen Schwester kommt nun allerdings einem Trojanischen Pferd gleich eine lange Tradition von Zuschreibungen (wieder) mit ins Boot: von Frauen als helfenden Kräften, von Frauen als unsichtbaren Zuarbeiterinnen, von Frauen als von Natur aus gefühlvolleren Menschen sowie als harm- und anspruchslose Lebensbegleiterinnen. Picard selbst hat nur angeführt, dass Frauen einfach mit größerer emotionaler Kompetenz ausgestattet sind, weshalb es logisch sei, affektiv operierende Rechenmaschinen mit der Metapher einer weiblichen Figur zu benennen.

Die Figur der kleinen Schwester ist indessen längst im Alltag und in der Medienwelt angekommen: ob als *Siri* im iPhone oder *Samantha* als Operating System im Film *HER* von Spike Jonze[17]. Beide „Mädchen" sind Beispiele für die Affekt generierende Seite in diesem Feld, dem die Bilder von zahlreichen kleinen und größeren Schwestern in den 1990er Jahren in der Sci-Fi Literatur hellsichtig vorausgegangen waren.

Wenn man die heroischen Aufbrüche der 1990er Jahre hier nochmals aufruft, innigst verbunden mit der Figur der Ada Lovelace als Emblem der cyberfeministischen Bewegung, dann ist die „kleine Schwester" Picards eine seltsam pervertierte Cyborg, von der Donna Haraway mit Sicherheit nicht geträumt hat.

Anmerkungen

1 *Conceiving Ada*, 1998, 82 min., Regisseurin, Drehbuchautorin, Produzentin Lynn Hershman Leeson. Mit Tilda Swinton, Karen Black, Timothy Leary. Der Film basiert auf dem Roman von Betty A. Toole, *Ada, the Enchantress of Numbers, a Selection From the Letters of Lord Byron's Daughter and Her Description of the First Computer*, Open Library 1998.

2 Zoe Sofoulis, „Contested Zones: Futurity and Technological Art", in: *Leonardo, Journal of the International Society for the Arts, Sciences, and Technology*, 29, 1,1996, 59–66, hier 61.

3 Ebd., 63.

4 Vgl. Sadie Plant, „The Future Looms Weaving Women and Cybernetics", in: *Body & Society*, Nr. 3/4, 1995, 45–64.

5 Vgl. Sadie Plant, *Nullen und Einsen. Digitale Frauen und die Kultur der neuen Technologien*, Berlin 1998.

6 Donna Haraway, „A Manifesto for Cyborgs: Science, Technology, and Socialist Feminism in the 1980s", in: *Feminism/Postmodernism*, hg. v. Linda J. Nicholson, London 1990, 190-233 (dt.: „Ein Manifest für Cyborgs", in: dies., *Die Neuerfindung der Natur. Primaten, Cyborgs und Frauen*, Frankfurt a. M. 1995, 33-72).

7 Der Roman diente 1981 als Vorlage für Ulrike Ottingers Film *Freak Orlando* mit Magdalena Montezuma als Orlando. 1992 wurde das Buch von Sally Potter mit Tilda Swinton in der Titelrolle als *Orlando* verfilmt.

8 Virginia Woolf, *Orlando – A Biography*, London 1928 (dt. *Orlando – eine Biografie*, Frankfurt a. M. 1992).

9 Melissa Scott, *Trouble and Her Friends*, New York 1994.

10 Marge Piercy, *The Body of Glass*, London 1991 (dt.: *Er, Sie und Es*, Hamburg 1993).

11 Vgl. Marie-Luise Angerer und Bernd Bösel, „Capture All, oder: Who's Afraid of a Little Pleasing Sister", in: *Zeitschrift für Medienwissenschaft*, Heft 13, erscheint Oktober 2015.

12 Manfred E. Clynes, „CYBORG II: Sentic Space Travel", in: Chris Hables Gray et al. (Hg.), *The CYBORG-Handbook*, New York, London, 35–42.

13 Rosalind W. Picard, „Affective Computing. From Laughter to IEEE", in: *IEEE Transactions on Affective Computing*, Vol. 1, No. 1, January–June 2010, 11.

14 Ebd.

15 Ebd.,12.

16 Ebd.

17 Marie-Luise Angerer, „Her Master's Voice. Eine akusmatische Liebesbeziehung von Spike Jonze", in: *Film-Konzepte*, Nr. 37, 2015, 57–66.

II. RECHNENDE FRAUEN, GENDER UND DIE DIGITALISIERUNG

Janet Abbate

Interpreten der Datenverarbeitung: Frauen im Zweiten Weltkrieg und die frühe Computerindustrie

Einführung

Augusta Ada Lovelace ging an Berechnungen wie eine Text-Interpretin heran und dies in einer Weise, die weit über ihre Rolle als Übersetzerin von Menabras Essay über Babbages *Analytical Engine* hinausging. Lovelace zeigte der Welt, wie man abstrakte mathematische Gleichungen in mechanische Bewegungen von Getrieben umwandeln konnte. Sie vergegenwärtigte und erklärte auch einem weit verbreiteten Publikum die Möglichkeiten, wie eine Rechenmaschine auf eine Weise verwendet werden konnte, die sich Babbage selbst nicht vorgestellt hatte.

Lovelace war in ihrer Rolle als Vermittlerin keineswegs einzigartig. Sowohl im 19. als auch im 20. Jahrhundert wurden Frauen infolge geschlechterspezifischer Arbeitsteilung in die Position von Vermittlern zwischen den Entwicklern und den Anwendern von Rechenmaschinen gebracht. Vom Ingenieursberuf selbst sowie von leitenden Führungspositionen weitgehend ausgeschlossen, waren Frauen nicht in der Situation, Projekte zum Bau von Computern zu initiieren. Vielmehr wurden sie eingestellt, um Software herzustellen oder die Nutzer von Computern zu unterstützen. Was sie zu diesen Aufgaben beitrugen waren nicht nur mathematische und logische Begabung, sondern in vielen Fällen auch hoch entwickelte Kommunikationsfähigkeiten. Kulturell wurde von Frauen erwartet, dass sie einfühlsame Zuhörerinnen waren, und sie wurden ermutigt, Fachkenntnisse in Fremdsprachen (Lovelace sprach fließend Französisch) sowie im Unterrichten zu erwerben (eine der wenigen akzeptablen Beschäftigungen für ausgebildete Frauen). Die männlichen Ingenieure der ersten Computergeneration waren meistens von den Schwierigkeiten beim Bau dieser Maschinen zu sehr in Anspruch genommen, um deren potentiellen Nutzern genügend Aufmerksamkeit zukommen zu lassen, geschweige denn der breiteren Öffentlichkeit. Wie Lovelace es zu ihrer Zeit getan hatte, übersetzten Frauen während des zweiten Weltkrieges und in der Nachkriegszeit nicht nur zwischen der Sprache der Mathematik und der Sprache der Schaltkreise, sondern interpretierten auch den Computer für ein menschliches Publikum, das mit dem, was der Computer an Potenzial verhieß, nicht vertraut war. Dabei erlebten sie den Nervenkitzel von Pionierinnen in einem faszinierenden und wichtigen neuen Feld.

Der Zweite Weltkrieg und die Geburt des digitalen Rechnens

Rechengeräte gab es schon Jahrhunderte vor dem Zweiten Weltkrieg, aber die drängenden Anforderungen des Krieges beschleunigten das Tempo der wissenschaftlichen und technologischen Innovationen in mehreren Ländern. Zu diesen Projekten der Kriegszeit gehörten die ersten elektronischen digitalen Computer. Ältere Computer waren mit elektromechanischen Relais gebaut, einer relativ langsamen Technologie. Computer, die elektronische Vakuumröhren verwendeten, hatten dagegen das Potenzial, Berechnungen tausend Mal schneller durchzuführen. Dadurch wurde es möglich, eine Reihe von wichtigen intensiven Berechnungsaufgaben für Kriegszwecke anzugehen. In den Vereinigten Staaten unterstützte die Armee die Entwicklung und den Bau des *Electronic Numerical Integrator And Computer* (ENIAC) seit 1943. Der Verwendungszweck von ENIAC war die Berechnung von tausenden von Flugbahnen, aus denen ballistische Tabellen erstellt werden konnten, mit deren Hilfe die Truppen dann wiederum auf die Artillerie zielen konnten. Im Vereinigten Königreich wurden digitale Computer verwendet, um verschlüsselte Nachrichten der Achsenmächte zu dechiffrieren. In Bletchley Park, nicht weit von London, wurde eine Unternehmung zum Entschlüsseln von Codes eingerichtet, zu der auch eine Reihe von elektronischen Computern namens *Colossus* zählten.

Diese neuen Maschinen waren nicht nur nützlich: sie waren Ehrfurcht gebietend. Ein Besucher, der *ENIAC* oder *Colossus* zum ersten Mal sah, erblickte einen Raum, der komplett mit Regalen von Computerausrüstung gefüllt war, mit Lichtern, die mysteriös auf Konsolen blinkten und hörte das konstante Surren und Klappern von Lochstreifenlesern, Druckern und anderen Geräten in Betrieb. Computer waren neuartig, geheimnisvoll und wichtig. Zeitungsberichte über *ENIAC*, dessen Existenz der Presse gegenüber im Februar 1946 bekannt gegeben wurde, taten sich schwer, einen Eindruck seiner Größe und Leistungsfähigkeit zu vermitteln: Reporter beschrieben ein „30 Tonnen elektronisches Gehirn" dessen „Blitz"-Geschwindigkeit die Arbeit von „20 000 Menschen" verrichten konnte.[1] Ein Bericht über *Colossus* im Jahr 1945 bewunderte

> seine schiere Masse und offensichtliche Komplexität, die fantastische Geschwindigkeit dünner Lochstreifen um die glitzernden Rollen, … die Zauberei des rein mechanischen Dechiffrierens[2]

Obwohl Männer diese neuen digitalen Computer entwarfen und bauten, wurden Betrieb und Programmierung von *Colossus* sowie der Betrieb von *ENIAC* fast ausschließlich von Frauen realisiert. Als die Männer während des Krieges zu den Streitkräften eingezogen wurden, ermutigten sowohl die Regierung der Vereinigten Staaten als auch die des Vereinigten Königreiches Frauen, Arbeitsplätze in Fabriken anzunehmen, die vorher von Männern besetzt waren, und die öffentlichen Nachrichten versicherten den Frauen, dass sie die

Kompetenz besäßen, komplexe technische Arbeiten zu verrichten. Bei Millionen von Frauen, die Arbeitsplätze in der Industrie annahmen, war es nicht mehr überraschend zu erleben, dass Frauen große und schwierige Maschinen bedienen konnten. Die Arbeit mit Computern unterschied sich für Frauen jedoch in zweifacher Hinsicht von der Fabrikarbeit in der Kriegszeit, wie auch von dem Zusammenbau von Flugzeugen.

Erstens gab es ein historisches Vorbild für die Beteiligung von Frauen in der Datenverarbeitung. In der wissenschaftlichen Welt waren menschliche ‚Computer' seit Jahrhunderten beschäftigt worden, um mit der Hand die Werte für mathematische Tabellen zu berechnen. Babbage hatte in der Tat seine *Difference Engine* gebaut, um diese Art rechnender Arbeit zu automatisieren. Bereits 1773 wurde Mary Edwards, ein weiblicher ‚Computer' von der britischen Regierung beauftragt, astronomische Tabellen für das nautische Jahrbuch zu berechnen[3]. Während der Depression der 1930er nahm die US-Regierung ein Großprojekt über mathematische Tabellen in Angriff, um arbeitslosen Wissenschaftlern dadurch Arbeit zu verschaffen. Die technische Leitung des Projektes hatte die Mathematikerin Gertrude Blanch, welche die Gruppe auch noch während des Zweiten Weltkrieges leitete, da sie verschiedene Kriegsprojekte rechnerisch unterstützte. Die militärischen Dienststellen hatten ihre eigenen Mitarbeiterinnen. Das ballistische Forschungslabor der US-Armee beschäftigte beispielsweise zweihundert weibliche ‚Computer'. Diese ‚Computer' verwendeten häufig zur Unterstützung ihrer Arbeit mechanische Tischrechenmaschinen wie die *Brunsviga*. Somit galt zu der Zeit, als die ersten digitalen Computer gebaut wurden, Berechnungen anzustellen, bereits als eine Tätigkeit, die allgemein mit Frauen assoziiert wurde. Das erleichterte den Frauen, Fähigkeiten zu erlangen, die sie brauchen würden, um Computer auch zu programmieren. Und im Gegensatz zur Fabrikarbeit während der Kriegszeit, war Programmieren ein gänzlich neuer Beruf, so dass es keine bereits existierenden männlichen Arbeitskräfte gab, die Ansprüche auf diese Jobs geltend machten, als sie vom Militärdienst zurückkehrten.

Ein zweiter Unterschied war, dass anders als bei den meisten Einstellungen in Fabriken, Frauen für die Computerarbeit auf Basis ihrer speziellen Fähigkeiten ausgewählt wurden. Wie Lovelace selbst, waren die meisten Frauen, die sich freiwillig für das *ENIAC* Projekt meldeten, ausgebildete Mathematikerinnen. Von den *Colossus* Bedienerinnen hatte zwar keine einen Hochschulabschluss in Mathematik, aber zukünftige Bedienerinnen absolvierten einen zweiwöchigen Kurs, der binäre Mathematik, den Code des Fernschreiberalphabets und Maschinenbedienung umfasste. Am Ende des Kurses machten sie eine schriftliche Prüfung, und diejenigen mit der höchsten Punktzahl erhielten die anspruchsvollsten Aufgaben, zu denen auch *Colossus* gehörte. Die ersten Programmiererinnen und Bedienerinnen wurden aufgrund ihrer bereits vorhandenen Kompetenzen und Interessen ausgewählt, wodurch zweifellos ihr Erfolg und das Gefühl der Erfüllung bei diesen Tätigkeiten gesteigert wurden.

Die *ENIAC* Programmierer: Die Sprache der Mathematik übersetzen

Das *ENIAC* Projekt verdeutlicht, wie Frauen sich für die bisher unbekannte Aufgabe einen elektronischen digitalen Computer zu programmieren, auf ihre mathematischen Erfahrungen stützten. *ENIAC* wurde von den Professoren John Mauchly und J. Presper Eckert an der Universität von Pennsylvania entwickelt, um Flugbahnen für das ballistische Forschungslabor der US-Armee zu berechnen. Zuvor wurden diese Berechnungen entweder von weiblichen ‚Computern' durchgeführt, die Tischrechner benutzten oder von einem alten analogen Computer, differentialer Analysator genannt. Um eine einzelne Schusstabelle zu erstellen, musste entweder der Differenzialanalysator einen Monat lang oder ein Team von einhundert Frauen eingesetzt werden. *ENIAC* mit seinen elektronischen Schaltkreisen, die 18 000 Vakuumröhren verwendeten, konnte diese Berechnungen also viel schneller durchführen. Eckert und Mauchly brauchten zwei Jahre, um *ENIAC* in harter Arbeit zu bauen – tatsächlich lief das erste *ENIAC*-Programm erst im November 1945, als der Krieg bereits vorüber war – so dass die Männer kaum Zeit hatten, darüber nachzudenken, wie die Maschine programmiert werden würde. Für diese Aufgabe rekrutierte daher die Armee ein Team von sechs Frauen: Jean Jennings, Betty Snyder, Frances Bilas, Kay McNulty, Marlyn Wescoff und Ruth Lichterman.

Alle sechs Frauen hatten Hochschulabschlüsse, vier von ihnen in Mathematik, aber aufgrund der Geschlechterdiskriminierung standen Frauen mit mathematischer Ausbildung in den 1940ern nur begrenzte Karriereoptionen offen. Gewöhnlich entschieden sie sich dafür, Mathematik an höheren Schulen zu unterrichten oder langweilige, monotone Berechnungen für Versicherungsgesellschaften oder andere Unternehmen durchzuführen. Die Gehälter für diese Tätigkeiten waren niedrig und die Chancen auf Beförderung gering. Als sich diesen Frauen eine Möglichkeit bot, wissenschaftliche Berechnungen zu erstellen, ergriffen sie sofort die Gelegenheit; auch ohne Computerkenntnisse war ihnen klar, dass die Bezahlung besser und die Arbeit intellektuell herausfordernder als die üblichen ‚Frauenberufe' sein würde. So wurde – im Rahmen der Inbetriebnahme von *ENIAC* – also eine Gruppe von Frauen durch die Armee als ‚Computer' angestellt und dreizehn Wochen lang in Algebra, Trigonometrie, analytischer Geometrie, Differenzial- und Integralrechnung sowie Ballistik geschult. Marylyn Wescoff, die nicht am College Mathematik studiert hatte, beschrieb diese mathematische Initiation als „wundervoll, merkwürdig, schwierig und aufregend"[4]. Die sechs fähigsten Frauen wurden anschließend als Programmiererinnen für *ENIAC* ausgewählt.

Bevor die Frauen dies ausführen konnten, mussten sie lernen, wie diese Maschine funktionierte. Der Computer befand sich noch im Bau und es gab niemanden, der sie einweisen konnte; also brachten die Frauen sich die Maschinenbedienung selbst bei, indem sie technische Diagramme studierten, sich mit Mauchly berieten und miteinander diskutierten. Wie Jean Jennings später erklärte:

> Der größte Vorteil beim Lernen über ENIAC aus den Diagrammen bestand darin, dass wir zu verstehen begannen, wozu sie in der Lage war und wozu nicht. Infolgedessen konnten wir Störungen annähernd bis zu der einzelnen Vakuumröhre bestimmen. Da wir sowohl die Anwendung als auch die Maschine kannten, lernten wir, Störungen so gut wie der Ingenieur zu bestimmen, wenn nicht sogar besser.[5]

Nach Erwerb der technischen Kenntnisse, konnten sich die Frauen der Frage zuwenden, wie man eine rechnerische Aufgabe in eine Abfolge von Berechnungen übersetzte, welche die Maschine ausführen konnte.

Der erste Schritt im wissenschaftlichen Programmieren war die numerische Analyse – ein mathematisches Problem zu nehmen und in eine Form umzuwandeln, welche unter Verwendung der arithmetischen und logischen Fähigkeiten des Computers gelöst werden konnte. Dabei konnten die Frauen ihre mathematischen Talente unbegrenzt einsetzen. Als nächstes mussten sie die logische Abfolge des Programms festlegen, ein sogenanntes *Flowchart* und anschließend jeden Schritt in eine Abfolge von einfachen Anweisungen zerlegen, die mit den Operationsmöglichkeiten der physischen Maschine übereinstimmten. Dann wurden diese Anweisungen der Maschine eingegeben. Ältere elektromechanische Computer ermöglichten die Eingabe der Anweisungen durch die Verwendung von Lochkarten oder Lochstreifen, aber für *ENIAC* mussten die Frauen die Maschine jeweils neu konfigurieren, indem sie Kabel einstöpselten und Schalter einstellten, um die Arbeitsabläufe der Komponenten zu ändern. Diese zeitaufwendige Aufgabe, *ENIAC* zu konfigurieren, war der am wenigsten intellektuell herausfordernde Teil der Arbeit der Programmierer – aber auch der offensichtlichste, wodurch leider die stereotype Annahme verstärkt wurde, dass die Frauen nur niedere Arbeit bei der Pflege der Maschinen verrichteten. Wenn *ENIAC* in dieser Weise vorbereitet war, konnten die Frauen schließlich das Programm durchführen. Da die Mehrzahl der Programme beim ersten Mal nicht perfekt abliefen, mussten die Programmiererinnen meistens eine Fehlerbeseitigung ihrer Anweisungen durchführen und den gesamten Zyklus wiederholen, bis sie ein erfolgreiches Ergebnis erzielten. Für diese Pionierinnen bedeutete Programmieren eine Vielfalt von Aufgaben, die sich ebenso auf die Meisterschaft der Frauen in der Mathematik stützten wie auf ihre Kreativität, Initiative und Ausdauer. Es war auch eine spannende Erfahrung. „Ich weiß nicht, ob sie sich vorstellen können, wie aufregend *ENIAC* für uns alle war," erinnerte sich Jean Jennings. „Wir sprachen von nichts anderem!"[6] Frauen wollten unbedingt die Geheimnisse der Bedienung dieser Maschinen lernen, ihre Fähigkeiten einsetzen und zur Verteidigung ihres Landes beitragen.

Colossus Bedienerinnen: Die menschliche Schnittstelle

Die Frauen, welche die *Colossus* Computer in Bletchley Park betrieben, waren keine Mathematikerinnen, sondern verließen sich auf ihren Verstand, ihre Belastbarkeit und ihren Einfallsreichtum, um den Herausforderungen dieser neuartigen Arbeit zu begegnen. *Colossus* war konstruiert worden, um die Nachrichten eines hoch entwickelten deutschen Verschlüssellungsgerätes namens *Lorenz-Maschine* zu dechiffrieren. Die *Lorenz-Maschine* hatte zehn Räder, von denen auf jedem die Buchstaben des Alphabets am Rand angeordnet waren. Indem die Positionen dieser Räder am Anfang jeder Nachricht verändert wurden, konnte der Sender die Art der Nachrichtenverschlüsselung ändern. Die Entschlüssler in Bletchley Park hatten eine Maschine gebaut, die *Lorenz*-Nachrichten dechiffrieren konnte, aber nur dann, wenn die Anfangspositionen der zehn Räder bekannt waren. Die Aufgabe der *Colossus* Computer war, die Radeinstellungen für jede Nachricht zu ermitteln. Der erste *Colossus* wurde im Dezember 1943 in Bletchley Park installiert und begann im Januar 1944 mit der Dechiffrierung von Nachrichten. Bei Kriegsende hatten die Computer dazu beigetragen, 13 508 Nachrichten zu dechiffrieren und sie spielten eine entscheidende Rolle in der Planung der Invasion der Alliierten in der Normandie.

Die Bedienerinnen von *Colossus* wurden aus weiblichen Angehörigen der britischen Marine (bekannt als *Wrens*) rekrutiert. Wie im Fall von *ENIAC* waren die Wrens begeistert davon, mit der fortschrittlichsten Technologie der Zeit zu arbeiten. Jean Beech beschrieb „die Adrenalinausschüttung … bei der Arbeit mit diesen unglaublichen Maschinen."[7] *Colossus* hatte 2500 elektronische Vakuumröhren, eingebettet in Regale voller Ausrüstung, die einen Raum füllten. Dazu kamen ein Fernschreiber zum Ausdrucken der Ergebnisse sowie eine große Lochstreifenschleife, die sich schnell um Rollen drehte, von denen der Computer 5000 Zeichen pro Sekunde lesen konnte. Eleanore Ireland erinnerte sich daran, welche Ehrfurcht sie bei ihrer ersten Begegnung mit *Colossus* empfand, als sie 1943 in Bletchley Park eintraf: „Ich war davon gebannt. Das Surren all dieser Bänder und all die Geräusche … es faszinierte mich."[8]

Da die einzige Aufgabe für die *Colossus* Computer darin bestand, Codes zu entschlüsseln, brauchte man kein Korps von Programmierern, um numerische Analysen durchzuführen oder neue Programme zu erstellen. Stattdessen entschied ein männlicher Kryptograf, welche Parameter beim Versuch der Dechiffrierung einer bestimmten Nachricht verwendet wurden und die weiblichen Bedienerinnen führten verschiedene Aufgaben durch, die physische, mechanische oder arithmetische Fähigkeiten erforderten. Zuerst stellten sie den Computer anhand der Anweisungen des Kryptografen ein, indem sie Stifte auf der Rückseite des Computers einfügte. Dann mussten sie das Eingabeband, das die Nachricht enthielt, durch Verbinden der beiden Enden des Bandes zu einer Rolle vorbereiten.

Eleanor Ireland, WWII Colossus Bedienerin mit Colossus Nachbau in Bletchley Park, 2001. (Foto: Janet Abbate)

Dorothy Dubois erinnerte sich, dass sie und die anderen Wrens „viele Experimente" durchführten, um die optimalen Materialien und Techniken für eine sichere Verbindung herzustellen, die den heftigen Bewegungen des Lochstreifenlesers standhalten konnte.[9] Wenn die Schlaufe fertig war, mussten die Bedienerinnen das Band vorsichtig durch mehrere Rollen fädeln und den Druck auf den Lochstreifenleser anpassen. Beim Anschalten des Computers lief das Band mit einer Geschwindigkeit von 12,2 Metern pro Sekunde durch den Lochstreifenleser – was bedeutete, dass, wenn das Band aufgrund einer schwachen Verbindung oder unsachgemäßer Bandführung riss, es durch den Raum peitschte, die Bedienerinnen gefährdete und den Dechiffrierungsprozess zum Stillstand brachte. Jede Verzögerung verursachte Alarm, wie Ireland sich erinnerte:

> Uns wurde eingeflößt, dass die Zeit von entscheidender Bedeutung war. Wir wussten, dass wir gegen die Uhr arbeiteten und dass Menschenleben davon abhingen, was wir taten.[10]

Da mehr *Colossus* Computer dazukamen und die Unternehmung wuchs, gab es nicht genug männliche Kryptografen zur Verrichtung der technischeren Arbeiten. Im Januar 1945 führte die *Colossus*-Abteilung technische Seminare für die Wrens durch, um sie in der hinter den Maschinen liegenden Theorie zu unterrichten sowie in der von den Kryptografen verwendeten mathematischen Notation. Die Wrens führten unbeaufsichtigt komplexere Tätigkeiten durch und werteten die Ergebnisse eines Computerlaufes aus, um festzustellen, ob das Problem gelöst worden war. Um zu prüfen, ob ein Dechiffrierungsversuch erfolgreich gewesen war, stellten die Bedienerinnen die Schalter auf der Vorderseite der Maschine zur Programmierung der Häufigkeit bestimmter Buchstaben ein und druckten die Ergebnisse aus. Die Bedienerinnen rechneten danach im Kopf aus, ob die Häufigkeit der Buchstaben deutlich von einer gegebenen Norm abwich, was einen möglichen Erfolg signalisierte.

Neben der Bedienung des *Colossus* waren die Frauen für Routinetests der Maschinen verantwortlich sowie für das Training neuer Bedienerinnen. Als zusätzliche Belastung unterlagen die Colossus Bedienerinnen militärischer Disziplin und mussten in ihrer Freizeit Drill und Märsche mit den anderen Wrens absolvieren, auch wenn sie sich die ganze Nacht an den Maschinen abgemüht hatten. Nach Kriegsende führte die anhaltende Geheimhaltung über das Projekt Codeentschlüsselung dazu, dass diese Frauen keine Anerkennung für ihre Pionierarbeit an den Computern erhielten, sondern erst Jahrzehnte später.

Grace Murray Hopper und das neue Computerzeitalter

Nach dem Krieg waren digitale Computer kein militärisches Geheimnis mehr und sie wurden schnell für den Gebrauch in der Industrie und in Büros angepasst. Hersteller von kommerziellen Computern mussten die Software für ihre Maschinen zur Verfügung stellen, sie mussten aber auch die Kunden darin unterstützen, die Möglichkeiten der Verwendung von Computern zu verstehen und dabei zu lernen, auf welche Weise man sie am besten programmierte. Grace Murray Hopper wurde in der Industrie führend, sowohl bei Software-Innovationen als auch darin, eine breitere Öffentlichkeit über den gegenwärtigen Stand und das zukünftige Potenzial von Computern zu unterrichten.

Hopper wurde 1906 geboren und unterrichtete von 1931 bis 1943 am Vassar College Mathematik. Während des Zweiten Weltkrieges trat sie in die Marinereserve ein, die ihr die Programmierung eines der ersten digitalen Computer, des Harvard Mark I übertrug. Nach dem Krieg gründeten Eckert und Mauchly, die Erfinder des *ENIAC*, ihr eigenes Computerunternehmen (später von Remington Rand übernommen) und 1949 stellten sie Hopper als Leiterin der Softwareentwicklung ein. Hopper war stolz auf ihre Arbeit und sah im Programmierer einen Meister mit vielen Fähigkeiten: „Numerischer Analyst, Kryotpgraf-Dechiffrierer oder Elektronikingenieur, Detektiv und Finder von Fehlern und abschließend, Auswerter.“[11] Hopper war jedoch mehr als eine Programmierexpertin, sie war eine Pionierin der Software, die nach Wegen Ausschau hielt, Programme zuverlässiger zu machen und einfacher zu erstellen und zu verstehen.

Grace Murray Hopper und Programmierer, 1957. (Foto: Hagley Museum and Library)

Hoppers bekannteste Erfindung ist der Compiler, den sie 1951 für den *UNIVAC* Computer entwickelte. Ein Compiler ist ein Programm, das Anweisungen in einer Programmiersprache in einen maschinenlesbaren Code übersetzt und danach mehrere Codeabschnitte in ein einziges ausführbares Programm ‚kompiliert'. In früheren Programmiersystemen konnten die Anweisungen jedes Mal vom Computer erst dann interpretiert werden, wenn das Programm bereits lief; aus dem Grund liefen die Programme langsam. Mit Hoppers System konnte ein Programm mit einer schnelleren Laufzeit nur einmal kompiliert, jedoch viele Male ausgeführt werden. Compiler führten auf den Weg zu modernen Programmiersprachen, indem sie eine effiziente Methode der Übersetzung zwischen einer höheren, menschenfreundlichen Programmiersprache und dem Binärcode der Maschine boten. Hoppers erster experimenteller Compiler hieß A-O. Ab 1953 wurde ihr dritter Compiler, A-2, von *Remington Rand* Kunden genutzt.

Eine weitere wichtige Erfindung von Hopper war die erste kommerzielle Programmiersprache, die sie 1955 entwickelte. Frühere Programmiersprachen waren für wissenschaftliche Anwendungen, die komplexe mathematische Berechnungen erforderten, konzipiert worden. Hopper erkannte, dass es aus Industrie und Handel eine wachsende Nachfrage für eine Programmierung gab, welche die Verarbeitung von großen Dateien erforderte und nicht nur von mathematischen Formeln. Sie erkannte ebenfalls, dass kommerzielle Nutzer eine Programmiersprache wollten, die weniger technisch und näher am üblichen Sprachgebrauch war. 1948 begann *Remington Rand*, Hoppers neue Sprache, *Flow-Matic* genannt, an *UNIVAC*-Kunden zu verkaufen, die dieses neue Werkzeug willkommen hießen. Als Modell beeinflusste *Flow-Matic* auch *COBOL*, die 1959 entwickelte Standardsprache für kaufmännische Programmierungen. Während Hopper selbst nicht an *COBOL* mitarbeitete, spielten mehrere andere Frauen dabei Schlüsselrollen: Mary Hawes von *Burroughs* initiierte das Vorhaben und war Mitglied des ersten *COBOL*-Kommitees, und zwei der sechs *COBOL*-Entwickler waren Jean Sammet von *Sylvania* und Gertrude Tierney von *IBM*.

Als Softwareexpertin war Grace Hopper in der Lage, die Ansichten von Programmierern, Nutzern und Managern zu verstehen und zu erklären, wie die neuen Softwarewerkzeuge sie alle unterstützen konnten. In ihrer Rolle als technische Expertin war sie sowohl mit Problemen wie auch Potenzial des Programmierens vertraut. Als Managerin auf der mittleren Ebene erkannte sie, wie bessere Softwarewerkzeuge die Umsätze von Computerverkäufen steigern könnten – dennoch war ihr als Frau die Beförderung ins höhere Management versperrt, und so blieb ihre Domäne der enge Kontakt mit den Welten des Programmierens und der Kundenbeziehungen. Sie verstand die Frustrationen der unerfahrenen Computernutzer und bemühte sich, deren Programmieraufgaben einfacher und intuitiver zu gestalten. Sie verstand auch, dass die Erfindung neuer Techniken nur eine Hälfte der Herausforderung war: Innovationen waren wertlos, sofern man die Menschen nicht davon überzeugen konnte, sie zu nutzen. Hopper wurde eine Predigerin für die Verwendung von Compilern und höheren Programmiersprachen. Sie machte ausgedehnte Reisen durch die Vereinigten Staaten, um Vorträge zu halten und Symposien über Programmierungsmethoden zu organisieren. Mit ihrem Sinn für Humor und der Gabe, technische Ideen in einfachen, anschaulichen Begriffen auszudrücken, gelang es ihr, ein breites Publikum zu erreichen. Möglicherweise mehr als irgendjemand anderes ihrer Zeit läutete sie eine neue Ära der Programmierungspraxis ein und gab dem Computer somit ein ‚menschliches Gesicht'.

Mary Allen Wilkes und der Personal Computer

Mary Allen Wilkes wurde 1937 geboren und schloss 1959 das Philosophiestudium am Wellesley College ab. Sie nutzte ihre Begabung, logisch zu denken, im Computerbereich, arbeitete 1959 im Lincoln Laboratory des *Massachusetts Institute of Technology* und lernte, *IBM* Computer zu programmieren. Im Jahre 1961 wurde sie der *Digital Computer Group* zugewiesen, die an einer revolutionären Maschine arbeitete: der *Laboratory Instrument Computer* oder *LINC*.

LINC wurde von Wesley A. Clark und Charles E. Molnar, die 1962 aus Standardmodulen den ersten Prototyp bauten, konstruiert. Schon zu einer Zeit als viele Menschen dachten, dass die Zukunft der Datenverarbeitung in großen *Timesharing* Maschinen liegen würde, erkannte Clark einen Bedarf nach etwas ganz anderem: einem kleinen Computer zur Einzelnutzung für Wissenschaftler. Der *LINC* war konzipiert, um Laborinstrumente zu kontrollieren und die Analogdaten, die diese Instrumente produzierten, zu empfangen, zu konvertieren und anzuzeigen. Von vielen wird dieser als der erste *Personal Computer* angesehen: Es war eine Maschine zur Einzelnutzung, sie hatte eine Version der heutigen Tastatur-und Bildschirmschnittfläche und sie war relativ preisgünstig (ca. 25.000$). Die amerikanische nationale Gesundheitsbehörde war von einer Vorführung des Prototyps beeindruckt und übernahm die Kosten für die Installation von *LINCS* in zwölf biomedizinischen Laboratorien landesweit. Annähernd einhundert *LINCS* wurden schließlich für medizinische Forscher gebaut, und viele Elemente der Gestaltung des *LINC* wurden in Universalminirechner integriert, die einen weit größeren Markt erreichten.

Wilkes war für die Software von *LINC* verantwortlich, eine weitreichende Verantwortung, die voraussetzte, dass sie sowohl mit Ingenieuren als auch mit Nutzern eng zusammenarbeitete. Sie genoss die Herausforderung und den Kameradschaftsgeist des Projektes: „Wir hatten eine tolle Zeit dabei ... Unsere Arbeitszeiten waren irre, aber wir hatten eine tolle Zeit. Die Stimmung war großartig.“ [12]

Ihre erste Aufgabe war die Programmierung des leistungsstarken *TX-2* Computers des Laboratoriums zur Simulierung des *LINC*, so dass sie die *LINC* Software schreiben und testen konnte, bevor die *LINC* Hardware gebaut worden war. Um den Simulator herzustellen, musste sie sowohl das Konstruktionsdesign des *LINC* als auch die Programmiersprache für den *TX-2* beherrschen und es genügte auch nicht, den Simulator einmal zu bauen: vielmehr musste sie das Programm mehrmals abändern, da Clark und Molnar ihre Designspezifikationen des *LINC* abwandelten.

Die Hauptleistung von Wilkes war das Schreiben des Betriebssystems für den *LINC*, das sogenannte *LINC Assembly Program* oder *LAP*. Sie begann 1961, indem sie zuerst eine Assemblersprache entwickelte und nach und nach weitere Funktionen hinzufügte. Die finale Version, *LAP6*, wurde 1967 ausgeliefert. Sie schrieb auch zwei Handbücher zur Anleitung von Programmierern, *The LAP6 Handbook* und (zusammen mit Clark) *Programming the LINC*. Im Verlauf des Schreibens von *LAP6* wurde Mary Allen Wilkes überraschenderweise die erste Person auf dieser Welt, die einen *Personal Computer* in ihrem Hause verwendete. 1984 war das *LINC* Team eingeladen worden, vom *Massachusetts Institute of Technology* an die *Washigton University* in St. Louis zu wechseln. Wilkes stand einem Umzug jedoch unschlüssig gegenüber und blieb ein Jahr lang bei ihren Eltern in Baltimore, bevor sie sich schließlich der Gruppe in St. Louis anschloss.

Mary Allen Wilkes bei der Programmierung des LINC in ihrem Elternhaus in Baltimore, Maryland, 1965. (Foto: Courtesy of Mary Allen Wilkes, provided under Creative Commons License by the DigiBarn Computer Museum)

Da sie Zugang zu dem Computer brauchte, um an der Weiterentwicklung von *LAP* zu arbeiten, installierte das *LINC* Team einen *LINC* in ihrem Elternhaus. Sie erinnerte sich dass ihr Vater, ein Geistlicher, sehr stolz darauf war, einen Computer in seinem Haus zu haben wenn Besuch kam. Der Computer war noch persönlicher geworden.

Es dauerte zwanzig Monate bis Wilkes *LAP6* fertiggestellt hatte:

> Fünf Monate für Spezifikationen und allgemeine Planung, zwei für Dokumentation und dreizehn für das Studium von Algorithmen, programmieren und überprüfen.“[13]

Das Ziel, einen Computer herzustellen, der in interaktiver oder ‚dialogorientierter‘ Weise verwendet werden konnte, war angesichts des sehr geringen Speichers des *LINC* (2048 12 Bit-Wörter) eine besondere Herausforderung.

Wilkes musste die Anweisungen auf ein Minimum reduzieren und für jede Aufgabe den effizientesten Algorithmus finden. Zu einer Zeit, als es keine klare Unterscheidung zwischen Betriebssystemen und Anwendungsprogrammen gab, funktionierte *LAP6* in beiden Rollen. Als Betriebssystem reagierte *LAP6* auf die eingegebenen Befehle des Nutzers, führte das Programm des Nutzers durch und lieferte ein System für Dateimanagement. Als eine Reihe von Anwendungen gehörten zu *LAP6* ein bahnbrechender Texteditor mit Vollbildschirm sowie eine Reihe von Befehlen, um Programme zusammenzustellen, zu prüfen und laufen zu lassen. Die Nutzer konnten zwischen diesen Modi schnell wechseln, um rasch Programme zu schreiben, zu testen und Fehler zu beseitigen. Wilkes Software lieferte nicht nur eine Schnittstelle zwischen dem Nutzer und der Maschine, vielmehr lud sie den Nutzer ein, die Kontrolle über die Maschine zu übernehmen und neue Eigenschaften hinzuzufügen. Die Nutzer konnten neue Befehle für das Betriebssystem entwerfen und hinzufügen, um das Verhalten des *LINC* zu verändern.

Wilkes entwickelte *LAP6* mit mit Hilfe von Feedback der vorgesehenen Nutzern. Gefördert von der Nationalen Gesundheitsbehörde der USA besuchte sie 1965 biomedizinische Laboratorien, um das physische Umfeld und den Arbeitsprozess der Forscher zu beobachten, und sie interviewte die Nutzer um herauszufinden, was diese von einem Betriebssystem erwarteten. Wilkes erkannte, dass die Software den Bedürfnissen und Vorlieben unerfahrener Nutzer entsprechen musste, für die Zuverlässigkeit und Einfachheit einen hohen Stellenwert hatten. Diese Diskussionen beeinflussten ihre Vorstellungen von dem, was das System beinhalten sollte, zum Beispiel „Die Bearbeitungseinrichtung, die stärkste Funktion des Programmes, wäre ohne die Anregungen der Nutzer wahrscheinlich nicht erprobt worden." (Wilkes 1970, 409).

Mit ihren fundierten Kenntnissen über das *LINC* Design und die Bedürfnisse der biomedizinischen Forscher war Wilkes in der Lage, ein System zu entwerfen, das den Nutzer an die erste Stelle setzte. Sie achtete darauf, dass die Befehle des *LAP6* kurz, einheitlich formatiert und nur wenige waren, so dass die Nutzer die Befehle schnell lernen konnten und nur selten auf die Dokumentation angewiesen waren. Sie stellte sicher, dass die Dokumentation korrekt war, um das Vertrauen der Nutzer zu stärken. Sie stellte überdies sicher, dass die Nutzer nicht versehentlich Daten löschen konnten oder sonstigen Schaden durch Tippfehler von Befehlen verursachten. Die Nutzer brauchten sich nicht wie Systemadministratoren zu verhalten, sie erkannte dass: „Maßnahmen die eigentlich zur ‚Systemwartung' gehören, die regelmäßigen Nutzer am meisten irritieren und die Nutzer ohne vorherige Computereinweisung am meisten verunsichern", daher wurden solche Aufgaben unsichtbar vom System übernommen (408). Andererseits war das Design der Datei- und Bandstruktur einfach und leicht verständlich, falls die Nutzer ihr Dateisystem selbst verwalten wollten oder ein seltenes mechanisches Versagen erkennen mussten. In einer veröffentlichten Beschreibung des *LAP6* Systems argumentierte Wilkes für eine Definition von Zuverlässigkeit aus menschlicher Sicht:

> Solche Dinge wie alarmierendes oder zweideutiges Systemverhalten müssen ausgeschlossen werden, sogar wenn sie harmlos sind: einfach gesagt, es sollte unmöglich sein, dass das Programm in einen Zustand gerät, den der Nutzer nicht versteht (409).

In Wilkes Vorstellung über persönliche Datenverarbeitung konnte Software nur dann als erfolgreich angesehen werden, wenn der Nutzer sich bei der Nutzung des Computers wohl fühlte.

1969 verwendeten 2000 Menschen in elf Ländern *LAP6*: (407, 409). Wilkes setzte ihre Arbeit an modular aufgebauten Computersystemen an der Washington University einige Jahre lang fort, bevor sie einen Berufswechsel vornahm: sie absolvierte ein Studium der Rechtswissenschaft an der Universität Harvard und begann 1975 als Anwältin zu praktizieren. Wenn ihre Karriere in der Datenverarbeitung auch kurz war, half sie doch bei der Schaffung eines neuen Paradigmas. Der *LINC* war nicht nur deshalb ein „persönlicher Computer“, weil er eine kleine Maschine zur Einzelnutzung war, sondern auch weil Wilkes Software es den Nutzern ermöglichte, problemlos mit *LINC* zu interagieren und das System ihren persönlichen Vorlieben anzupassen. Entspannt im Umgang mit Elektronik und mit Sensibilität für die kaum artikulierten Bedürfnisse der Nutzer, nahm Wilkes ihren Platz in einer langen Reihe inspirierter Computerinterpretinnen ein, die bis zu Lovelace selbst zurückreichte.

Aus dem Englischen von Barbara Swayne

Bibliografie

Abbate, Janet, *Recoding Gender: Women's Changing Participation in Computing.* MIT Press, 2012.

Campbell-Kelly, Martin, and William Aspray, *Computer: A History of the Information Machine*. New York: Basic Books, 1996.

Copeland, Jack, ed. Colossus: *The Secrets of Bletchley Park's Code-Breaking Computers*. Oxford: Oxford University Press, 2006

Croarken, Mary, "Mary Edwards: Computing for a Living in 18th-Century England." in: *Annals of the History of Computing* 25:4 (2003), 9-15.

Fritz, W. Barkley, "The Women of Eniac." in: *Annals of the History of Computing* 18:3 (1996), 13-28.

Grier, David Alan, "Gertrude Blanch of the Mathematical Tables Project." in: *Annals of the History of Computing* 19, no. 4 (1997): 18-27.

Anmerkungen

1 Schlagzeilen zitiert in C. Dianne Martin, "Eniac: Press Conference that Shook the World." *IEEE Technolgy and Society Magazine* 14:4 (1995), 3-10

2 Jack Good, Donald Michie, and Geoffrey Timms. *General Report on Tunny*. Bletchley Park, 1945

[3] Mary Croarken, "Mary Edwards: Computing for a Living in 18th-Century England." *Annals of the History of Computing* 25:4 (2003), 9-15.

[4] W. Barkley Fritz, "The Women of Enicac." *Annals of the History of Computing* 18:3 (1996),23.

[5] Fritz, 20

[6] Archives of the University of Pennsylvania, ENIAC Papers, Box 12, ff 11. "Deposition of Jean J. Bartik, May 12, 1971, " 32

[7] Aus dem Begleittext einer Ausstellung über die Wrens, Bletchley Park Museum, September 2001

[8] Eleanore Ireland, interviewed von Janet Abbate, 23. April 2001

[9] Jack Copeland, ed. *Colossus: The Secrets of Blechtley Park's Code-Breaking Computers.* Oxford: Oxford University Press, 2006, 163

[10] Copeland, 163-164

[11] Hopper, Grace Murray."AutomaticProgramming – Definitions. " In *Symposium on Automatic Progamming for Digital Computers.* Washington, DC: Office of Naval Research, 1954,1-5.

[12] Hopper, Grace Murray."AutomaticProgramming – Definitions. " in: *Symposium on Automatic Progamming for Digital Computers.* Washington, DC: Office of Naval Research, 1954,1-5.

[13] Wilkes, Mary Allen." Conversational Access to a 2048-Word Machine. " *Communications of the ACM* 13:7 (1970), 414

TANJA PAULITZ

Die ,feinen Unterschiede' der Geschlechter in Naturwissenschaft und Technik. Kultursoziologische Perspektiven auf rechnende Frauen

Ada Lovelace gehört sicherlich zu den prominentesten Persönlichkeiten der abendländischen Wissenschaften, die, lange vergessen, von der feministischen Geschichtsschreibung als Pionierin der Informationstechnologie wiederentdeckt wurde. Ihr Beitrag zur Entwicklung der Programmierung war in der Erfolgsgeschichte der wissenschaftlich-technischen Errungenschaften schlichtweg untergegangen. Dieser Artikel wird den spezifischen Fall des Vergessens von Ada Lovelace nicht näher erhellen, sondern sich mit den kulturellen Mechanismen befassen, die u.a. das Gedächtnis der Wissenschafts- und Technikgeschichte im Fall von Frauen besonders lückenhaft werden lässt.

Dabei wird nicht die Annahme verfolgt, es sei irgendein grundsätzliches Anders-Sein von Frauen oder eine vermeintlich besondere ,weibliche' Art, Wissenschaft zu betreiben, dafür verantwortlich zu machen. Ebenso wenig wird unterstellt, dass Männer die Leistung von Frauen bewusst ausklammern oder nicht anerkennen wollen. Der Beitrag legt seine besondere Aufmerksamkeit hingegen auf die Bedeutung kultureller Aspekte, die am Werke sind, wenn Wissenschafts- und Technikgeschichte geschrieben wird und dafür ausgewählt werden muss, was wichtig ist und was (vermeintlich) nicht.[1] Diese bei der Auswahl stattfindende Unterscheidungspraxis gilt es genauer zu verstehen und zu hinterfragen, und zwar als etwas, das stets kulturell gerahmt erfolgt. Welche Maßstäbe werden an die Bewertung fachlicher Beiträge angelegt, und wie spielen hier kulturelle Vorstellungen hinein? Was ist als wirklich wissenschaftlicher Beitrag zu werten, was als Zuarbeit oder Administration und wo sind jeweils die Grenzen zu ziehen? Oder es muss entschieden werden, welcher Beitrag als originell und eigenständig und welcher als epigonal oder bloß mechanische Anwendung von Regeln zu gelten habe. Ausgehend von dieser Überlegung folgt der Beitrag der Frage, wie diese Grenzziehungen zwischen verschiedenen Leistungen, die innerhalb des Wissenschaftsbetriebs erbracht werden, mit Geschlecht zu tun haben. Oder, anders ausgedrückt, macht sich der Beitrag auf die Spuren der These, dass kulturelle Vorstellungen von Geschlecht und symbolische Bewertungen wissenschaftlicher Leistungen in einem engen Zusammenhang stehen.

Ein entscheidender theoretischer Bezugspunkt hierfür ist die kultursoziologische Perspektive im Anschluss an den französischen Soziologen Pierre Bourdieu, der soziale Ungleichheit als etwas verstand, das sich in kulturellen

Unterscheidungspraktiken stabilisiert und reproduziert.[2] Im Buch *Die feinen Unterschiede* (1982 [1979]) zeigt er etwa, dass soziale Klassenunterschiede der französischen Gesellschaft durch zunächst ganz erstaunlich und nebensächlich anmutende Alltagsvollzüge aufrechterhalten werden, zum Beispiel bei Fragen des Geschmacks oder der Ess- und Trinkgewohnheiten. Auch wenn Geschmacksfragen sozialem Wandel oder Moden ausgesetzt sind, haben sie die Macht, soziale Ungleichheit zu stabilisieren. Der Schlüssel hierfür, wie trotz Veränderungen Hierarchie aufrechterhalten wird, liegt in der kulturellen Variabilität von *Praktiken der Distinktion*, mit denen sich gehobene Klassen etwa durch entsprechende ästhetische Vorlieben von unterprivilegierten Klassen abgrenzen. Die Inhalte dieser Distinktionspraktiken sind dabei wandelbar, erlauben aber stets die kulturelle Unterscheidung und so zumeist das Abheben der sozialen Eliten von der breiten Masse. So konnte etwa lange Zeit beispielsweise das Tennisspielen oder der Fleischkonsum als Distinktionsmerkmal eines gehobenen Lebensstils gelten, bevor beide zu Massenkonsumgütern wurden. Heute sorgen gehobene Lebensstile durch andere Sportarten oder Genüsse für die soziale Abgrenzung nach unten.

Greift man diese kultursoziologische Herangehensweise an soziale Ungleichheit für das hier vorliegende Thema der Marginalisierung oder symbolischen Exklusion von Frauen aus der Wissenschaft auf, so lässt sich ebenso nach den ‚feinen Unterschieden' fahnden, die innerhalb wissenschaftlicher Forschungseinheiten eine Rolle spielen, wenn es darum geht, Bedeutsames von vermeintlich weniger oder unbedeutsamen Leistungen zu unterscheiden. Wie sich zeigen wird, sind auch hier die inhaltlichen Argumente nicht unveränderbar in Stein gemeißelt. Vielmehr erweisen sich Distinktionspraktiken, die fachliche Tätigkeiten abgrenzen und mit ihnen die Leistungen von Frauen und Männern, als hochgradig kontextbezogen und inhaltlich variabel. Das heißt, in *einem* Kontext mag die Konstruktion einer strengen logischen Argumentationskette als entscheidende Leistung gelten, in einem anderen das Experimentieren im Labor, in einem dritten die statistischen Berechnungen oder in einem weiteren die klassifikatorische Arbeit z.B. in wissenschaftlichen Sammlungen. Variabilität reflektiert die Vielfalt von wissenschaftlichen Wissenskulturen. Insbesondere mathematisch-analytische Tätigkeiten bilden einen Bereich, der in der Geschichte der Wissenschaften sehr unterschiedliche Bewertungen erfahren hat. So steht er einerseits für Objektivität und Logik einer wissenschaftlichen Herangehensweise schlechthin. Andererseits zeigt sich, dass die Arbeit von Mathematikerinnen bei aller Objektivität auch zu einer bloßen Hilfstätigkeit herabgestuft werden konnte.

Dieser abstrakte Gedankengang lässt sich besonders gut an einem historischen Fallbeispiel veranschaulichen, in dem es um die Bewertung des Rechnens in der geowissenschaftlichen Forschung geht.

Objektivität und Sichtbarkeit: die Astronomin Eleanor A. Lamson

Den Fall der weitgehend unbekannten Mathematikerin und Astronomin Eleanor A.Lamson (1875-1932), die in den 1920er Jahren an geophysikalischen Forschungsprojekten beteiligt war, die das Observatorium der US-Marine unternahm, wird von Naomi Oreskes (1996), Wissenschaftshistorikerin an der Harvard University, erzählt. Vergleichbar mit anderen Fällen von Wissenschaftlerinnen, deren Leistungen im Forschungsteam übergangen wurden, wenn es um Auszeichnungen, Preise und öffentliche Anerkennung ging, blieb die Arbeit von Lamson bei Veröffentlichung und Ehrung der Forschungsergebnisse für Zeitgenossen wie Nachwelt nahezu unsichtbar. Dieses Phänomen ist in der feministischen wissenschaftshistorischen Forschung nichts Neues. Interessant und aufschlussreich ist hingegen die Erklärung, die Oreskes in der Analyse des Falls herausarbeitet. Oreskes vermutet nicht, dass Lamson das in der Wissenschaft geforderte Ideal rein objektiver Erkenntnis nicht erfüllte, dass sie Wissenschaft ‚anders‘ betrieb als ihre männlichen Kollegen. Sie vermutet umgekehrt auch nicht, dass ihr die Fähigkeit zur Erlangung objektiver wissenschaftlicher Ergebnisse schlichtweg abgesprochen wurde. Letzteres wäre nahtlos vor dem Hintergrund der symbolischen Geschlechterordnung der modernen bürgerlichen Gesellschaft interpretierbar, die mit ihrer Zuschreibung von einerseits Rationalität und Objektivität an den Mann und andererseits Subjektivität wie Emotionalität an die Frau durchaus den dominanten gesellschaftlichen Vorstellungen entsprach. Oreskes folgt einer anderen Spur, die zu einem interessanten Befund über kulturelle Mechanismen von Marginalisierung führt. So widersprüchlich es zunächst klingt, aus kultursoziologischer Perspektive kann man zugespitzt sagen: Die Leistung der Astronomin Lamson blieb im Bereich der Geowissenschaften gerade angesichts ihrer Objektivität und aufgrund der im Fachkontext herrschenden symbolischen Distinktionspraxis unsichtbar.

Eleanor Lamson konnte, wie Oreskes rekonstruiert, anerkannte akademische Abschlüsse in Mathematik, Physik und Astronomie vorweisen. Sie war keineswegs bloß Teil des nicht-wissenschaftlichen, sogenannten ‚technischen‘ Personals, sondern anerkanntes Mitglied der wissenschaftlichen Diskussion im Kollegenkreis im Rahmen der Forschungsunternehmungen. Sie war verantwortlich für die mathematische Verarbeitung der Daten des Projekts und damit für einen hochabstrakten Tätigkeitsbereich, der zweifellos als fern jeder subjektiven Einfärbung und nicht als Angelegenheit des Gefühls gelten konnte (vgl. Oreskes 1996: 90-95).Wenn es sich also um keinen Mangel an jenen Werten handelte, die in der Wissenschaft gemeinhin zählen, wenn Lamsons Arbeit also kein Defizit an Sachlichkeit und Objektivität attestiert wurde, wie kam es dann dazu, dass ihr Beitrag ‚vergessen‘ wurde? Oreskes schreibt: Lamsons „ellipsis from recognition has nothing to do with objectivity“ (vgl. 1996: 94) und konzentriert sich in ihrer wissenschaftshistorischen Untersuchung einerseits auf Lamsons strukturelle Position in einer arbeitsteiligen

Forschungsorganisation und andererseits auf die in der feldwissenschaftlichen Forschung populäre Geschlechtersymbolik des Forschers als heldenhafter Entdecker. Beides sei dafür verantwortlich zu machen, dass Lamsons Arbeit aus dem Wahrnehmungsfeld wissenschaftlicher Anerkennungssysteme geriet.

Geschlechterbezogene Arbeitsteilung und Sichtbarkeit

Wie sah die Arbeitsteilung in den Forschungsvorhaben im Observatorium der US-Marine in Bezug auf Lamson aus? Lamson schlug nach ihrem Hochschulabschluss eine wissenschaftliche Karriere ein. Was ihr jedoch offenstand, hatte durchaus eine geschlechterbezogene Schlagseite. Das Observatorium stellte sie zunächst als Mathematikerin ein, um in Akkordarbeit wissenschaftliche Berechnungen durchzuführen. Sie war eine „piece-work computer" und arbeitete sich schließlich zum „full-time computer" und dann zur wissenschaftlichen Assistentin hoch (Oreskes1996: 92). „Computer" war die Positionsbezeichnung für Personen, die in der Forschung die Rechenarbeit erledigten. Es war also die Bezeichnung für eine Beschäftigtengruppe und noch nicht für die Datenverarbeitungsmaschine, die späterhin so bezeichnet wurde und heute primär damit assoziiert wird. Im Laufe der Zeit stieg Lamson auf und wurde Leiterin der Rechenabteilung („Computing Section").

Die Bedeutung von rechnenden Frauen in der Geschichte der Entwicklung der elektronischen Maschine namens „Computer" hat Ute Hoffmann pionierhaft erforscht und dabei u.a. auch die Rolle von Ada Lovelace in der Computergeschichtsschreibung beleuchtet (vgl. 1987: 31-69). Hoffmann zeigt für die Militärforschung der 1940er Jahre in den USA am Beispiel der „*ENIAC*-girls", dass die frühe Programmierungsarbeit ein im Entstehen begriffenes Gebiet war, das in seinen „arbeitsteiligen Konturen [...] noch unscharf" blieb, und sich hier primär weibliche Arbeitskräfte fanden (1987: 71-83). Für unseren Zusammenhang interessant ist jedoch insbesondere die von Hoffmann identifizierte nicht-maschinenunterstützte Rechenarbeit in Forschungslaboratorien als historische Vorgängerin der maschinalen Rechenarbeit, die eine Frauendomäne darstellte (vgl. 1987: 88-91). „Computing" bezeichnete komplexe mathematische Berechnungen und war eine Tätigkeit, für die in den USA des späten 19. und frühen 20. Jahrhunderts insbesondere junge, akademisch ausgebildete Frauen rekrutiert wurden (vgl. Hoffmann 1987: 89). Mit Bezug auf die Arbeiten von Rossiter (1982) weist Hoffmann auf die bedeutende Anzahl an Frauen hin, die in diesem Bereich beschäftigt waren. Die „Computer" befanden sich strukturell in einer zwiespältigen Situation:

> Einerseits bedeutete sie [die Rechenarbeit; tp] ihre Einschließung in eine als ‚weiblich' definierte Tätigkeit, die sie auf untergeordnete, unsichtbare Funktionen beschränkte und Karrieremöglichkeiten weitgehend ausschloß. Andererseits fanden mathematisch-naturwissenschaftlich qualifizierte Frauen darin eine (der

> wenigen) Nischen in einem männerdominierten Beschäftigungsbereich. (Hoffmann 1987: 90)

Als „computer" schlug Lamson somit eine für die damalige Zeit klassische ‚Frauenkarriere' in der Wissenschaft ein. Es ist diese ‚Frauen'-Abteilung, in der sie innerhalb des Observatoriums ihren Aufstieg bewerkstelligen konnte. So handelte es sich strukturell um eine zwar anspruchsvolle Tätigkeit, die eine erkennbare und – im Fall von Lamson auch formal anerkannte – Qualifikation verlangte. Wie Hoffmann verdeutlicht, handelte es sich um ein durchaus heterogenes, nicht systematisch zu anderen wissenschaftlichen Aufgaben abgegrenztes Gebiet, das nicht nur jene routinisierbaren Abläufe umfasste, die später durch die Maschine übernommen werden konnten. Auch Oreskes weist darauf hin, dass die Ambivalenz von Lamsons Position ganz wesentlich in der arbeitsteiligen Struktur begründet lag, wonach das Rechnen in die ‚Schublade Frauenarbeit' fiel (1996: 93). Zwar zeigt die historische Analyse deutlich, dass Lamson zweifelsohne Wissenschaftlerin war. Doch wurde ihre Arbeit aufgrund des Sonderstatus der Rechenabteilung gewissermaßen geschlechtlich markiert und damit tendenziell der Unsicherheit ausgesetzt, eben nicht gleichermaßen als wissenschaftlich anerkannt und sichtbar zu sein, wie die in anderen Abteilungen stattfindenden Tätigkeiten. Oder, wie Hoffmann schreibt:

> Die Existenz und Tätigkeit der ‚Rechnerin' […] liegt als Sozial-Figur in der Geschichte des maschinellen Rechnens unterhalb der Wahrnehmungs- und Überlieferungsschwelle der Technik- und Wissenschaftsgeschichte – als arbeitende Frauen im technisch-wissenschaftlichen Bereich zählen sie zur ‚Frauenarbeit' und nicht zur technisch-wissenschaftlichen Arbeit. (Hoffmann 1988: 76)

Fachliche Geschlechtersymbolik und Sichtbarkeit

Noch zentraler für die Frage der Sichtbarkeit erweist sich, so Oreskes, jedoch die symbolische Verdrahtung von Fachlichkeit mit geschlechtlich eingefärbten populären Mythen.[3] Diese Mythen prägten, welche Facetten der wissenschaftlichen Unternehmung in den Vordergrund rückten, zitierfähig wurden und das öffentliche Bild der Forschung prägten.

1928 lud die US-Marine den niederländischen Geodät Felix Vening Meinesz zu einer Forschungsreise ein. Der Niederländer hatte Instrumentarien für Gravitationsmessungen auf See, einen so genannten Pendelgravimeter, entwickelt. Dieser versprach neue Möglichkeiten der geophysikalischen Modellierung der Erde. Mit von der Partie waren noch zwei weitere US-amerikanische Wissenschaftler. Mit einem Unterseeboot wurden im atlantischen und pazifischen Ozean zahlreiche Messpunkte angesteuert, um dort in einem weitgehend routinierten Verfahren mit dem Pendelgravimeter eine große Anzahl an Daten zu erheben, die von Eleanor Lamson schließlich analytisch bearbeitet wurden. Lamson war dafür verantwortlich, diejenigen Verfahren zu entwickeln und durchzuführen, mit denen die Daten des Pendels in ein Maß konvertiert werden konnten, welches die Gravitationsmessung und ihre mathematische Berechnung erlaubte. Diese Konvertierung und ihre Erläuterung wurden unter Lamsons Verantwortung durchgeführt. Oreskes bezieht sich auf den französischen Wissenschaftsforscher Bruno Latour, wenn sie die wissenschaftliche Bedeutung dieser Tätigkeiten hervorhebt.

> In the language of Bruno Latour, she [Lamson] was the person responsible for converting instrumental inscriptions into scientific information; Latour and others have emphasized how non trivial this conversion can be. (1996: 91)

Während sich jedoch die drei männlichen Forscher in ein Unterseeboot zwängten, das ihnen zwar wenig Bequemlichkeit und Unterhaltung bot und eine Menge Routinearbeit auferlegte, wie die Quellen eindeutig belegen (Oreskes 1996: 95f.), war Lamson nicht Teil der Seereise selbst, sondern führte ihre mathematisch-analytische Arbeit an Land durch. Der Grund ist simpel und gibt einmal mehr einen Verweis auf die strukturellen Bedingungen wissenschaftlicher Arbeit von Frauen und die Limitierungen, die mit den im jeweiligen Forschungsgebiet vorhandenen gesellschaftlichen Bedingungen verbunden sind. Die Marine untersagte Frauen in dieser Zeit explizit den Zutritt zu U-Booten.[4]

Doch diese formale Barriere erklärt nicht alles, gab es doch keine sachliche Notwendigkeit, alle Tätigkeiten unmittelbar auf See durchzuführen. Ebenso wenig stellt der Umstand, dass die Rechenarbeit an Land stattfand, ein Argument gegen ihren wissenschaftlichen Status dar. Im Gegenteil, beachtet man die von Oreskes untersuchten Äußerungen, wie die Unternehmung auf See gegenüber den Geldgebern dargestellt wurde, so handelte es sich um eine vergleichsweise standardisierte, wenig kreative Tätigkeit. So konnte dem Fördergeber überzeugend dargelegt werden, dass man es bei den Messungen mit dem Pendelgravimeter um ein etabliertes, verlässliches Verfahren zu tun habe, mit dem effizient eine große Datenmenge gewonnen werden könnte. Wissenschaftlichkeit im Sinne von Verlässlichkeit und Reproduzierbarkeit stand also im Kontext der Akquirierung von Forschungsmitteln im Zentrum (vgl. 1996: 96f.). Insofern handelte es sich bei beiden, arbeitsteilig organisierten Tätigkeiten, dem Messen mit dem Gravimenter und den Berechnungen, um wissenschaftliche Arbeit. Beide waren unverzichtbarer Bestandteil der Gewinnung von Forschungsergebnissen. Es ist hier nicht mein Anliegen zu entscheiden, welches Aufgabengebiet das reizvollere oder anspruchsvollere war. Denn inwiefern aus strategischen Gründen gegenüber dem Geldgeber die Arbeit auf See ‚geglättet' wurde, kann ebenso gefragt werden, wie, ob die Messpraxis mit dem Pendelgravimeter tatsächlich unter wechselnden Messbedingungen so trivial und verlässlich war. All dies beantwortet allerdings nicht, warum schlussendlich die Rechenarbeit von Eleanor Lamson für die (wissenschaftliche) Öffentlichkeit weitgehend unsichtbar und der Nachwelt komplett verborgen blieb.

Tatsache ist, dass die mathematischen Anteile der Forschung bei der Veröffentlichung der Ergebnisse lediglich im Anhang des Berichts erschienen:

> Lamson's name appeared in smallprint on the front cover as the author of the ‚Appendix on Computational Procedure‘ [...]. This appendix was the first published documentation of calculational procedures required to reduce marine gravity data, and later publications on marine gravity work refer back to this work. But since Lamson was the author of the appendix only and not of the report itself, citations invoke only the names of Vening Meinesz and Wright. A scientist or historian perusing the literature of this period would never know that a woman scientist had been involved in early gravity work at all. (Oreskes 1996: 93)

Mit der bloßen Nennung Lamsons als Autorin des Anhangs und nicht als Co-Autorin des gesamten Forschungsberichtes reproduziert sich die strukturelle Arbeitsteilung der Forschungsorganisation in der Veröffentlichungsform. Die in der ‚Computer'-Abteilung abgespaltene Rechenarbeit wird im Bericht in den Anhang verschoben (vgl. ebd.). Selbstständig zitationsfähig ist dieser Anhang nicht. Im Gegenteil, der Anhang wird als Teil des Gesamtberichts unter Nennung von dessen Autoren zitiert, so dass Lamsons Beteiligung, wenn auch auf dem Deckblatt des Berichts genannt, im Effekt völlig aus dem Blickfeld von *scientific community* und wissenschaftsgeschichtlicher Erinnerung verschwindet.

Warum diese Form der Veröffentlichung gewählt wurde, ob es hierzu im US-Marineobservatorium eine Diskussion gab, ob die männlichen Kollegen dies so durchsetzten oder ob dies gängige organisationale Praxis für alle Beiträge der Rechenabteilung war, muss an dieser Stelle offen bleiben. Oreskes legt hierfür keine Befunde vor und verfolgt diese Frage nicht. Neben der Bedeutung der Arbeitsteilung sieht Oreskes einen wesentlichen weiteren Zusammenhang, der die Frage der Sichtbarkeit von Forschungsleistungen speziell in diesem Teilbereich der Wissenschaften regulierte: Anerkennung gebührte in den Feldwissenschaften, zu denen diese geophysikalische Forschung zählt, primär denjenigen, die sich den Strapazen der Arbeit im Forschungsfeld aussetzten. Das bedeutet, die Marginalisierung der Leistungen Lamsons hat ziemlich wenig mit der Frage zu tun, ob ihre Berechnungen dem Objektivitätsideal gerecht werden oder nicht, sondern damit, ob mit der Erfüllung dieses Ideals im Bereich der Feldwissenschaften Anerkennung zu gewinnen ist. Wie also, kultursoziologisch gesprochen, funktioniert hier die symbolische Distinktion, mit der die Sichtbarkeit und Bedeutsamkeit von Tätigkeiten sichergestellt werden kann? Die Antwort ist einfach: Die Arbeit im Feld wurde gegenüber anderen Arbeitsanteilen im Forschungsprozess besonders herausgehoben und als entscheidende Leistung sichtbar gemacht. So erscheinen Lamsons Kollegen etwa öffentlichkeitswirksam auf Fotos von der Forschungsexpedition. Die Darstellung folgte einer gängigen Schablone, nämlich der Präsentation der Geodätiker als Entdecker, die ein singuläres, unwägbares und riskantes Unternehmen wagten und siegreich als Helden der Wissenschaft zurückkehrten. Pointiert gesagt, die eigentlich langweilige, weitgehend mit standardisierter Routinearbeit verbundene Reise auf einem engen U-Boot, wie in internen Papieren u.a. gegenüber den Fördergebern betont, wird in der Außendarstellung zu einer gefährlichen Eroberungsfahrt, um den Naturgewalten ihre Geheimnisse zu entreißen (vgl. Oreskes 1996: 96).

Dies entsprach durchaus den stilistischen Anforderungen des Genres, in das Berichte über Forschungen in diesem Wissenschaftsbereich fallen. In ihnen wimmelte es von militärischen Metaphern und Abenteuererzählungen über die durchgestandenen körperlichen Belastungen. Oreskes identifiziert diese Mythisierung der geodätischen Forschungsreise als wichtiges Element der fachlichen Identität der Feldwissenschaften. Die Vorstellung vom Helden und Abenteurer erweist sich somit als zentrale Grundlage der Verteilung von Anerkennung:

> Eleanor Lamson satisfied the norms of scientific objectivity, but her work was rendered invisible by the rhetoric of heroism in the public sphere. By the standard of objectivity, Eleanor Lamson was a scientist, but by the standard of conquest, she was not. (1996: 101)

Damit zeigt sich eine gewisse Flexibilität der symbolischen Distinktion innerhalb der Wissenschaften. Je nachdem, welches Leitbild des Forschers in einem Forschungsgebiet vorherrschend ist, werden manche der komplexen, häufig auf mehrere Personen und Arbeitseinheiten verteilten Tätigkeiten und Leistungen sichtbar und andere nicht. Oreskes stellt gerade auch die ‚männliche‘ Konnotation der Heldenerzählung vom Forscher als Abenteurer und Eroberer heraus. Diese ist ganz wesentlich mit dafür verantwortlich zu machen, dass der Beitrag gerade rechnender Frauen, die in den Heldenerzählungen eben nicht als Akteurin auftreten, tendenziell – bewusst oder unbewusst – ausgeblendet und ‚vergessen‘ wird:

> The marginalization of women in science is a predictable consequence of heroic rhetoric, irrespective of whether the individuals invoking that rhetoric are consciously sexist or not (1996: 111).

Auf diese Weise bietet die mit dem Mythos des wissenschaftlichen Helden vorgelegte Interpretation des Falles Lamson einen Eindruck von der Bedeutung der Ebene symbolischer Vergeschlechtlichungen von Forschenden. Über die Frage der strukturellen Verteilung von Männern und Frauen innerhalb der Wissenschaft und über die Frage der Zugangsbarrieren hinaus, wird somit das Problem virulent, wie Fachlichkeit und Geschlecht verstanden und symbolisch verbunden werden. Im Falle der Feldwissenschaften, wie hier von Oreskes rekonstruiert, verstellt die dominante kulturelle Darstellung der Geodäsie die Sicht auf den Beitrag von Akteurinnen, denen qua Geschlecht nur die unsichtbaren weil symbolisch unpopulären Anteile an der Forschung zugänglich waren.

Ausgehend davon stellt sich die Frage, wie diese symbolischen Mechanismen heute funktionieren und welchen Stellenwert u.a. das Rechnen im Fächervergleich hat, wenn man sich aus den Feldwissenschaften hinausbewegt und andere Forschungsgebiete betrachtet. Wie steht es mit der einstigen Frauendomäne heute? Auf diese Frage soll nun, nicht in einer systematischen historischen Rekonstruktion, sondern lose gekoppelt und schlaglichtartig auf Basis neuerer Forschungsergebnisse im abschließenden Teil dieses Beitrags eingegangen werden.

Mathematik und Geschlecht heute – Schlaglichter eines Fächervergleichs

Diesen symbolischen Unterscheidungen von Fach und Geschlecht sind in jüngeren empirischen Untersuchungen differenzierter und breiter ausgeleuchtet worden (vgl. Paulitz/Hey/Kink/Prietl 2015). Einige der vorliegenden Befunde sind deshalb für die hier aufgeworfene Frage aufschlussreich, weil verschiedene Forschungsgebiete der Naturwissenschaften und Technik im Hinblick auf die in ihnen dominanten Leitbilder und ihre geschlechtlichen Zuschreibungen hin verglichen wurden (vgl. Paulitz/Kink/Prietl 2015). Es lohnt sich, auf sie ein wenig genauer einzugehen, denn sie zeigen Spielarten, wie Fachlichkeit und Geschlecht miteinander verwoben werden. Diese Spielarten widersprechen der Vermutung, es gäbe durchgängig einheitliche Vorstellungen vom Rechnen als Frauendomäne. Im Gegenteil handelt es sich um eine hochgradig kontextabhängige und widerspruchsvolle Konstellation.

Bemerkenswert ist zunächst, dass in allen untersuchten Bereichen symbolische Verknüpfungen von Fach und Geschlecht eher subtil vorgenommen werden. So sprechen die befragten Professoren und Professorinnen in aller Regel ganz ‚geschlechtsneutral' davon, was in ihrem Forschungsgebiet wichtig ist, was ‚zählt' und welche Kenntnisse und Fähigkeiten im Mittelpunkt stehen (vgl. Paulitz/Kink/Prietl 2015: 212). Allein hier wird eine beachtliche Bandbreite an wissenschaftlichen Leitbildern erkennbar. Zum Beispiel erweisen sich für grundlagenorientierte Fachrichtungen häufig die Nähe zur Mathematik oder ein intrinsisches Interesse an der Sache als besonders bedeutsam (2015: 213-215). Kommt man dann im Interview irgendwann auf die Frage der Partizipation von Frauen zu sprechen, so werden ganz unterschiedliche inhaltliche Gründe für den statistisch geringen Anteil an weibliche Studierenden oder Forschenden im jeweiligen Fachgebiet vorgetragen und das jeweilige Leitbild des Fachs gewissermaßen nachträglich geschlechtlich konnotiert. Insgesamt kann gesagt werden,

> es existiert kein explizites und stabiles, das gesamte Spektrum der Wissenschaft überspannendes dualistisches Differenzmuster von Vergeschlechtlichungen, auch nicht auf der Ebene von Disziplinen. Der breit angelegte Vergleich [...] fördert kein inhaltlich durchgängiges Exklusionsmuster zutage, nach dem Frauen aus einem Fach symbolisch ausgegrenzt werden. Zu sehen sind vielmehr eine

> hochgradige Flexibilität und Variabilität sowie unterschiedliche Konstruktionsweisen des primär männlich codierten Natur- bzw. Technikwissenschaftlers" (2015: 221)

Das bedeutet, kein übergreifendes, fern jeder fachlichen Orientierung konstruiertes kulturelles Stereotyp der Frau durchzieht die Vielfalt wissenschaftlicher Fachrichtungen. Hingegen wird je nach Forschungskontext und je nach Leitbild die Marginalität von Frauen anders erklärt. Mal sei es die intrinsische Neugierde, an der es Frauen mangele, mal technisches Interesse, mal die mathematischen Kenntnisse. Es ist nun interessant, dass es sich stets um genau die für das jeweilige Fach zuvor als zentral erachtete Fähigkeit handelt, die Frauen abgesprochen wird. Erneut – kultursoziologisch gesprochen – wird Frauen nicht zuerkannt, über das jeweils im Fach bedeutendste symbolische Distinktionskriterium zu verfügen.

In eine ähnliche Richtung weist die empirische Untersuchung von Greusing (2015) zu den Ingenieurwissenschaften. Sie konstatiert eine so genannte „Mathematikhürde" (2015: 141-143). Damit ist die verbreitete Ansicht gemeint, dass die mathematischen Studienanteile dafür verantwortlich seien, warum Frauen seltener eine ingenieurwissenschaftliche Studienrichtung wählten. Zugleich werden die im technischen Bereich tatsächlich tätigen Frauen zur „Ausnahmefrau" erklärt (2015: 142).

Diese Untersuchungen geben deutliche Hinweise darauf, dass solche symbolischen Verknüpfungen von Fach und Geschlecht nur selten bewusste Formen von sexistischer Ausgrenzung darstellen. Ihre Wirkungsmacht scheinen sie eher deshalb zu entfalten, weil sie mit kulturell präreflexiv funktionierenden Zuordnungen und Mustern operieren, die den Beteiligten vollkommen selbstverständlich erscheinen und daher offenkundig weitgehend unhinterfragt bleiben. Reflektierbar werden sie erst auf Grundlage einer Analyseperspektive, die nicht von vornherein schon definiert, was ‚männlich' oder ‚weiblich' oder was fachlich relevant ist, sondern die unvoreingenommen beschreibt, wie die jeweiligen Vorstellungen von Fach und Geschlecht im Wissenschaftsbetrieb selbst gebildet und miteinander verwoben werden.

Resümee

Grundsätzlich scheinen gerade rechnende Frauen ein historisch und auch heute besonders provozierendes Gegenbeispiel gegen allgemeine stereotype Weiblichkeitsbilder zu sein. Denn mit Blick auf die Existenz von Mathematikerinnen in der Geschichte der Wissenschaften lässt sich das kulturelle Bild von Frauen als qua Geschlecht unfähig, rational und abstrakt zu denken, nicht halten. Mit anderen Worten, rechnende Frauen stehen ganz allgemein dafür, dass der Diskurs der bürgerlichen Geschlechterordnung, die Verstand und Objektivität allein dem Mann zuschrieb, mehr Wunsch als Wirklichkeit, oder mehr gesellschaftliches Programm als Geschlechtsnatur ist. Diesen Blick auf die symbolische Geschlechterordnung nahm bereits die Historikerin Karin Hausen (1976) ein, wenn sie die kulturelle Vorstellung vom „Geschlechtscharakter“, also von einem Set geschlechtlich begründeter, vermeintlich natürlicher Charaktereigenschaften, als „Erfindung“ des 19. Jahrhunderts auswies.

Sowohl der auf Basis der wissenschaftshistorischen Studien von Oreskes näher beleuchtete Fall der Mathematikerin und Astronomin Eleanor A. Lamson in den Geowissenschaften der 1920er Jahre als auch die Untersuchungen zu gegenwärtigen Wissenskulturen der Natur- und Technikwissenschaften lassen einen gemeinsamen Schluss zu: Das Verständnis von Fachlichkeit im Wissenschaftsbetrieb ist vielgestaltig. In der Beschreibung der eigenen fachlichen Orientierungen lassen sich ganz unterschiedliche Akzente setzen. Mal werden Kopfarbeit und mal die praktischen Herausforderungen außerhalb der Studierstube besonders hoch bewertet. Doch trotz dieser Vielgestaltigkeit zieht sich, was die Frage der geschlechtlichen Zuschreibungen angeht, ein Muster relativ konstant durch diese breite Palette fachlicher Orientierungen. Denn ziemlich regelmäßig scheinen Männer wie selbstverständlich in das jeweils zentrale Fachverständnis hineinzupassen und die idealen Wissenschaftler abzugeben. Männlichkeitsvorstellungen erweisen sich hier als ebenso flexibel wie die Vorstellungen von Fachlichkeit. Demgegenüber trifft dies keineswegs auf Frauen bzw. Weiblichkeitsvorstellungen zu. Das historische Beispiel zeigt die Bedeutung struktureller Arbeitsteilung und kulturell ‚männlich‘ konnotierter Heldenmythen. Empirische Untersuchungen legen für die Gegenwart den Befund vor, dass in Bezug auf die Passung von Frauen zumindest Zweifel angemeldet werden. Häufig genug wird ihnen Befähigung, Wunsch oder Interesse am jeweiligen fachlichen Kernbereich abgesprochen.

Kulturelle Normen der Verdrahtung von Fach und Geschlecht folgen somit der Regel, je bedeutsamer eine Tätigkeit oder Fähigkeit für ein Fachgebiet, je zentraler für das fachliche Selbstverständnis, umso eher wird Frauen hier ein maßgebliches Defizit bescheinigt. Oder umgekehrt, je marginaler eine Tätigkeit für eine Forschungsrichtung, je bedeutungsloser für die kulturelle Repräsentation des Fachlichen, umso eher wird Frauen dafür die Eignung zuerkannt. Damit lässt sich auf Basis einer kultursoziologischen Betrachtung der Vergeschlechtlichung der Wissenschaften ein Muster bestätigen, das schon in den 1990er Jahren für den Zusammenhang zwischen Profession und Geschlecht primär außerhalb von Hochschulen festgestellt wurde (vgl. Wetterer 2002).

Diese Einsicht hat eine hohe Bedeutung auch für gegenwärtige Debatten über das Verhältnis von Wissenschaft und Geschlecht. Denn der hier skizzierte Erkenntnisstand führt vor Augen, dass es weder historisch allein um die Frage des bloßen Zugangs von Frauen zur Wissenschaft ging, noch geht es auch heute ausschließlich um die verbreitete Frage des Frauenanteils in MINT-Fächern. Eine wesentliche Rolle für die Geschlechterverhältnisse in der Wissenschaft spielen hingegen gerade auch die Mechanismen der symbolischen Distinktion innerhalb des Betriebes und die ‚feinen Unterschiede' der Geschlechter, die damit auch in Naturwissenschaften und Technik gemacht werden.

Mit spezifischem Blick auf die Situation rechnender Frauen stellt sich daher durchaus die Frage, ob diese auch heute vorzugsweise in solchen Bereichen der Wissenschaft die kulturelle Eintrittskarte erhalten, wo mathematische Leistungen wenig Aussicht auf Anerkennung bieten. Die Erinnerungsarbeit zu Ada Lovelace und anderen lange ‚vergessenen' Wissenschaftlerinnen wird daher aller Wahrscheinlichkeit nach auch noch länger mit diesen ‚feinen Unterschieden', ihrer inhaltlichen Flexibilität und der darin reproduzierten Marginalisierung von Frauen zu tun haben.

Bibliografie

Beaufaÿs, Sandra; Krais, Beate, 2005, „Doing Science – Doing Gender. Die Produktion von WissenschaftlerInnen und die Reproduktion von Machtverhältnissen im wissenschaftlichen Feld". In: *Feministische Studien*, Nr. 1. 82-99.

Bourdieu, Pierre, 1979, *Die feinen Unterschiede. Kritik der gesellschaftlichen Urteilskraft.* Frankfurt/M. 1982.

Engler, Steffani, 2001, *In Einsamkeit und Freiheit? Zur Konstruktion der wissenschaftlichen Persönlichkeit auf dem Weg zur Professur.* Konstanz: UVK.

Greusing, Inka, 2015, „ (Re-)Konstituierung der „Ausnahmefrau" zur Stabilisierung des heteronormativen Feldes der Ingenieurwissenschaften". in: *Akademische Wissenskulturen und soziale Praxis.* Hg.: Paulitz, Tanja; Hey, Barbara; Kink, Susanne; Prietl, Bianca. Münster: Westfälisches Dampfboot. 138-155

Hausen, Karin, 1976, „Polarisierung der Geschlechtscharaktere". in: *Sozialgeschichte der Familie in der Neuzeit Europas. Neuere Forschungen.* Ed.: Conze, Werner. Stuttgart. 363-393.

Hoffmann, Ute, 1987, *Computerfrauen: Welchen Anteil haben Frauen an Computergeschichte und -arbeit?* München.

Hoffmann, Ute, „Opfer und Täterinnen. Frauen in der Computergeschichte", in: *Micro Sisters. Digitalisierung des Alltags/Frauen und Computer,* hg. V. Ingrid Schöll und Ina Küller. Berlin. 75-78.

Oreskes, Naomi, 1996, „Objectivity or Heroism? On the Invisibility of Women in Science". In: *Osiris. Science in the Field.* Ed.: Henrika Kuklick; Robert E. Kohler. 2nd series, Vol. 11.87-113.

Paulitz, Tanja; Kink, Susanne; Prietl, Bianca, 2015, Fachliche Distinktion und Geschlechterunterscheidung in Technik- und Naturwissenschaften. Grundlagen- und anwendungsorientierte Wissenskulturen im Vergleich. In: *Akademische Wissenskulturen und soziale Praxis.* Hg.: Dies., B. Hey. Münster: Westfälisches Dampfboot. 207-225.

Paulitz, Tanja; Hey, Barbara; Kink, Susanne; Prietl, Bianca, Hg., 2015, *Akademische Wissenskulturen und soziale Praxis. Geschlechterforschung zu natur-, technik- und geisteswissenschaftlichen Fächern.* Münster: Westfälisches Dampfboot. (Forum Frauen- und Geschlechterforschung, Bd. 42)

Rossiter, Margaret W., 1982, *Women Scientists in America: Struggles and Strategies to 1940.* Baltimore: Johns Hopkins University Press.

Rossiter, Margaret W., 1993, „Der Matthäus Matilda-Effekt in der Wissenschaft". in: *Zwischen Vorderbühne und Hinterbühne*. Ed.: Wobbe, Theresa. Bielefeld 2003. 191-210.

Wetterer, Angelika, 2002, *Arbeitsteilung und Geschlechterkonstruktion. „Gender at Work" in theoretischer und historischer Perspektive*. Konstanz.

Anmerkungen

1 Die sozialen Konstellationen, wie etwa die Position der forschenden Ehefrau oder die Marginalisierungen im Rahmen von Forschungsteams wie im Fall von Lise Meitner, in denen die wissenschaftliche Arbeit von Frauen strukturell aus dem Blick gerät, wurden von der US-amerikanischen Wissenschaftshistorikerin Margaret W. Rossiter (1993) eingehend untersucht. Rossiter (1982) war es auch, die für die US-amerikanische Naturwissenschaft mit dem Mythos aufräumte, es habe keine oder kaum wissenschaftlich tätige Frauen gegeben.

2 Die wissenschaftssoziologische Geschlechterforschung hat die Arbeiten von Bourdieu intensiv aufgegriffen, um soziale Praktiken, Wissenschaft zu betreiben, als geschlechtlich konnotiert zu analysieren (exemplarisch vgl. Engler 2001, Beaufaÿs/Krais 2005). Fachliche Grenzziehungen und Bewertungen blieben dabei jedoch eher im Hintergrund.

3 Ich verwende hier bewusst die sozialtheoretisch weniger aufgeladene Formulierung der ‚populären Mythen', da die Terminologie von Oreskes eine ideologiekritische Rahmung nahelegt, die in diesem Aufsatz nicht übernommen wird. Sie spricht von einer „ideology of scientific heroism" (Oreskes 1996: 90), die als Außendarstellung und im Widerspruch zum tatsächlichen Handeln benutzt werde, etwa um ein Publikum für die Forschungsleistungen zu begeistern. Im Sinne der Ideologiekritik ist Oreskes Analyseverfahren dadurch gekennzeichnet, die Tatsachen ‚hinter' dieser Ideologie aufzudecken und damit die Verschleierung des wissenschaftlichen Beitrags von Frauen. Generell sei die Ideologie tiefer in der Glaubensstruktur der Wissenschaftsgemeinde verankert als das Wesen der tatsächlichen Arbeit selbst. „At any given time and place, different elements of scientific ideology may function to exclude or camouflage the contributions of women scientists." (1996: 104) Meine Lesart schließt sich Oreskes Position dort an, wo sie davon ausgeht, dass es sich bei dieser Glaubensstruktur um zumeist unhinterfragte und präreflexive Überzeugungen handelt. In der hier im Anschluss an Bourdieu entwickelten Perspektive deute ich diese Glaubensstruktur nicht im ideologiekritischen, sondern im praxistheoretischen Sinne. Dann lässt sie sich als den „praktischen Sinn" der Akteure im Wissenschaftsfeld und als die im Subfeld der Feldwissenschaften dominante „illusio" verstehen.

4 Zum Zeitpunkt der Publikation des Aufsatzes von Oreskes bestand diese Regelung in der US-Marine noch immer (vgl. 1996: 101).

HEIDI SCHELHOWE

Mathematik- und Ingenieurtraditionen und die Spuren des Geschlechts in der Informatik

In den 1980er Jahren gewinnt die Frage, ob und wie Frauen und Mädchen Computer nutzen, aber auch die Suche nach Frauen in IT-Berufen und in der Informatik Aufmerksamkeit. Bei der ersten bundesweiten und international besetzten Tagung unter dem Titel *Frauen und Computer und Frauen*, veranstaltet vom Institut Frau und Gesellschaft in Hannover 1986, steht Ada Lovelace im Rampenlicht. Als Logo der Tagung dient ein Bild von der ‚Erfinderin der Programmierung'. Es wird ein Film gezeigt: *Wer war Ada Gräfin Lovelace?* Als Höhepunkt wird der *Ada-Lovelace-Preis* verliehen, gestiftet von *Digital Equipment*; er geht an den Berliner Frauenbund für die Kurse für Berufsrückkehrerinnen unter dem Motto *Keine Angst vor Computern.* Ute Hoffmann hält einen der Aufsehen erregenden Plenarvorträge, in dem es auch um Ada Lovelace geht.

Ute Hoffmanns Buch „Computerfrauen. Welchen Anteil haben Frauen an Computergeschichte und -arbeit?" (Hoffmann 1987) ist zu der Zeit gerade im Druck. Im ersten Teil ihrer Monografie geht es um Ada Lovelace, die im vorliegenden Sammelband und in der Ausstellung im Heinz Nixdorf Museum Paderborn den Ausgangspunkt bildet. Als Soziologin interessiert Ute Hoffman sich für die Gräfin im sozio-kulturellen Kontext des frühviktorianischen England und für die Rezeptionsgeschichte, die sich um die Person Ada Lovelace und ihre Rolle in der Erfindung des Computers rankt.

Im Ergebnis stellt Ute Hoffmann fest, dass Ada Lovelace nach einer Zeit des Vergessens in den 1950er Jahren zunächst als *Übersetzerin* der Schrift von Charles Babbage ins öffentliche Gedächtnis kommt. Als sich ab den 60er Jahren Software zum eigenen Gebiet entwickelt und damit die Grundlagen für die Informatik gelegt werden, wird ihr Beitrag in neuem Licht gesehen und sie wird – wenn auch nicht unumstritten (Stein 1987) – als *erste Programmiererin* gefeiert. 1979 wird nach ihr eine vom amerikanischen Verteidigungsministerium im Rahmen eines monströsen Projekts entwickelte Programmiersprache *ADA* benannt. Zusammenfassend stellt Ute Hoffmann fest:

> Eine androzentrische Wissenschafts- und Technikgeschichte hatte wissenschaftlich tätige Frauen weitgehend unsichtbar werden lassen, soweit sie sich – aus der Welt des Schöpferischen weitgehend verbannt – nicht selbst mit der Rolle der Assistentin, Gehilfin, Muse oder Mittlerin getarnt hatten... Die Figur der ‚ersten Programmiererin' sichert als *Ahn*frau der Computerprogrammierung einen Platz im Familienalbum der Technik. Zugleich markiert sie als Ahn*frau* den ‚Ort des Weiblichen' in der Computerwelt: die Software. (Hoffmann 1987, 68f)

Der *inhaltliche* Beitrag, den Ada Lovelace leistete mit ihrem Kommentar, den sie ihrer Übersetzung eines Vortrags von Charles Babbage über die *Analytical Engine* zufügte, ist nicht Gegenstand der Studie von Ute Hoffmann. Dieser, den Umfang des ursprünglichen Vortrags weit übersteigende Text wie auch die Person Ada Lovelace werden im ersten Teil des vorliegenden Sammelbandes aus verschiedenen Perspektiven betrachtet und kommentiert. Die Frage, was geschehen wäre, wenn Adas Perspektive auf die Rechenmaschine und die eigenständige Bedeutung ihrer Programmierbarkeit schon in der Frühzeit – spätestens mit der Erfindung der elektronischen Rechenmaschine – ins Zentrum gerückt wäre, ist müßig, aber ein interessantes Gedankenspiel für die frühe Zeit der Computerentwicklung und die in Deutschland erst 1968 gegründete Informatik.

Ute Hoffmann weist uns darauf hin, dass und wie nicht nur eine Persönlichkeit und ihre Rolle in der Geschichte – je nach Perspektive – unterschiedlich ‚konstruiert' werden. Sie gibt damit implizit auch einen Hinweis, dass Informatik als Wissenschaft keineswegs einer ‚objektiv' vorgezeichneten Entwicklung unterliegt. Wissenschaft und wissenschaftliche Disziplinen werden in ihrer Entstehungs- und Entwicklungsgeschichte von Menschen mit ihren jeweiligen Perspektiven und Interessen gemacht. Auch beim Charakter und beim Bild einer Wissenschaft wie der Informatik handelt es sich um ‚Konstruktionen', in denen die Protagonisten eine Wissenschaft und ihren ‚Kern' definieren.

Um was soll es in meinem Beitrag gehen? Ich möchte in der frühen Geschichte des Computers und der Informatik zeigen, dass und wie es dort um die Zusammenführung zweier bis dato getrennter Disziplinen geht, der ‚geistesgeschichtlichen' Mathematik einerseits und der des Ingenieurwesens, wo Maschinen gebaut werden, andererseits. Die Auseinandersetzung darum, welche der Linien den Charakter der neuen Disziplin prägen soll, kennzeichnet den Diskurs um *Informatik*, in den USA *Computer* oder *Computing Science*. Die Fokussierung auf diese beiden klassisch männlich geprägten Disziplinen verhindert den frühzeitigen Blick auf das, was sich hier an Neuartigem entwickelt: In der Interaktion und im Computer als Medium kommen Aspekte einer neuen Kultur zum Vorschein, die mit der Beharrung auf den klassischen und traditionellen Perspektiven der Ingenieurwissenschaften und/oder der Mathematik bis heute nur schwer vereinbar sind. Dies verhindert Innovationen im Interface und in der Einbettung in soziales Handeln und verweist Gebiete wie *Human-Computer-Interaction* oder Interaktionsdesign an den Rand der Disziplin und in die Nischen. In Deutschland mit der besonders mächtigen Ingenieurtradition und der Stärke in der Mathematik mag diese notwendige Öffnung männlicher Traditionswissenschaften besonders schwierig sein. Gender-Forschung versucht hier ihren Beitrag zu leisten, aber sie ist bislang marginal und dringt noch wenig in den Kern der Disziplin vor.

1. Zur Grundlagengeschichte des Computers und zur Erfindung der elektronischen Rechenmaschine

Alan Turing und die Definition von Berechenbarkeit durch eine Maschine

Die Erfindung und der Siegeszug der programmgesteuerten elektronischen Rechenmaschine im 20. Jahrhundert haben ihre Vorgeschichte in der Mathematik. Dort, so zeigt Bettina Heintz in ihrer „Grundlagengeschichte des Computers“, wird der Gedanke, dass Rechenprozesse – bis dato eine Höchstleistung des *menschlichen* Geistes – auf eine Maschine übertragen werden können, vorbereitet (Heintz 1993).

David Hilbert hatte die Mathematik als ein rein formales, aus seinen eigenen inneren Gesetzmäßigkeiten heraus funktionierendes und weitgehend geschlossenes System definiert. Abgesehen von einigen (möglichst wenigen) Axiomen, die gesetzt werden, brauche dieses System im Weiteren keine Referenz mehr auf Dinge außerhalb des Systems (Hilbert 1964). Alles müsse sich entsprechend der inneren Logik auseinander entwickeln lassen. Dies ist eine Gegenposition zum Intuitionismus, vertreten durch Luitzen E. J. Brouwer: Mathematische Gegenstände, so seine Position, seien mehr als bloße Zeichen. Diese Gegenstände entstünden in aktiv konstruierender Tätigkeit des Menschen, sie seien im menschlichen Geist, in der ‚Intuition‘, auch in Sinneserfahrungen des Menschen mit seiner Umwelt, verortet und nicht auf bloße Logik reduzierbar (Brouwer 1975) .

Mit der Durchsetzung des Hilbertschen Formalismus ist der Weg geöffnet, Mathematik als eine vom Menschen abgelöste, von Automaten auszuführende Operation zu denken. Diese gedankliche ‚Revolution‘ vollzieht schließlich Alan Turing, den – so Andrew Hodges, sein Biograph – die Suche nach der Abbildung des Geistes in der Materie umtreibt.

> Somehow he perceived a link between what to anyone else would have appeared the quite unrelated questions of the foundations of mathematics, and the physical description of mind. (Hodges 1994/95, 6)

In seinem berühmten Aufsatz „On Computable Numbers, with an Application to the Entscheidungsproblem“ (Turing 1937) zeigt Alan Turing, dass Rechnen als rein mechanisches Handeln nach Regeln begriffen werden kann und dass alles, was berechenbar ist, letztendlich auch von einer von ihm erdachten abstrakten Maschine, die später als *Turingmaschine* zum Grundlagenmodell der Informatik werden sollte, getan werden kann. Rechnen wird damit – statt als Höchstleistung des menschlichen Geistes zu gelten – mit der physikalischen Welt der Maschinen in Zusammenhang gebracht. Damit bringt er, zunächst auf bloß gedanklicher Ebene, Dinge in Verbindung, die bis dahin getrennt gedacht werden: Einerseits die ‚ideale‘ Welt der Mathematik und der abstrakten Symbole, den Geist, der sich auf logisches Denken stützt, und andererseits die physikalische, stofflich-materielle Welt der Maschinen. Maschinen, die bis dato in der Tradition des Taylorismus zur Ersetzung körperlicher Arbeit gedacht waren, werden nun vorstellbar für geistige Tätigkeiten – eine nicht zu unterschätzende Provokation für *den* Menschen, der sich in Abgrenzung zum Tier und zur *Frau* über seinen Geist definiert.

Bettina Heintz weist auf die Ungeheuerlichkeit von Turings Überlegungen für das frühe 20. Jahrhundert hin (Heintz 1993). Die Geistesgeschichte des Abendlandes hat sich nicht nur als Trennung von Geist und Körper, von Kopf und Hand vollzogen, sondern gleichzeitig auch die Überlegenheit menschlich-männlichen Geistes behauptet. Auf der Konstruktion dieses Gegensatzes hat sich die Erhebung über das Körperlich-Weibliche und über den ‚Rest' der belebten Natur ideologisch etablieren können und rechtfertigen lassen. Donna Haraway sieht in einem Aufsatz den Zusammenbruch dieser Ideologie mit den Informations- und Kommunikationstechnologien eingeläutet und bringt ihn im Begriff des *Cyborg* auf den Punkt (Haraway 1995).

Sherry Turkle hat in den 80er Jahren auf die neuartige ‚Kränkung' des Menschen durch den Computer und die Künstliche Intelligenz hingewiesen:

> Das Computer-Modell des Geistes ist ein weiterer schwerer Schlag für unser Empfinden, im Mittelpunkt zu stehen... Die Bedrohung, die der Computer für das ‚Ich' darstellt, ist in vieler Hinsicht [mit den von Freud benannten ‚Kränkungen'] vergleichbar, nur ist sie wesentlich unerbittlicher. Der Computer setzt da an, wo die Psychoanalyse aufgehört hat ... Wo die Visionen Freuds dem einen spekulativ, dem anderen literarisch erschienen, tritt das Computer-Modell mit der Autorität der Wissenschaftlichkeit an seiner Seite auf – und mit der Aussicht, dass es eines Tages eine denkende Maschine geben wird, deren Existenz unseren Versuch zu sagen, worin wir uns von ihr unterscheiden, ad absurdum führt. (Turkle 1984, 382 f.)

Die Erfindung des elektronischen Rechenautomaten als Ingenieurs-Tat

Konrad Zuse, der als Erfinder des ersten elektronischen programmgesteuerten Rechenautomaten gilt (1941), kennt, so sagt er in seiner Biografie, Alan Turing und seine Arbeiten zunächst nicht. Es hätte ihm, so seine Aussage, jedoch viel helfen können, hätte er früher von dessen abstrakter Maschine gehört.

Zuse ist (Bau-)Ingenieur und als solcher getrieben von dem Willen, eine Maschine zu erfinden. Diese Maschine „solle dem Ingenieur das sture Wiederholen von Rechenvorgängen abnehmen" (Zuse 1993, 33). Damit steht Zuse in der Tradition der Erfindungen, die das 18. und 19. Jahrhundert geprägt und die Ersetzung menschlicher Tätigkeiten durch Maschinen zum Ziel haben. Eine absolute Neuartigkeit jedoch kennzeichnet die Maschine gegenüber den bisherigen Erfindungen: Ging es dort um den Ersatz von zuvor im Sinne des Taylorismus mechanisch ausgeführten körperlichen Handlungen von ArbeiterInnen, so geht es hier um geistige Tätigkeiten. Die Tragweite dieser Maschine und ihre Neuartigkeit sind seinem Erfinder vermutlich noch nicht bewusst. Dennoch scheint dies auf, wenn Konrad Zuse bei der Anmeldung des Patents für seine Maschine davon spricht, dass ihre Besonderheit darin bestehe, dass sie „fleischgewordene Mathematik“ (ebenda, 100) sei. Es geht hier nicht nur um die Anwendung von Mathematik, wie in den klassischen Ingenieurwissenschaften, sondern die Mathematik wird selbst zum Gegenstand maschineller Verarbeitung.

Das Bild des Ingenieurs korrespondiert zwar in Teilen mit dem der Überlegenheit durch den Geist. Alternierend aber wird hier auch ein Männerbild vom ‚begabten Mann der Tat‘, dem Mann der Körperkraft und der Beherrschung der Maschine gezeichnet, das die Ingenieurtradition nicht weniger kennzeichnet und Frauen in noch höherem Maße ausschließt. Tanja Paulitz hat diese unterschiedlichen, sich teilweise auch widersprechenden Bilder von Männlichkeit in zeitgenössischen Schriften des Ingenieurskontexts spannend herausgearbeitet (Paulitz 2012). In der Autobiografie Zuses wird dieser Interpretation des Ingenieurs mit Eigenschaften wie „Beharrlichkeit, Unternehmungsgeist, Wagemut und Risikobereitschaft ...“ (Zuse 1993, 204), in den Laudationes über ihn auch als Umsetzungswille, Handlungsmacht, praktische Körperlichkeit in der Fertigung und Konstruktion, als Beherrschung der konkreten Maschine gezeichnet (ebenda).

In seiner Autobiografie findet sich auch die Abgrenzung zum Konzept von Weiblichkeit: *Veronika*, die einzige Frau in Zuses frühem Team, ist (nur) wegen des durch den Krieg bedingten Arbeitskräftemangels dabei und wendet sich, wie Zuse schreibt, nach dem Krieg wieder einer weiblicheren Beschäftigung zu, sie wird Künstlerin (ebenda). Eine Parallele zur Rezeption von Ada Lovelace in der Zuschreibung weiblicher Sphären wird hier auch 100 Jahre nach Charles Babbage deutlich.

2. Rationalisierung von Kopfarbeit, die 'ENIAC-Girls' und eine abweichende Auffassung vom Computer als Medium

Die Computergeschichte des 20. Jahrhunderts beginnt mit riesigen Rechenmaschinen, die ganze Räume füllen. Der Krieg ist die Triebkraft für ihre Erfindung und ihren Einsatz. Auch nach dem Krieg sind diese wenigen Rechengehirne WissenschaftlerInnen vorbehalten, insbesondere MathematikerInnen, die routinehafte, aber doch komplexe und aufwändige Berechnungen an diese Maschine übergeben. Im Begriff *Computer*, der zuvor einen Beruf bezeichnet, wird der Charakter dieser Maschine deutlich: *Computer* sind zunächst Menschen, oft mathematisch gebildete Frauen (Hoffmann 1987), die die gleichen Rechenvorgänge, z.B. die Berechnung der Logarithmentafeln oder die von Flugbahnen für Geschosse, in tayloristisch organisierter Arbeit in großen Rechensälen – wie am Fließband – durchführen.

Die ersten Computer-Maschinen werden in der Regel nicht von den WissenschaftlerInnen selbst ‚bedient‘. Die von MathematikerInnen und NaturwissenschaftlerInnen formulierten Aufgaben werden weiter gegeben an sogenannte *Operators*. Dies sind häufig genau jene ehemaligen menschlichen *Computer*, die durch die Maschine überflüssig wurden und jetzt eine neue Beschäftigung gefunden haben: Sie rechnen nicht selbst, sondern ‚übersetzen' die mathematischen Texte der WissenschaftlerInnen in Maschinensprache (auch hier fällt die Parallele zur frühen Rezeption von Ada Lovelace ins Auge), damit der Computer die Berechnungen durchführen kann. In die US-amerikanische Geschichte gehen diese Frauen unter dem Titel *ENIAC-Girls* ein (*ENIAC* ist der Name der ersten elektronischen programmgesteuerten Rechenmaschine in den USA). Sie ‚bedienen' jetzt diesen Automaten.

Auch in Deutschland sind es oft mathematisch interessierte Frauen mit Abitur, die kein teures und langes Studium absolvieren wollen, sondern eine Ausbildung direkt bei einer Computerfirma durchlaufen. Diese ProgrammiererInnen werden für eine spezifische Maschine eines einzigen Unternehmens ausgebildet, so dass z.B. nach einem Ausstieg für eine Familienphase ihre Qualifikation entwertet ist, und sie sich nach einer anderen Tätigkeit umsehen.

Das Renommé dieser Tätigkeiten ist zunächst – typisch für Frauenberufe – gering. Es geht eben um die ‚Bedienung' einer Maschine. Mit der „Abnabelung der Programmiersprachen von der Maschine" (Petzold 1992, 284) wird deutlich, dass hier auch in der Tätigkeit etwas Neuartiges im Entstehen ist, dass Software zur eigenen Kategorie wird, abgelöst von der Hardware. Dies ist auch Voraussetzung dafür, dass Computer sich immer neuer Anwendungsgebiete und Problembereiche bemächtigen, die nicht bereits in mathematisch formulierter Sprache vorliegen. Es geht zunehmend um natürliche Sprache, um Arbeitsabläufe, um Kommunikations- und Kooperationsprozesse.

Mit dieser Aufwertung der Softwareentwicklung zu einer hochqualifizierten, anspruchsvollen und innovativen Tätigkeit kann auch die Rezeption von Ada Lovelace als *Mutter der Software* Nahrung finden.

Software jedoch ist näher an der Mathematik als am Ingenieurwesen. Software, so lehrt es die Theoretische Informatik bis heute, hat die Turing-Maschine als theoretisches Modell zur Grundlage. Und doch erfordert es Kenntnisse über das Funktionieren der physikalischen Maschine, um Software entwickeln zu können (und dies gilt bis heute).

Der Computer als Medium – eine abweichende Auffassung in den 1960er Jahren

An dieser Stelle möchte ich auf eine Abweichung aufmerksam machen, die zunächst bedeutungslos ist im Mainstream der 1960er Jahren, wo auch eine neue Wissenschaft, die später Informatik genannt wird, diskutiert wird. Carl Adam Petri entwickelt in seiner 1962 erscheinenden Dissertation eine der Vorstellung vom Computer als einer vorwiegend sequentiell arbeitenden Maschine (Turings Modell) widersprechende Auffassung: Unter dem Titel „Kommunikation mit Automaten" (Petri 1962) stellt er die Turingmaschine als dominantes Paradigma in Frage und führt den mathematischen Beweis, dass sein Kommunikationsparadigma der Turingschen Vorstellung überlegen sei und diese in sich enthalte. Der Computer sei, beginnend mit seinem inneren Aufbau bis hin zu den Anwendungen, als ein Kommunikationsmedium zu sehen und seine theoretische Basis sei eine noch zu entwickelnden Kommunikationstheorie. Diese will Petri allerdings streng formal verstanden wissen (siehe dazu auch Schelhowe 1997 und 2004).

Mit dieser Auffassung, die er später mit seiner kleinen Forschungsgruppe in Bonn weiter verfolgt, findet er weder auf Konferenzen noch in den einschlägigen Journals Gehör. Seine Vorstellungen gelten als ‚Spinnereien', die nicht nachvollziehbar sind. Einzig die sogenannten *Petri-Netze*, ein Modellierungstool, das in den USA auf Interesse stößt und darüber auch wieder in Deutschland bekannt wird, werden heute mit dem Namen Petris verbunden. Seine Vorstellung vom anderen Paradigma der Informatik als *Kommunikationsdisziplin* ist bis heute wenig bekannt. Es passt bis in die 1990er Jahre nicht in die Vorstellungswelt der Informatik in Deutschland und die Traditionen der Männer des Geistes und der Männer der Tat.

3. Was ist Informatik? Die Rolle von Kommunikation und Interaktion

Von Zeit zu Zeit flammen in der Informatik bzw. der *Computer Science/ Computing Science* Debatten auf, was für eine Wissenschaft die Informatik sei. Zur Debatte stehen bis in die 1990er Jahre eine an der Mathematik und streng formal ausgerichtete Informatik versus eine ingenieurwissenschaftliche Ausrichtung. In den USA wird dieser Diskurs in den 1980er Jahren als Diskussion um die Ausrichtung des Curriculums geführt, und ihre Kontrahenten sind Edsgar W. Dijkstra und David Parnas. Edsgar W. Dijkstra ist der Auffassung, man solle die Grundausbildung ganz ohne reale Computer durchführen, um die Studierenden auf das streng logische Denken und den Formalismus der Informatik zu orientieren, statt auf ein Trial-and-Error-Verhalten, das durch den Umgang mit dem Computer hervorgerufen werde (Dijkstra 1989). Parnas demgegenüber argumentiert, dass es in der Informatik schließlich darum gehe zu lernen, wie man technische Apparate herstellt. Dies jedoch sei eine klassische Ingenieuraufgabe, die immer auch mit Unschärfe und mit Versuch und Irrtum zu tun habe (Parnas 1992).

Es wird deutlich, dass die Informatik sich schwer tut, die Neuartigkeit ihrer Disziplin zu fassen und in der Theorie zunächst ihrer Entstehungsgeschichte verhaftet bleibt: Die entscheidende Triebkraft der Informatik, so schreiben Ludwig Bauer und Gerhard Goos in der Einleitung zu ihrem mehrfach wieder aufgelegten Buch zur Einführung in die Informatik, sei die „Befreiung des Menschen von der Last gleichförmiger, ermüdender geistiger Tätigkeit" (Bauer/Goos 1991, 187).

Jenseits dieser Vorstellung jedoch entstehen in der Praxis der Softwareentwicklung und im Gebiet der Mensch-Computer-Interaktion, das bis heute in der Bundesrepublik eher als Nischenfach gilt und weniger zum ‚Kern' der Informatik gerechnet wird, andere Denkweisen, die die Entwicklung des Computers zum Medium und die der Informatik zu Interaktionsdisziplin befördern (Schelhowe 1997).

Der Umgang von NutzerInnen mit dem Computer wird in den US-amerikanischen Laboren, in denen interdisziplinäre Teams arbeiten, schon in den 1960er Jahren als *Kommunikation* beschrieben: Es dürfe nicht sein, dass sich zwischen die zu lösende Aufgabe und die Nutzung des Computers *Operators* (wie die *ENIAC-Girls*) schalten, die die Maschinen bedienen. Die WissenschaftlerInnen müssten direkt Zugang zum Computer bekommen. Die Beziehung zu dieser Maschine des Geistes müsse als ein Hin und Her zwischen menschlicher Eingabe und maschineller Verarbeitung organisiert werden, um menschliche Intuition und routinehaftes Berechnen optimal zu verbinden in der Art einer ‚Symbiose' (IEEE 1992). In den Xerox-Laboren wird die *Schreibtisch-Oberfläche* mit der *Direkten Manipulation*, die den Durchgriff durch das Interface auf die zu bearbeitende Aufgabe zu erlauben scheint, erfunden.

Bedeutet Programmieren in der Anfangszeit nichts anderes als die Übersetzung eines in formaler Form vorliegenden Problems in eine Maschinensprache, so stellt sich in der Softwareentwicklung zunehmend die Aufgabe, ein nur schwach definiertes Problem, z.B. die Kooperationsprozesse in einem Büro, zu erfassen, zu formalisieren und so zu programmieren, dass es sich in Prozesse zwischen Menschen ‚einschmiegt' und die Maschine sich einfach und unauffällig nutzen lässt. In der Anwendungsentwicklung, die heute den Großteil der Informatik-Tätigkeiten ausmacht, geht es einerseits um das Begreifen und Beschreiben von Wirklichkeiten und deren Formulierung in Modellen und formaler Sprache; den Rest, die Übersetzung der Modelle in den Binärcode, erledigt der Computer (fast) von selbst. Andererseits geht es darum, das Interface und die Mensch-Maschine-Interaktion so zu gestalten, dass die maschinellen Verarbeitungsprozesse von Menschen unauffällig in ihre Arbeits- und Lebensprozesse integriert werden können.

Die Informatik reflektiert diesen fundamentalen Wandel von einer mathematisch-ingenieurwissenschaftlichen Fundierung hin zu Interaktion und zum

Medialen in ihrem Wissenschaftsparadigma bis heute nur wenig. Die Debatte findet eher an den Rändern statt: Aus dem Gebiet *Informatik und Gesellschaft* heraus diskutieren Ende der 1980er und Anfang der 1990er Jahre WissenschaftlerInnen, ob die Informatik nicht längst darüber, dass sie ihre Fühler in alle Bereiche menschlichen Arbeitens und Lebens ausstreckt, auch eine enge Verbindung zu den Geistes- und Sozialwissenschaften hat und sich ihrer Methoden bedienen bzw. sie für sich anpassen muss. Die Informatik wird als Arbeitswissenschaft, Gestaltungswissenschaft oder Sozialwissenschaft diskutiert und der Computer als Medium taucht in dieser Debatte als neue Sichtweise mit paradigmatischer Aufforderung auf (Coy et al. 1992).

In den USA prognostiziert Terry Winograd – befragt nach den Zukunftsperspektiven der Informatik – deren Entwicklung zu einem *Interaction Design* (Winograd 1997, 156). Peter Wegner macht 1997 den Vorschlag, die neuen Entwicklungen auch in einem neuen Paradigma zu formulieren: In einem Aufsatz in den „Communications of the ACM" geht er davon aus, dass die theoretische Grundlage in der deterministisch und sequentiell arbeitenden Turing-Maschine den neueren Entwicklungen und dem Charakter der Informatik nicht gerecht werde, sondern durch ein Paradigma der *Interaktion* ersetzt werden müsse (Wegner 1997).

Wegner, wie früher auch Petri, halten fest an der formalen Ausrichtung der Informatik und ihrer Grundlagen. Sie bleiben gefangen in der Vorstellung der *Zwei Kulturen,* wie Charles P. Snow sie in der Mitte des 20. Jahrhunderts (Snow 1959) kritisiert hat. Die Informatik situieren sie im Bereich der Naturwissenschaften und der technischen Wissenschaften, denen die Ungeordnetheit und Vagheit der Geistes- und Sozialwissenschaften eher suspekt ist. Diese Befangenheit hat auch mit Geschlecht und Macht zu tun. Sie zieht eine Grenzlinie zwischen männlich und weiblich konnotierte Domänen.

Informatik lebt heute in der Praxis jedoch – spätestens mit dem Internet und der Wahrnehmung des Computers als Medium, als *Digitales Medium* – von der engen Verknüpfung zwischen menschlichem, immer auch unberechenbarem Verhalten und den Prozessen der Berechenbarkeit in der maschinellen Verarbeitung. Nicht (nur) in der Ersetzung des Menschen durch eine *Künstliche Intelligenz,* sondern in der Einbettung in und engen Verschränkung mit Arbeits- und Lebensprozessen hat Software ihre Überzeugungskraft.

Die Wirksamkeit dieser symbolischen Trennlinie ist bis heute auch in dem Gebiet, das ich vertrete, *Digitale Medien in der Bildung*, sichtbar. Die Ansiedlung eines solchen Gebiets in der Informatik ist nach wie vor eine große Seltenheit, jedenfalls in Deutschland. So bleibt Medienbildung den Erziehungswissenschaften zugeordnet, meist der klassischen Medienerziehung verhaftet, die ‚interpretiert', aber nicht Technologieverständnis und eigenes Konstruieren fördert. Im Bereich der Medienbildung ist bis heute das Problem der Vereinbarkeit der Kulturen sichtbar. Informatikunterricht und Medienbildung, Programmieren und Bilden scheinen sich nach wie vor wenig zu vertragen und in der Symbolik des Geschlechts zu verharren: Informatikunterricht bleibt eine männliche Domäne mit der Autorität und Macht des Formalen und wissenschaftlich Korrekten gegenüber der Symbolik des Weichen, Vagen und Interpretierbaren der Medienbildung.

In den *Digitalen Medien* jedoch treffen diese zwei Kulturen untrennbar zusammen. Die Wissenschaft Informatik hat sich dem Diskurs um ein neues Paradigma noch wenig gestellt und löst die neuen Anforderungen durch die Einrichtung von zahlreichen neuen Studiengängen, den sogenannten *Bindestrichinformatiken* (Medien-Informatik, Wirtschaftsinformatik, Medizin-Informatik, Sport-Informatik usw.). Gender-Forschung hat das Beharrungsvermögen der Informatik in den klassisch männlichen Disziplinen von Anfang an thematisiert und kritisiert. Darum soll es im nächsten Abschnitt gehen.

4. Gender und Genderforschung in der Informatik

Den Beginn von Frauenforschung *in* der Informatik kann man in Deutschland mit der Gründung der Arbeitsgruppe, später Fachgruppe *Frauenarbeit und Informatik* in der Gesellschaft für Informatik (GI) bestimmen.

SozialwissenschaftlerInnen sind zunächst vor allem daran interessiert, Frauen in der Informatik und Gründe für ihre Unterrepräsentanz zu untersuchen. Auch innerhalb der Informatik wächst das Bedürfnis, sich einerseits mit dieser Frage auseinanderzusetzen, andererseits auch über Maßnahmen nachzudenken, wie Mädchen und Frauen für dieses neue Gebiet, das Gesellschaft in hohem Maße prägt, zu gewinnen sind. Darüber hinaus aber interessiert die Frauen in der Informatik auch, wie sie ihre eigene Disziplin mitprägen und beeinflussen können. So war die Gründung der Arbeitsgruppe unter dem Titel Frauen*arbeit* und Informatik programmatisch: Wir Frauen interessierten uns nicht nur für unsere eigene Lage in einer Männerdomäne, sondern auch dafür, wie Informationstechnologien die Arbeitsplätze von Frauen verändern, welche Chancen und Risiken diese Veränderungsprozesse beinhalten und wie Informatikerinnen im Rahmen ihrer Wissenschaft und Praxis dazu beitragen können, das Arbeitsleben von Frauen positiv zu beeinflussen.

Die Tagung *Frauenwelt – Computerräume*, die wir als Arbeitskreis der Gesellschaft für Informatik 1989 veranstalten, bringt Frauen aus ganz unterschiedlichen Feldern, aus Forschung und Praxis, aus Kunst, Wissenschaft, Wirtschaft und Bildung zusammen unter der Fragestellung, welche Potenziale und Herausforderungen Informationstechnologie für Frauen in unterschiedlichen Bereichen bietet (Schelhowe 1989). Verlauf und Ergebnisse der Tagung zeigen zu einem sehr frühen Zeitpunkt in ihrer praktisch vorhandenen Vielfalt die Öffnung und Offenheit und den Reichtum der Informatik für eine große Fülle möglicher Anwendungen und ‚Kulturen'. So gehören neben den Informatikerinnen auch Komponistinnen, die den Computer für ihre Aufführungspraxis nutzen, Künstlerinnen, Arbeitswissenschaftlerinnen, Frauen aus der Bildungsarbeit und viele mehr zu den Referentinnen.

In unterschiedlichen Näherungen sind die Unterschiede in den Kulturen und ihr Zusammenwirken in der Informatik das Thema in der Frauen- und Geschlechterforschung. Die immerhin nicht zu übersehende Anwesenheit in einem Bereich, der mit dem Nimbus hoher technologischer Kompetenz ausgestattet ist, und die Herstellung von Öffentlichkeit und Sichtbarkeit erschüttern die Selbstverständlichkeit, mit der Technik und Männlichkeit zwingend zusammengehören.

Zunächst versucht der Diskurs um ‚frauenspezifische Zugangsweisen' zum Computer und zur Informatik die Merkmale, die Frauen gesellschaftlich zugeschrieben werden, als Tatsache ernst zu nehmen, sie jedoch im Machtverhältnis umzudrehen: Gerade *Soft*ware erlaube Flexibilität und unterschiedliche Verhaltensweisen und zwinge nicht zum dominierenden, männlich geprägten Umgang. Das Vokabular, mit dem die zugeschriebenen weiblichen Zugangs- und Umgangsweisen beschrieben werden, hat unter dem Einfluss des gestiegenen Selbstbewusstseins der neuen Frauenbewegung eine eindeutig positive Färbung: Mädchen und Frauen seien kooperativer am Computer, sie zeigten Sorgfalt im Umgang mit dem Gerät, sie programmierten 'sanfter', d.h. mit mehr Intuition und Eingehen auf die Probleme und weniger regelorientiert, sie achteten mehr auf den Gebrauchswert, statt blinder Technikfaszination zu erliegen, sie zeigten Sorge um die sozialen Auswirkungen der Computertechnologie (z.B. Brandes 1985).

Abgesehen davon, dass sich in empirischen Studien nur wenig Unterschiede im Umgang und im Vorgehen von tatsächlichen Frauen und tatsächlichen Männern zeigen (Schelhowe 1989), wird die Vorstellung von den frauenspezifischen Zugängen auch dadurch ausgehebelt, dass Frauenbewegung und Frauenforschung sich gerade in der Kritik stereotyper Geschlechterrollen entwickelt, und es sind insbesondere auch die Frauen in der Informatik, die einseitige Zuschreibungen und Festlegungen von ‚Persönlichkeitsmerkmalen' zurückweisen.

Frauen- und Geschlechterforschung in Informatik hat sich immer wieder auf den Diskurs um den Charakter der Informatik bezogen. Sie hat versucht, diesen Diskurs mitzubestimmen und die Informatik zu öffnen und breit zu definieren. Ob und mit welchem Gewicht Anwendungen, Mensch-Maschine-Interaktion und gesellschaftliche, soziale und kulturelle Aspekte zur Informatik und ihrem Kern gezählt werden, wird als zentral erachtet, um diese Disziplin nicht vorschnell in den männlichen Traditionen der Ingenieurwissenschaften zu verorten (z.B. Grundy 1998; Crutzen 2000; Suchman 2001; Bath 2006).

Dies ist auch Ausgangspunkt und Anliegen des vor Kurzem abgeschlossenen Projekts der Gender-Forschung mit dem Titel *InformAttraktiv*. In diesem Projekt haben sich vier Hochschullehrerinnen mit unterschiedlichen Forschungsprofilen der Informatik zusammengeschlossen. Das Ziel des Projekts bestand darin, die Informatik, die sich gerade heute wieder im Fluss befindet und ihre Grenzen ausweitet und neu bestimmt, mit zu beeinflussen:

> Im Projekt *InformAttraktiv* ... ging es uns darum, aus der Genderforschung heraus Antworten auf die neuen Bedingungen und Veränderungen der Informatik zu finden, die Debatte um das Bild der Informatik und ihre Neustrukturierung mit zu beeinflussen und gleichzeitig zu einer Darstellung der Informatik als einer Wissenschaft großer Vielfalt in der Öffentlichkeit beizutragen. (Zeising et al. 2014, 16)

Am Ende werden einerseits Vorschläge entwickelt, wie das für die beteiligten Profilbereiche (*Künstliche Intelligenz, Kognition und Robotik; Sicherheit und Qualität; Digitale Medien und Interaktion*) aussehen kann. Dazu gehört auch der Vorschlag für ein Modell der Softwareentwicklung, das die Genderdebatten aufgreift und der Diversität in den Anwendungen gerecht wird (das sogenannte *GERD*-Modell, siehe Zeising et al. 2014, 197ff). Mit einem weiteren Ergebnis richtet sich das Projekt an die Öffentlichkeit und die Wahrnehmung der Informatik insbesondere unter jungen Menschen: Mit einer Serie von Konzepten für Kreativ-Workshops, die sich an Kinder und Jugendliche, besonders auch an Mädchen richtet und die in einem gesonderten Band (einer Art Handbuch) zur Nachahmung empfohlen werden, soll dafür geworben werden, die Informatik in ihrer Vielfalt, ihren kreativen und innovativen Möglichkeiten und ihrer Verbundenheit mit weiblich assoziierten Bereichen wahrzunehmen (Dittert et al. 2015).

5. Zusammenfassung und Ausblick

In der Nacherzählung der Geschichte der Erfindung des Computers zeigt sich seine Entstehung aus der Mathematik einerseits, dem Ingenieurwesen andererseits; beides Bereiche, die gerade in Deutschland eng mit der Symbolik von Männlichkeit verbunden sind. Der Rationalisierungsaspekt, der am Anfang so zentral erscheint, ist dem Artefakt Computer keineswegs als Prinzip zwingend eingeschrieben, sondern der Computer öffnet mit seinen Potenzialen Raum für unterschiedliche gesellschaftliche Interpretationen und Nutzungszusammenhänge. Vorstellungen von der Neuartigkeit des Computers, von seinen medialen und kommunikativen Aspekten, von einer Informatik als *Kommunikationsdisziplin,* können sich aber zunächst nicht durchsetzen. Erst über die Macht des Praktischen, der Eroberung immer neuer Anwendungsgebiete durch die Informatik, die Entwicklungen im Interface (die im Wesentlichen in den USA in interdisziplinär zusammen gesetzten Teams, nicht in Deutschland, stattfanden) und der Durchsetzung des Internets, werden neue Paradigmen denkbar.

Eine Öffnung der Informatik für unterschiedliche ‚Kulturen', die Überwindung von mathematisch-ingenieurwissenschaftlicher Ausschließlichkeit, bereitet den Boden für weitere Innovationen und öffnet die Disziplin selbst für Diversität im Zugang. Dies ist und war ein Anliegen der Frauen- und Gender-Forschung in der Informatik. Sie begnügt sich nicht damit, die ‚weichen' Teile der Informatik an den Rändern und Nischen zu situieren, sondern stellt den

Kern der Informatik als mathematisch und ingenieurwissenschaftlich definierte Disziplin in Frage.

Zurück zu Ada Lovelace: Sie wird in der Geschichte zunächst in die Rolle der Übersetzerin für die Taten eines mächtigen Mannes verwiesen. Nur darüber kann sie zunächst erst wahrgenommen werden. Als *Mutter der Software* wird sie zwar aufgewertet, aber die Zuschreibung von Geschlecht zu Tätigkeiten und Eigenschaften wird nicht in Frage gestellt. Was wir daraus lernen können? Es kommt darauf an, die Informatik selbst zu verändern, sie von ihren Prägungen und Hindernissen durch geschlechtsspezifische Zuschreibungen zu befreien und sie für die große Diversität unterschiedlicher Bereiche und Zugänge zu öffnen.

Bibliografie

Bath, Corinna, „Overcoming the socio-technical divide. A long-term hope in gender studies of computer science“, in: *Online-Journal TripleC – Cognition, Communication, Co-operation* 4(2) 2006, 303-314.

Brandes, Uta; Riechelmann, Doris; Valentin-Pralat, Ilona, „Workshop im IFG. Computer-Bildung für Frauen – Didaktisch-methodische Ansätze", in: *Frauenforschung*, hg. v. Institut Frau und Gesellschaft, Heft 4, Hannover 1985, 36-46.

Bauer, Friedrich L. Goos, Gerhard, *Informatik. Eine einführende Übersicht*, Berlin: Springer, 1. Aufl. 1971, 4. Aufl. 1991.

Brouwer, L.E.J., „Intuitionism and Formalism“, in: ders., *Collected Works*, hg. v. Arend Heyting, Amsterdam/Oxford 1975 (Original 1912), 123-138.

Crutzen, Cecile and Gerissen, Jack, „Doubting the OBJECT world“, in: Balka, Ellen, Smith, Richard (Hg.): *Women, Work and Computerization,* IFIP, Boston, Dordrecht, London 2000, 127-136.

Coy, Wolfgang et al. (Hg.), *Sichtweisen der Informatik*, Braunschweig: Vieweg 1992.

Dijkstra, Edsger, W., „On the Cruelty of Really Teaching Computing Science“, in: *Communications of the ACM*, Vol.32 1989, 1398-1404.

Grundy, Frances, „Computer Engineering: Engineering What?“ *AISB Quarterly*, Issue 100, 1998, 24-31.

Haraway, Donna, *Die Neuerfindung der Natur. Primaten, Cyborgs und Frauen,* Frankfurt a.M.: Campus 1995.

Heintz, Bettina, *Die Herrschaft der Regel. Zur Grundlagengeschichte des Computers,* Frankfurt a. M.: Campus 1993.

Hilbert, David, Über das Unendliche, in: Hilbert, David, Hilbertiana, Darmstadt 1994, 79-108.

Hodges, Andrew, „Alan Turing and the Turing Machine“, in: Herken, Rolf (Hg.): *The Universal Turing Machine. A Half-Century Survey,* Wien/New York: Springer 1994/95, 3-14.

Hoffmann, Ute, *Computerfrauen. Welchen Anteil haben Frauen an Computergeschichte und -arbeit?* München: Rainer Hampp 1987.

Dijkstra, Edsger, W., „On the Cruelty of Really Teaching Computing Science“, in: Communications of the ACM, Vol.32 1989, 1398-1404.

IEEE Annals of the History of Computing. Vol 14, No 1+2 , 1992.

Paulitz, Tanja, *Mann und Maschine. Eine genealogische Wissenssoziologie des Ingenieurs und der modernen Technikwissenschaften, 1850-1930.* Bielefeld: transcript 2012.

Petri, Carl Adam, *Kommunikation mit Automaten*, Dissertation Darmstadt 1962.

Petzold, Hartmut, *Moderne Rechenkünstler. Die Industrialisierung der Rechentechnik in Deutschland*, München: Beck 1992.

Parnas, David Lorge, *Tabular Representation of Relations,* Hamilton, Ontario, McMaster Univ. Communications Research Lab 1992.

Schelhowe, Heidi (Hg.), *Frauenwelt – Computerräume. Proceedings der Fachtagung vom 21.-24.9.89 in Bremen*, Berlin, Heidelberg, New York: Springer 1989.

– *Frauenspezifische Zugänge zur und Umgangsweisen mit Computertechnologien. Ministerium für Arbeit, Gesundheit und Soziales des Landes NRW, Landesprogramm „Mensch und Technik – Sozialverträgliche Technikgestaltung“*, Werkstattbericht Nr.74, 1989.

– *Das Medium aus der Maschine. Zur Metamorphose des Computers,* Frankfurt a.M.: Campus 1997.

– „Produktionsmaschine oder Kommunikationsmedium? Carl Adam Petri und sein Vorschlag für eine einheitliche Theorie der Computertechnologie“, in: Hellige, Hans Dieter (Hg.), *Geschichten der Informatik. Visionen, Paradigmen, Leitmotive,* Berlin: Springer 2004, 323-338.

Snow, Charles P., *The Two Cultures and the Scientific Revolution*, Cambridge et al: University Press 1959.

Stein, Dorothy, *Ada. A Life and a Legacy*, The MIT Press 1987.

Suchman, Lucy, *Located Accountabilities in Technology Production*, veröffentlicht vom Department of Sociology, Lancaster University 2001.

Turkle, Sherry, *Die Wunschmaschine. Vom Entstehen der Computerkultur*, Reinbek: Rowohlt 1984.

Turing, Alan M., „On Computable Numbers, With an Application to the Entscheidungsproblem“, (Original in: *Proceedings of the London Mathematical Society* Heft 2, No. 42, 1937). Neu aufgelegt in der deutschen Ausgabe: Über berechenbare Zahlen mit einer Anwendung auf das Entscheidungsproblem, in: Alan Turing, Intelligence Service, in: Dotzler, Bernhard; Kittler, Friedrich (Hg.), Berlin, Brinkmann und Bose 1987, S. 19–60.

Wegner, Peter, „Why Interaction Is More Powerful Than Algorithms“, in: *CACM*, May 1997, Vol. 40, No.5 1997, S. 81-91.

Winograd, Terry, „The Design of Interaction“, in: Denning, P; Metcalfe, J. and R., *Beyond Calculation*, New York: Springer 1997, S. 149-161.

Zeising, Anja; Draude, Claude; Schelhowe, Heidi; Maaß, Susanne (Hg.), *Vielfalt der Informatik – Ein Beitrag zu Selbstverständnis und Außenwirkung*, Staats- und Universitätsbibliothek Bremen 2014 (Open Access) http://nbn-resolving.de/urn:nbn:de:gbv:46-00104194-14

Zuse, Konrad, *Der Computer – Mein Lebenswerk.* Berlin, 3. Aufl., Springer 1993 (1. Aufl. 1984).

III TENDENZEN DER DIGITALISIERUNG

Christiane Floyd

Subjektivität und Abstraktion. Frauen gestalten Softwaretechnik im Kontext

Als ich 1978 zur Professorin an der Technischen Universität Berlin ernannt wurde, wusste ich, dass dies die *erste* Softwaretechnik-Professur in Deutschland war; dass ich als erste *Frau* im deutschen Sprachraum eine Professur in der Informatik antrat, erfuhr ich erst viel später. Ich war 35 Jahre alt, hatte zwei kleine Kinder und kam ohne Familienrückhalt ins fremde Berlin. Trotz dieser Schwierigkeiten konnte ich allmählich ein eigenständiges wissenschaftliches Profil aufbauen.

Zu meinen Aufgaben als Hochschullehrerin gehörte die Betreuung von (insgesamt 45) Promotionen. In 23 Fällen war ich Erst-Betreuerin, was eine jahrelange, meist intensive Zusammenarbeit mit sich brachte. Zwölf davon waren Frauen, vier aus meinem unmittelbaren Arbeitsumfeld und acht externe, die zum Teil von weit her kamen. Dieses Zahlenverhältnis liegt deutlich über dem Durchschnitt für die Informatik. Ich darf wohl sagen, dass ich (besonders in den späteren Jahren) von Frauen aufgesucht wurde. Diese wissenschaftliche Betreuung ist mein wichtigster Beitrag zur Förderung von Frauen.

Im Folgenden möchte ich über meine Erfahrungen erzählen und beleuchten, wie sich junge Wissenschaftlerinnen in der Informatik auf die Suche nach ihren eigenen Inhalten und ihrem eigenen Stil machen. Dabei bewege ich mich in zwei Spannungsfeldern. Zum einen: Wie kann ich meine Erzählung konkret und anschaulich machen, ohne zu weit ins Persönliche vorzudringen? Und zum anderen: Wie kann ich über meine Promotionsstudentinnen reflektieren, ohne zugleich über mich selbst zu reflektieren? Sie haben ja bei mir etwas gesucht. Es geht also auch um meine Inhalte und meinen Stil.

Das tiefer liegende Spannungsfeld drückt sich jedoch in meinem Titel aus. ‚Abstraktion' ist das Kerngeschäft der Informatik. Nur was vollständig formalisiert ist, kann zur Rechenvorschrift für einen Computer werden. Dazu bedarf es einer Dekontextualisierung, bei der nur die Aspekte eines Problems betrachtet werden, die für seine Lösung ‚wesentlich' sind, alles ‚Unwesentliche' muss weggelassen werden. Die traditionelle Informatik thematisiert nicht, wie dieser Abstraktionsprozess vor sich geht – sie hat einen dem Positivismus entlehnten, nicht hinterfragten Objektivitätsanspruch. Subjektivität ist der Gegenpol dazu. Der Prozess der Abstraktion rückt ins Blickfeld. Wer was für ‚wesentlich' oder ‚unwesentlich' hält, wird geprägt durch individuelle und kollektive Fachauffassungen, durch Vorerfahrungen, Wertvorstellungen und Interessen sowie durch den eigenen Lernprozess in Studium und Beruf.

Das ist natürlich bei Frauen wie bei Männern so. Aber in meiner Erfahrung wird es bei Frauen stärker bewusst und häufig auch explizit gemacht.

Meine Promotionsstudentinnen waren starke Persönlichkeiten. Da gab es die politische Aktivistin und die Leiterin eines Kirchenchors; die überzeugte Marxistin, Christin, Jüdin oder Muslimin; die Technikkritikerin und die Technikbegeisterte; die Familienmutter, die Alleinerziehende und die Single-Frau; die Karriere-Frau und die Stipendiatin; die Deutsche, die nach Afrika zog, und die Afrikanerin, die ihre Familie nach Deutschland brachte. Sie alle hatten sich für ein Studienfach entschieden, in dem sie zu einer Minderheit gehörten; sie hatten sich in ihrem Studium behauptet und den Anforderungen ihres Lebens gestellt. Vor diesem Hintergrund, der vielfach mit persönlichen Schwierigkeiten verbunden war, hatten sie ihre wissenschaftliche Arbeit aufgenommen.

Die Vielfalt der Lebenswege war mit unterschiedlichen Fachauffassungen vebunden – die Informatik stellt sich anders dar in Berlin und in Hamburg, in Bremen, in Darmstadt und in Chemnitz, in Oran und in Addis Abeba – und fand ihren Niederschlag in einer entsprechenden Vielfalt der Interessen.

Aus meiner Sicht ist es bei der Betreuung von Frauen wesentlich, ihren Lebensweg und ihre Situation zu kennen, um ihre wissenschaftlichen Anliegen zu verstehen und die Chancen zu ihrer Verwirklichung einschätzen zu können. Besonders für Frauen mit Kindern ist es Tag für Tag eine Herausforderung, die wissenschaftliche Arbeit in Einklang mit ihren anderen Aufgaben zu bringen. Das wusste ich aus eigener Erfahrung.

Ich will nun mit meinem eigenen Ansatz anfangen und dann anhand von ausgewählten Aspekten zeigen, wie die Frauen, die bei mir promoviert haben, sich zu meinem Ansatz verhalten und wie sie über ihn hinausgehen.

Softwaretechnik im Kontext

Meine Sicht der Informatik hatte sich in den siebziger Jahren in zwei sehr unterschiedlichen Welten geformt: in der Münchener Software-Industrie und im Forschungsmekka der Universität Stanford. Mir war bewusst, dass die Forschungsinformatik rein mathematisch geprägt war – das war natürlich gut so, aber dort war nicht mein Platz. In der Softwaretechnik sah ich dagegen meine Chance. Ich erhob den Anspruch, dass sie praxistaugliche Verfahren bereitstellen sollte, die sich an den Problemen der Menschen vor Ort orientierten. Und die kannte ich aus Projekten sowie aus den zahlreichen Kursen über Programmiermethodik, die ich für Praktiker gehalten hatte.

Aus meiner Erfahrung in der Praxis wusste ich, dass nicht allein die Herstellung von Softwareprodukten zu Problemen führte, sondern auch die Verständigung mit den Beteiligten über die Anforderungen an das Produkt im Einsatz sowie die Einbettung des Produktes in die Anwendungsorganisation, die immer neue Anforderungen mit sich brachte.

Erfahrungen mit der universitären Informatik in Deutschland hatte ich dagegen nicht. Ich übernahm eine bereits existierende, große Forschungsgruppe, deren fachliche Ausrichtung zunächst von meiner weit entfernt war, und eine besonders arbeitsintensive Projektlehre mit einem angeblich fertigen Konzept. In der Softwaretechnik traf ich im Wesentlichen auf *formale Ansätze*:

- *Prozessformalisierung* mithilfe des sogenannten Phasenmodells, das eine lineare Abfolge von Entwicklungsschritten vorschreibt, und
- *Produktformalisierung* durch logische oder algebraische Spezifikation als Grundlage für die Implementierung.

Bereits im ersten Jahr stellte ich den Alleingeltungsanspruch dieses Ansatzes aufgrund meiner Projekterfahrung in Frage. Mir erschien es notwendig, bei der Softwareentwicklung die Zusammenarbeit der beteiligten Menschen zu betrachten – den *Software-Kontext,* den *Herstellungs-* und den *Einsatzkontext* sowie deren *Wechselwirkung*. Das bedeutete, dass das formale Methoden-Repertoire nicht genügen konnte, ja, dass ich die Grenzen eines rein mathematisch-technischen Fachverständnisses überwinden wollte.

Damals kostete es nicht nur Mut, Softwareentwicklung als wechselseitigen Lernprozess aller Beteiligten zu verstehen, Wertvorstellungen und Interessen anzuerkennen, Partizipation einzufordern und inkrementelle Entwicklung in den Mittelpunkt zu stellen, sondern diese heute selbstverständlichen Begriffe waren im Zusammenhang mit Software noch nicht einmal im Gebrauch. Die Mainstream-Softwaretechnik in Frage zu stellen, führte zu Sprachlosigkeit und zum Vorwurf der Unwissenschaftlichkeit – ein wissenschaftliches Neuland war entstanden.

Allmählich gelang es mir, eine Arbeitsgruppe aufzubauen, die mit mir dieses Neuland betreten wollte. Der Ansatz *STEPS* – Softwaretechnik für evolutionäre, partizipative Systementwicklung – ist nicht nur mein Ergebnis, sondern das meiner Arbeitsgruppe [Floyd, Reisin, Schmidt 1989]. Die von mir befürwortete Re-Orientierung der Softwaretechnik habe ich in [Floyd 1987] dargestellt. Anstelle der herkömmlichen Produktionssicht bekannte ich mich zu einer *Design-Sicht* der Softwareentwicklung [Floyd 1994]. Und ich wollte die erkenntnistheoretischen Grundlagen einer so veränderten Softwaretechnik aufspüren, das führte zum Symposium und zum Buch „Software Development and Reality Construction" [Floyd, Züllighoven, Budde, Keil-Slawik 1992].

Verbündete für unsere Herangehensweise fanden wir nur zu einem geringen Teil in der Softwaretechnik, sondern in Deutschland in der aufstrebenden *Software-Ergonomie*, in Skandinavien im *Participatory Design* und in den USA im Bereich *Computer Supported Cooperative Work.*

Das alles mag Grenzgänger in der Informatik, insbesondere Frauen, angelockt haben, bei mir zu promovieren. Alle haben sich für die Wechselwirkung von Menschen und Technik interessiert. Ein übergeordnetes Anliegen war Kooperation – das Zusammenarbeiten an einem gemeinsamen Arbeitsgegenstand – in Lernprozessen, meist bei Softwareentwicklung und -einsatz. Manche haben sich bewusst an mir orientiert, andere hatten eigene Themen. Jede ist auf ihre Weise über meine Ansätze hinausgegangen.

Im Folgenden möchte ich alle Arbeiten vorstellen. Da es zwölf sind, kann ich jeweils nur eine kurze Einführung geben. Dabei verwende ich so manche

Schlüsselbegriffe, doch kann ich sie im Rahmen dieses Beitrags weder herleiten, noch die Quellen zitieren, auf die sich die Dissertationen beziehen. Obwohl die meisten Arbeiten konstruktive und methodische, empirische und theoretische Anteile haben, will ich sie aus meiner Sicht nach ihren verschiedenen Schwerpunkten gruppieren.

Konstruktion und Bewertung von Artefakten

Design umfasst *technischen Entwurf* sowie *soziotechnische Gestaltung* und lässt sich als *Verstehen* und *Herstellen* charakterisieren. Das Verstehen bezieht sich auf den Software-Kontext. Beim Herstellen geht es um die Konstruktion und Bewertung von Artefakten – das sind in der Softwaretechnik nicht nur Softwaresysteme, also Programme, sondern auch Modelle, Datenstrukturen, Methoden und vieles mehr. Aus Design wird *Design-Forschung*, wenn es sich um besonders innovative Artefakte handelt und die Gewinnung von Erkenntnis anhand des Designs im Mittelpunkt steht. Design-Forschung vollzieht sich in Zyklen der *Konstruktion, Bewertung und Reflexion* von Artefakten im Kontext. Vier meiner Promotionsstudentinnen haben diesen Forschungsansatz mehr oder weniger bewusst verfolgt. Sie interessierten sich für unterschiedliche Teilaspekte der Softwareentwicklung, die sie reflektierten und daraus Gesichtspunkte für die methodische Unterstützung ableiteten.

Barbara Kleinen [2009] hat in mehreren Zyklen ein Softwaresystem konstruiert, bewertet und revidiert, das *Infrastruktur* für die *Kooperation in Projektteams* bereitstellt. Da sie dieses System immer wieder in Lehrprojekten eingesetzt hat, konnte sie aus der Praxis Rückkopplung für die weitere Entwicklung des Systems gewinnen. Durch die fortlaufende Reflexion hat sie ein tieferes Verständnis dafür erworben, worin Kooperation besteht und wie sie technisch unterstützt werden kann. Sogenannte *Kooperationsobjekte*, die von ihrem System verwaltet werden, dienen dazu, für jedes Team die wesentlichen Aspekte seiner Kooperationssituation zusammenzufassen.

Carola Lilienthal [2008] befasst sich mit *Softwarearchitektur*, dem Aufbau von Softwaresystemen aus Modulen und ihren Beziehungen. Bei großen und langlebigen Systemen wird die hohe *Komplexität der Architektur* schwer durchschaubar. Wie die kognitive Psychologie zeigt, verwenden Menschen drei Mittel, um Komplexität zu bewältigen: die Bildung von *Hierarchien*, das Zusammenfassen ähnlicher Elemente in *Chunks* und die Anordnung der Elemente in Muster oder *Schemata*. In Anlehnung daran und bezugnehmend auf zahlreiche Fallstudien entwickelt Lilienthal ein *Komplexitätsmodell*, das *Modularität*, *Mustertreue* und *Geordnetheit* zusammenfasst, sowie Strategien für dessen Verwendung in der architekturzentrierten Softwareentwicklung.

Bei *Anita Krabbel* [1994] geht es um *Domänensoftware*, um das Anliegen, Informationssysteme für eine Klasse vergleichbarer Organisationen (hier Krankenhäuser) bereitzustellen. Die kontextbezogene Herangehensweise erfordert eine Auseinandersetzung mit den Wechselwirkungen von Menschen, Technik und Organisation, um die Aufgaben Einzelner und ihre Kooperation zu untersuchen. Das zentrale Artefakt ist ein *Domänenmodell,* das aus Interviews und Arbeitsplatzuntersuchungen gewonnen und in den Sichten der Beteiligten ‚geerdet' ist. Domänensoftware muss sich an den verallgemeinerten Anforderungen einer Domäne orientieren und die Anpassung an die individuelle Aufbau- und Ablauforganisation gestatten.

Lahouaria Bendoukha [2009] hat, weitgehend auf der Basis von Literaturstudium, ein besonders anspruchsvolles Modellierungsvorhaben durchgeführt. Sie entwickelte eine *Ontologie* – ein *formales, konzeptuelles Modell* eines Gegenstandsbereichs – für den allgemeinen Gegenstandsbereich *Kooperation.* In ihrem Modell stellte sie ein Netzwerk von Begriffen zusammen, das die Wechselwirkungen von Menschen, Organisation und Technik abstrakt beschreibt und auf einzelne Softwareprojekte spezialisiert werden kann. Dieses Ontologie-Artefakt kann besonders zur Unterstützung von ähnlichen Projekten in ein- und derselben Organisation dienen.

Diese Arbeiten verweisen auf eindrucksvolle Weise auf die Vielfalt von Möglichkeiten für eine Design-Forschung in der Softwaretechnik. Dabei sind die Themenfindung, der Forschungsweg, die Konstruktion, die Bewertung und Reflexion im Kontext, aber auch das Niederschreiben der Ergebnisse kreative Prozesse, die sich wechselseitig bedingen.

Kontext-adäquate Empirie

Die traditionelle Softwaretechnik stellt keine Methoden zur Untersuchung des Kontextes bereit. Dazu sind vielmehr sozialwissenschaftliche Methoden nötig, die in der Informatik nicht vermittelt werden.

Verbreitet ist die Verwendung *quantitativer Methoden* zur Untersuchung messbarer Merkmale der Software selbst (zum Beispiel hat Lilienthal [2008] Qualitätsmaße für Softwarearchitekturen eingeführt) oder ihres Einsatzes. *Qualitative Methoden* sind erforderlich, um die spezifischen Bedingungen von Software-Herstellung und -Einsatz in einzelnen Projekten und Organisationen zu ermitteln. Die Projekte bzw. Organisationen werden dann zu Fallstudien.

Die Verwendung qualitativer Methoden im Rahmen von Design hat schon eine lange Tradition: So hat auch Krabbel [1994] Arbeitsplatzuntersuchungen und Interviews durchgeführt; Lilienthal [2008] und Kleinen [2009] haben sich an der *Grounded Theory* orientiert, um ihre Modelle begrifflich zu fassen.

Bei Dissertationen mit einem empirischen Schwerpunkt war ich dagegen auf sozialwissenschaftliche Ko-Betreuung angewiesen. Dies war zum ersten Mal bei *Ulrike Erb* [1996] der Fall, die *Frauenperspektiven auf die Informatik* herausarbeitete und dazu auf Basis von *offenen, themenzentrierten Interviews* eine Bestandsaufnahme der fachlichen Zugänge, der beruflichen Werdegänge und der wissenschaftlichen Interessen von Frauen, die in Deutschland in der

Informatik promoviert hatten, durchführte. Ihre Arbeit zeichnet sich durch hohe Sensibilität aus. Ohne vereinfachende Stereotypen aufzuzeigen, geht sie sorgsam auf die Vielfalt der Standpunkte ein. Als *thematische Schwerpunkte* von Frauen stellt sie die *Theoretische Informatik*, die *Künstliche Intelligenz* und das *angewandte Software Engineering* heraus.

Frauen, die den letztgenannten Themenschwerpunkt bearbeiten, sind unter anderem bei mir gelandet und haben es mir mit ihren Themenwünschen nicht immer leicht gemacht. Soll es denn auch in der Softwaretechnik empirische Forschung geben? Wo liegt die *Grenzlinie* zwischen den Sozialwissenschaften und der Softwaretechnik? Das kommt darauf an, wo wir diese Grenzlinie ziehen. Ich habe sie dort gesehen, wo empirische Forschungsergebnisse als Grundlage genutzt werden, um bessere methodische Unterstützung für die Entwicklung und den Einsatz von Software gewährleisten zu können. In diesem Sinne habe ich zwei Arbeiten in der *empirischen Softwaretechnik* betreut.

Martina Hammel [2002] befasst sich mit den Bedingungen *partizipativer Entwicklung* angesichts der *Geschlechterhierarchie* in Organisationen. Oft sind Frauen die Benutzerinnen, Männer die Entwickler und die Chefs. Partizipation findet nicht geschlechtsneutral statt, sondern Machtstrukturen in Organisationen werden durch Technikentwicklung und -einsatz gestärkt. Hammel hat eine umfassende Untersuchung in einem Telefonie-Unternehmen durchgeführt und die Beschäftigten bei partizipativen Prozessen der Einführung neuer Technologien begleitet. Aus ihrer Erfahrung schlägt sie eine Reihe von Maßnahmen vor, die Benutzerinnen helfen können, ihre Interessen wirkungsvoller zu vetreten.

Das Interesse von *Andrea Sieber* [2007] ist die *Softwareentwicklungsarbeit* in kleinen Unternehmen mit dem Ziel, *Methoden* erfolgreich *einzuführen*. Zur *Rekonstruktion der Eigenlogik* dieser Arbeit verwendet sie Grundlagen aus Softwaretechnik und Arbeitssoziologie. Dann untersucht sie ausgewählte Unternehmen mit qualitativen Methoden, vor allem *Beobachtung* und *Interviews*. So arbeitet sie *typische Arbeitsstile* von Softwareentwicklern bzw. von Geschäftsführern heraus. Diese dienen als *Reflexionshilfe*, um die Zusammenarbeit in einem Unternehmen zu verstehen und zu verbessern, und um Kriterien für die Auswahl von geeigneten Methoden zu entwickeln.

Wie alle drei Arbeiten zeigen, bezieht sich empirische Forschung nicht nur auf die aus dem Feld gewonnenen Daten, sondern auch auf theoretisches Vorwissen, auf Sichten des Gegenstandsbereichs, die die Deutung der Daten erst möglich machen. Das zeigt, wie wichtig es ist, tragfähige Theorien zu entwickeln, um den Software-Kontext einordnen zu können.

Theorieentwürfe zum Software-Kontext

Wie Dittrich [1997, S. 181] hervorhebt, habe ich durch den vorgeschlagenen Paradigmenwechsel der Softwaretechnik eine neue Diskussion „angerissen", sie aber nicht theoretisch untermauert. Da der Software-Kontext aus einer Fülle verschiedener Blickwinkel betrachtet werden kann, sind je nach eigener Präferenz unterschiedliche Theorieentwürfe möglich. Gemeinsam ist dabei, dass auf Theorien in den Geistes- und Sozialwissenschaften zurückgegriffen wird, die sich bisher – wenn überhaupt – auf Technik im Allgemeinen beziehen, während in der Softwaretechnik das Spezifische im Fokus steht. Dies möchte ich an drei Beispielen deutlich machen.

Fanny-Michaela Reisin [1992] betrachtet *Software als Arbeitsmittel* und die Softwareentwicklung als kreativen Prozess, in den die *Subjektivität* und die *Zweckantizipation* aller Beteiligten eingehen. Sie bezieht sich dabei auf die *kritische Psychologie*, auf den Begriff der *Perspektive*, der in die Informatik eingeführt ist und den sie bis hin zur erkenntnispsychologischen Grundlegung untersucht. Perspektivität ist demnach für die Herausbildung von Objekten grundlegend. Softwareentwicklung lässt sich als Theoriebildung betrachten, Reisin erweitert diesen Ansatz zu einer *kooperativen Theoriebildung*.

Für *Yvonne Dittrich* [1997] ist *Software eine Technik aus Sprache*. Grundlegend für sie ist der Begriff der *symbolischen Maschine*. Zum Verständnis von Software im sprachlichen Kontext bezieht sie sich auf Semiotik und Sprachphilosophie. Software ist *formalsprachlich* verfasst (und implementiert so das Programm des frühen Wittgenstein). Gedeutet wird sie bei Entwicklung und Einsatz im *normalsprachlichen* Kontext (entsprechend der Gebrauchsbedeutung beim späten Wittgenstein). Dittrich betont daher die Wichtigkeit einer gemeinsamen *Projektsprache* und stellt *Interpretierbarkeit* als Qualitätskriterium heraus.

Während diese beiden Ansätze in engem Bezug zu meiner Sicht von Softwareentwicklung als Design stehen, hält *Beate Kuhnt* [1998] auch diese Sicht nicht für ausreichend und stellt ihr eine *Interventionssicht* gegenüber. Dabei rückt die Anwendungsorganisation ins Zentrum. Sie betrachtet *Organisationen als autopoietische, selbstorganisierende Systeme*, die nicht von außen zu Änderungen veranlasst werden können. Daher sieht sie die Aufgabe der Entwickler darin, Probleme und Änderungsmöglichkeiten aufzuzeigen. Diese *systemische Intervention* muss mit dem Design wie bei einer doppelten Helix aufeinander bezogen und verzahnt werden.

Diese und andere theoretischen Entwürfe sind Beiträge zu einer Theorie der Informatik, welche über die herkömmliche Softwaretechnik hinausgeht und den Software-Kontext ernst nimmt.

Der kulturelle Kontext

Den Software-Kontext ernst nehmen? Implizit unterstellen alle Theorien, alle Methoden, dass Softwareentwicklung und -einsatz in einem westlich geprägten Industrieland stattfinden. Dort finden sich die vorausgesetzte Bildung, die etablierten Formen der Zusammenarbeit und der Arbeitsteilung, die gängigen Kommunikationswege, der selbstverständliche Zugang zu Technik, das nach Aufbau und Ablauf gegliederte organisatorische Umfeld, die geregelten Mitspracherechte in hierarchischen Zusammenhängen ..., die eine sinnvolle Nutzung von Software im Kontext häufig erst ermöglichen. Darauf stellt sich die Softwareentwicklung ein.

Diese Annahmen erweisen sich nicht als tragfähig, wenn der Software-Kontext in ein Entwicklungsland verlegt wird. Software wird nur selten dort hergestellt, sondern in der Regel gekauft und adaptiert. Informatik gibt es zwar, doch ist sie noch nicht vergleichbar aufgefächert und spezialisiert. Sämtliche Methoden müssen kontextualisiert, kulturelle Modelle zum Einsatz von Technik entwickelt werden. Nicht die Unterstützung einer bereits bestehenden Industrie steht im Vordergrund, sondern der mögliche Beitrag von *Informations- und Kommunikationstechnik* zur *Entwicklung des Landes*. Beide hier beschriebenen Promotionsvorhaben beziehen sich auf einen Einsatz-Kontext in Afrika – in Äthiopien und Namibia.

Rahel Bekele [2006] hat das Anliegen, *kooperatives Lernen* durch Bildung von *heterogenen Lerngruppen* in Schulen zu unterstützen, in denen lernstarke und lernschwache Kinder gemischt sind. In den Erziehungswissenschaften wird ein Ansatz propagiert, bei dem *Persönlichkeitsmerkmale* erfasst werden, aus denen die *vermutete Leistungsfähigkeit in Mathematik* vorausgesagt wird. Die Speicherung dieser Daten (bei entsprechendem Datenschutz) erlaubt ihre automatische Verarbeitung. Mit einem anspruchsvollen mathematischen Verfahren, den Bayesischen Netzen, wird eine optimale *Einteilung in Gruppen* erreicht. Dieses System wurde in Addis Abeba erprobt.

Heike Winschiers [2001] hat als Dozentin in einer Universität in Namibia ein *Softwaresystem zur Unterstützung des Informatik-Studiums* entwickelt und eingesetzt. Die Auswertung kam zu einem schlechten Ergebnis. Dies führte zu einer *Design-Forschung*, bei welcher der *Dialog über kulturelle Grenzen hinweg* im Fokus steht. Da jede persönliche Perspektive kulturgebunden ist, erweist sich das Erlangen einer gemeinsamen Sichtweise in einer multikulturellen Umgebung als problematisch. Auch softwarebezogene Dialoge sind anfällig für kulturbedingte Missverständnisse. Systementwicklung im interkulturellen Bereich erfordert es daher, die Kommunikationskompetenz der Beteiligten zu berücksichtigen und kulturadäquate Kommunikationstechniken zu wählen.

Diese beiden Arbeiten können als explorativ gelten: sie erkunden ein noch weitgehend unausgelotetes Terrain. Eine in anderen Kulturen kontextualisierte oder mindestens kontextualisierbare Softwaretechnik ist erst im Entstehen. Durch die Begleitung von Projekten und die Beratung bei der Anpassung von Methoden kann auch ich vielleicht noch einen Beitrag dazu leisten.

Individuelle Forschung und Forschungsrichtungen

Die in diesem Beitrag geleistete Zusammenstellung der Dissertationen liest sich so, als ob jede Arbeit den ihr eigenen Platz einnimmt und auf natürliche Weise mit anderen gemeinsam auftritt. Diese Einordnung ist jedoch nicht die einzig mögliche. Die Arbeiten lassen sich auch anders gruppieren, zum Beispiel nach Themenschwerpunkten wie Kooperation oder Partizipation, oder sie lassen sich einfach nur einzeln betrachten.

Hier wird eine Einordnung der Arbeiten versucht, die nur rückblickend möglich ist. Genau genommen ist sie beim Schreiben dieses Beitrags entstanden. Meine Absicht war es, eine Reflexionsebene zu schaffen, die mir nicht nur gestattet, über die einzelnen Dissertationen zu berichten, sondern auch aus meiner Sicht die verschiedenen Forschungsrichtungen einer Softwaretechnik im Kontext aufzuzeigen: Design-Forschung, empirische Softwaretechnik, kontext-bezogene Theoriebildung und die Übertragung in andere kulturelle Kontexte.

Damit soll aber die Einzigartigkeit der jeweiligen Arbeit nicht in Abrede gestellt werden. Während ich sie betreut habe, war sie für mich nicht ein Element in einem vorgefertigten Muster, sondern ein gemeinsam erlebtes Abenteuer – ein anspruchsvolles Wissensprojekt, bei dem nicht nur meine jeweilige Promotionsstudentin, sondern auch ich tiefe Einsichten gewonnen haben. So ist das heute erkennbare Muster erst entstanden. Aus jedem Betreuungsprojekt habe ich Wertvolles gelernt und war bei der nächsten Betreuung schon eine andere.

Deshalb will ich – in der zeitlichen Reihenfolge der Promotionen – meinen Dank aussprechen an Michaela, Ulrike, Yvonne, Beate, Anita, Martina, Heike, Rahel, Andrea, Carola, Barbara und Lahouaria. Ihr habt mir zwar viel Arbeit gemacht, aber mein Leben auch bereichert. Nur dadurch, dass ich den Weg von Euch und anderen fördern und begleiten durfte, und Ihr das wiederum mit Jüngeren fortsetzt, bleibt Wissenschaft lebendig.

Bibliografie

Bekele, Rahel, *Computer-Assisted Learner Group Formation Based on Personality Traits*, Universität Hamburg, 2005.

Bendoukha, Lahouaria, *Ein ontologisches Rahmenwerk für Kooperationsunterstützung bei evolutionärer und partizipativer Systementwicklung*, Universität Hamburg, 2009.

Dittrich, Yvonne, *Computeranwendungen und sprachlicher Kontext: Zu den Wechselwirkungen zwischen normaler und formaler Sprache bei Einsatz und Entwicklung von Software*, Frankfurt am Main: Peter Lang, 1997.

Erb, Ulrike, *Frauenperspektiven auf die Informatik. Informatikerinnen im Spannungsfeld zwischen Distanz und Nähe zur Technik*, Münster: Westfälisches Dampfboot, 1996.

Floyd, Christiane, „Outline of a Paradigm Change in Software Engineering“, in: Gro Bjerknes, Pelle Ehn, M. Kyng (Hg.), *Computers and Democracy – a Scandinavian Challenge*, Aldershot, Hampshire: Dower Publishing Company 1987; S. 192-210.

–, „Software-Engineering – und dann?“ in: *Informatik Spektrum,* Band 17, Heft 1, 1994, S. 29-37.

–, Fanny-Michaela Reisin, Gerhard Schmidt, „STEPS to Software Development with Users“, in: Carlo Ghezzi, John A. McDermid (Hg.), *ESEC'89, Lecture Notes in Computer Science* Nr. 387, , Berlin, Heidelberg: Springer-Verlag, 1989, S. 48-64.

–, Heinz Züllighoven, Reinhard Budde, Reinhard Keil-Slawik (Hg), *Software Development and Reality Construction*, Berlin, Heidelberg: Springer Verlag, 1992.

Hammel, Martina, *Partizipative Softwareentwicklung im Kontext der Geschlechterhierarchie,* Frankfurt am Main: Peter Lang, 2002.

Kleinen, Barbara, *Kooperationsinfrastruktur für Projektteams*, Universität Hamburg, 2009.

Krabbel, Anita, *Entwurf, Auswahl und Anpassung aufgabenbezogener Domänensoftware*, Universität Hamburg, 2000.

Kuhnt, Beate, *Softwareentwicklung als systemische Intervention in Organisationen*, Universität Zürich, 1998.

Lilienthal, Carola, *Komplexität von Software-Architekturen*, Universität Hamburg, 2008.

Reisin, Fanny-Michaela, *Kooperative Gestaltung in partizipativen Software-Projekten*, Frankfurt am Main: Peter Lang, 1992.

Sieber, Andrea, *Arbeitsstile in der Softwareentwicklung – Wie die Einführung neuer Methoden in kleinen Software-Unternehmen gelingt!*, Technische Universität Chemnitz, 2007.

Winschiers, Heike, *Dialogical Systems Design across Cultural Boundaries*, Universität Hamburg, 2001.

Nadia Magnenat-Thalmann

Der Humanoide Roboter Nadine: Ein Begleiter für Bürger

Ada Lovelace gilt in der Wissenschaftsgeschichte als erste Person, die ein Computerprogramm verfasst und veröffentlicht hat. Überdies entwickelte sie neue visionäre Überlegungen über die Grenzen dessen, was maschinell berechenbar sei und mit denen sie ihrer Zeit um viele Jahre voraus war. Dazu gehörte die Vorstellung, dass die Maschine mithilfe von Zahlen auch ganz andere viel komplexere formal definierbare Objekte darstellen sollte, die weit über einfache numerische Größen hinaus gehen. Genau dies stellt konzeptionell den wissenschaftlich revolutionären Sprung von einer einfachen Rechenmaschine zu einem heutigen modernen programmierbaren Computer dar, der diese von Ada Lovelace 1845 antizipierten Möglichkeiten in großen Teilen ausschöpft. Seit jener Zeit, in der der von Babbage entworfene mechanische Computer, die *Analytical Engine,* leider nicht einmal eine mechanische Funktionsfähigkeit erreichte, hat es mehrere technische Revolutionen gegeben, die durch neue Entwicklungen und neue Anwendungen im Bereich der Computertechnik verursacht wurden. Besonders wichtige Meilensteine sind hier die Einführung von persönlichen Computern (PCs), Grafischen Benutzeroberflächen und die Einführung des Internets. Computertechnik beeinflusst mittlerweile fast alle unsere täglichen Aktivitäten. Es geht sogar so weit, dass Menschen neue Wirklichkeiten in dreidimensionalen rechnergenerierten ‚Virtuellen Welten' erleben können, in denen auch andere rechnergenerierte Personen dreidimensional und animiert dargestellt werden. Wir können mit Computertechnologie das Innere unseres Körpers darstellen, Musik und Filme digitalisieren, aber auch mit einem autonomen humanoiden Roboter Tennis spielen. Wir können sogar mittels Computertechnologie die Illusion der taktilen Wahrnehmung erzeugen, die man beim Berühren eines Textils erfühlt. Roboter sind schon seit etlichen Jahren in vielen verschiedenen Bereichen ein Teil unserer Welt. Vielleicht sieht man dies am eindrucksvollsten in ‚Science Fiction'-Filmen, aber auch in der Produktionstechnik am Fließband in einer Fabrik. Besonders wichtig ist die Hilfe von Robotern bei Arbeit in schwierigen Situationen und dort insbesondere bei der Suche und Rettung von Personen, an Orten die für Menschen schwer zugänglich oder zu gefährlich oder gar lebensfeindlich sind.

Menschen haben oft davon geträumt, Roboter zu haben, die ihnen langweilige und einfache Routinarbeiten abnehmen. Deswegen versuchen Wissenschaftler und kommerzielle Unternehmen seit einigen Jahren, Roboter zu entwickeln, die als Helfer und Begleiter für Menschen dienen können. Hierbei sollen diese Roboter vor allem älteren Mitbürgern, Kindern und z. B. auch Menschen mit autistischen Störungen helfen. Diese humanoiden Roboter können mit Menschen sogar in Gesprächen interagieren und beim Lesen von Texten helfen. Außerdem können diese Roboter bei Menschen sich wiederholende Verhaltensabläufe entdecken und z. B. in der Mimik des Menschen den Ausdruck von Emotionen wahrnehmen und darauf angemessen reagieren. Diese Roboter haben viele Sensoren und Antriebselemente. Hierzu gehören auch Kameras, Mikrofone und Lautsprecher. Daher können sie sehen, zuhören und sprechen und außerdem ganze Situationen und kritische Abläufe überwachen. Ein großer Teil der aktuellen Forschung behandelt Probleme, bei denen Roboter die Bedeutung aller möglichen ‚sozialen Signale' der menschlichen verbalen und non-verbalen Kommunikation im realen Leben analysieren sollen. Dazu gehört z. B. zu erkennen, wer in einer Gruppe von Menschen gerade spricht, mit welcher emotionalen Tonlage und welcher Absicht, und wer wen gerade anschaut. Die Vision von einem regelmäßigen Zusammenleben mit Robotern ist noch nicht realisierbar. Im Informatikgebiet des maschinellen Lernens wird künstlich aus Erfahrung Wissen erzeugt. Dies kann etwa durch das automatisierte Lernen von Beispielen geschehen. So werden manche Spracherkennungssysteme ‚darauf trainiert', die von einer speziellen Person gesprochenen Texte zu verstehen. Denn diese Systeme können z. B. lernen, die für eine einzelne Person speziellen Klangmuster der Sprache zu erkennen und damit die von dieser Person ausgesprochenen Texte zu konstruieren. Dies geschieht unter anderem mittels von dieser Person gesprochenen, vom System vorgegebenen, beispielhaften Modellsätzen. Neue Fortschritte aus verschiedenen Bereichen des Maschinellen Lernens, wozu auch automatisierte Bilderkennung gehört, werden bei Experimenten mit humanoiden Robotern eingesetzt. Diese Roboter sollen dadurch lernen, sich gewisser Situationen bei der Interaktion mit Menschen bewusst zu sein, genauer den Typ dieser Situation zu erkennen und entsprechend helfend zu reagieren. Jedoch hängt hier das erfolgreiche frühe Erkennen der Gesamtsituation davon ab, wie treffsicher der Algorithmus des Systems auf die Absichten und die nachfolgenden Aktionen einer Person schließen kann. All dies ist sehr schwierig, denn Menschen sind oft unberechenbar und haben oft sehr komplexe Bedürfnisse und Wünsche. Hier kann es für den erfolgreichen auf Maschinellem Lernen basierten Einsatz von neuen Methoden erforderlich sein, dass beide Beteiligte, Mensch und Roboter, sich ihre Intentionen gegenseitig verständlich machen. Auch der Mensch als Nutzer möchte Entscheidungsprozesse des Roboters verstehen. Die Mitteilung dieser Prozesse ist für eine erfolgreiche Interaktion der beiden genauso wichtig, wie die Erkennung der menschlichen Intentionen durch den Roboter.

Statistiken der Weltgesundheitsorganisation (WHO) zeigen, dass im Jahr 2050 mehr als zwei Milliarden Menschen über 60 Jahre alt sein werden. Das sind dreimal so viele wie im Jahr 1980. Außerdem zeigt der entsprechende WHO Bericht, dass bei 25 bis 30 Prozent der Bevölkerung, die älter als 85 Jahre sind, die kognitiven Fähigkeiten in einem gewissen Umfang nachlassen werden. Manche Forscher machen darauf aufmerksam, dass im Jahr 2040 bis zu 3,5 Prozent (der Weltbevölkerung) häusliche Pflegedienste benötigen werden.

In der Tat werden viele Industrienationen wie Japan, Deutschland und die USA in ihrer Bevölkerung sehr viele Menschen haben, die älter als 85 Jahre sein werden. Um für diese großen Teile der Bevölkerung angemessene Unterstützung bereitzustellen, werden mehr und mehr neue technologische Lösungen nötig sein. Dieses Problem wird durch einen Mangel an Pflegekräften verschärft werden.

Forschungsprojekte, wie etwa zum humanoiden Roboter Nadine, werden zunächst Anwendungsthemen zum Nutzen älterer Mitbürger behandeln. Der Erfolg soll dann von Nutzern in Pflegeheimen evaluiert werden. Insgesamt sollen bei dieser Forschung neue Methoden entworfen, entwickelt und getestet werden, die ein aktives und gesundes Altern fördern. Dies soll z. B. durch die frühe Entdeckung von gesundheitlichen Risikofaktoren geschehen. Im Zusammenhang damit sollen geeignete Interventionsmöglichkeiten bereitgestellt werden, die gesundheitliche Risiken im Leben der älteren Nutzer des Roboters Nadine deutlich reduzieren.

Für die Lebensqualität der älteren Mitmenschen ist es entscheidend, dass sie physisch, sozial und mental aktiv bleiben, dass sie nur wenig von der direkten Hilfe anderer Menschen abhängig sind und dass sie alle Dinge selbst machen können. All dies stärkt ihre Zuversicht und hilft ihnen, ihren gesundheitlichen Gesamtzustand lange gut zu erhalten und damit schwere Beeinträchtigungen durch den Alterungsprozess sehr lange aufzuhalten. Nadine soll bei ihrem älteren Nutzer Verhaltensmuster erkennen, die frühe Anzeichen von Risikofaktoren im Alterungsprozess sind. Dazu gehören Anzeichen physischer Schwäche, Stürze, kognitive Einschränkungen und Depression. Basierend auf der Analyse des Nutzerverhaltens, können durch den Vergleich mit anderen Nutzerprofilen im gegebenen Kontext intelligente Interventionsmöglichkeiten entworfen und vorgeschlagen werden. Die Beobachtung und Intervention soll hier wesentliche Aspekte des täglichen Lebens der älteren Nutzer behandeln. Dazu gehören folgende Bereiche: physisches Wohlbefinden, mentales und emotionales Wohlbefinden und das soziale Wohlbefinden. Im Einzelnen sollen Indikatoren für physisches Wohlbefinden u. a. Daten bezüglich sportlichen Aktivitäten, Nahrungs- und Flüssigkeitsaufnahme und Schlafverhalten evaluieren. Mentales Wohlbefinden kann durch die Evaluation von Lernaktivitäten und anderen mentalen Aktivitäten überprüft werden. Die Einschätzung des emotionalen Wohlbefindens soll Indikatoren bezüglich der Lebensfreude, des Umgangs mit Stress und Indikatoren bezüglich des Bewusstseins der eigenen Emotionen einbeziehen. Für die Beurteilung des sozialen Wohlbefindens eines älteren Menschen sollten dessen Kontaktpflege mit anderen Menschen und seine sozialen Aktivitäten geeignet gemessen und interpretiert werden.

Unser humanoider Begleiter für Bürger, Nadine, soll die Interaktion von älteren Nutzern mit dem Computer erleichtern. Nadine wird mit ihren Nutzern in vielfach verschiedenen Formen interagieren, die Sprache und Gestik einschließen. Anwendungsprogramme werden Möglichkeiten bieten, die Verhaltensmuster älterer Nutzer zu analysieren und sie den Nutzern in geeigneter, verständlicher Weise zu visualisieren, um sie ihren Nutzern bewusst zu machen. Die Interventionsmöglichkeiten schließen Empfehlungen für physische Aktivitäten, tägliche Gewohnheiten, kognitive Übungen und soziale Interaktionen ein. Dazu gehören auch Vorschläge zur Stressbewältigung und zum Umgang mit negativen Emotionen. Die konstruktiven Anwendungsmöglichkeiten sind hier zahllos. Letztere werden weiter wachsen und basierend auf zukünftigen Erfahrungen gegebenenfalls auch priorisiert werden.

Bereits oben wurde deutlich, dass zur hier angestrebten hilfreichen und angenehmen Interaktion mit humanoiden Robotern einige fundamentale Fragen und Probleme bearbeitet werden müssen, die man hier zur Grundlagenforschung rechnen muss. Ein Teil dieser Fragen und ihre Einbettung in einen grundlegenden Gesamtkontext soll in der abschließenden Bemerkung skizziert werden. Diese grundlegenden Probleme ergaben sich bereits aus der Analyse sehr konkreter Fragen, die folgende einschließen: Wer macht Gebärden und welche Bedeutung haben sie? Welche Botschaft und welche Absicht sind mit verbalen und non-verbalen Kommunikationssignalen verbunden? In diesem Themenkreis gilt es derzeit als schwierigstes Problem, ein umfassendes Wahrnehmungsmodell zu entwickeln, das Hinweise auf wesentlich soziale Signale klassifiziert und erkennt – und in diesem Kontext auch wesentliche Teile von Elementen des damit verbundenen sozialen Entscheidungsprozesses klassifiziert und erkennt. Denn nur dies ermöglicht es, dass Roboter wie Nadine im analysierten gesamten Kommunikationskontext angemessen reagieren, und mit einer geeigneten Auswahl von Sätzen und Verhaltensweisen antworten. Bis jetzt gibt es erst wenige Ergebnisse über geeignete Modelle für elementare Komponenten des dem Kommunikationskontext entsprechenden, menschlichen sozialen Entscheidungsprozesses, der die elementaren menschlichen Absichten und entsprechend geeignete Reaktionen und Initiativen des Roboters abbildet. Eine in der praktischen Wirkung erfolgreiche Behandlung dieses Grundlagenproblems muss daran gemessen werden, ob es zu einer aus menschlicher Sicht angenehmen Interaktion bzw. Kommunikation zwischen dem menschlichen Nutzer und dem Roboter kommt. Hierbei ist es aber auch, wie schon weiter oben bereits gesagt, wesentlich, dass der menschliche Nutzer auch Entscheidungsprozesse des Roboters antizipieren, und man könnte sagen, durch ein Modell interpretierbar, verstehen muss. Das heißt in einfachen Worten „der Roboter muss auch für den Menschen berechenbar“ sein. Wie immer ist bei der Kommunikation zwischen zwei autonomen Wesen in einem gewissen Umfang die gegenseitige Berechenbarkeit wesentlich. Dieser Gesichtspunkt ist keineswegs überraschend, denn unsere gesamte Interaktion mit allen unseren Mitmenschen ist auf diesem, wenn man so will, die verschiedenen Richtungen umfassenden ‚*Multidirectional*-Kommunikations-Aspekt‘ aufgebaut.

Der humanoide Roboter Nadine

Denn auch wir Menschen müssen schon als Kinder, Jugendliche und erst recht als Erwachsene in der Interaktion mit anderen Menschen (untereinander) mit Modellen von erwartetem Verhalten der Anderen arbeiten, wobei die Modelle permanent mittels non-verbaler und verbaler Kommunikation und Interaktion verfeinert werden. Hierbei steht Modell nicht unbedingt für ein formalisiert berechenbares Regelwerk, sondern gemeint ist nur, dass wir als Menschen, natürlich eingebettet in unsere jeweiligen kulturellen Erfahrungen und sozialen Strukturen, im Stande sind, in gewissem Umfang erwartbare Reaktionen vorher zusagen. Denn, wenn wir in unserer Interaktion mit unserem Mitmenschen kein einigermaßen praktisch brauchbares, verfeinerungsfähiges Modell zur Einschätzung von antizipiertem Verhalten der anderen hätten, dann wäre unsere Welt ein Chaos. Letzteres wollen wir ja bei der Interaktion des menschlichen Nutzers mit dem humanoiden Roboter Nadine vermeiden.

Die heutige und die zukünftige Forschung soll die in diesem Kontext erwähnten grundlegenden Fragen zur Ermöglichung einer aus menschlicher Sicht angenehmen Interaktion zwischen einem humanoiden Roboter und einem Menschen zumindest für praktische Anwendungen (z. B. zur Unterstützung älterer Bürger) ausreichend und klar beantworten.

Nadine, die singt.

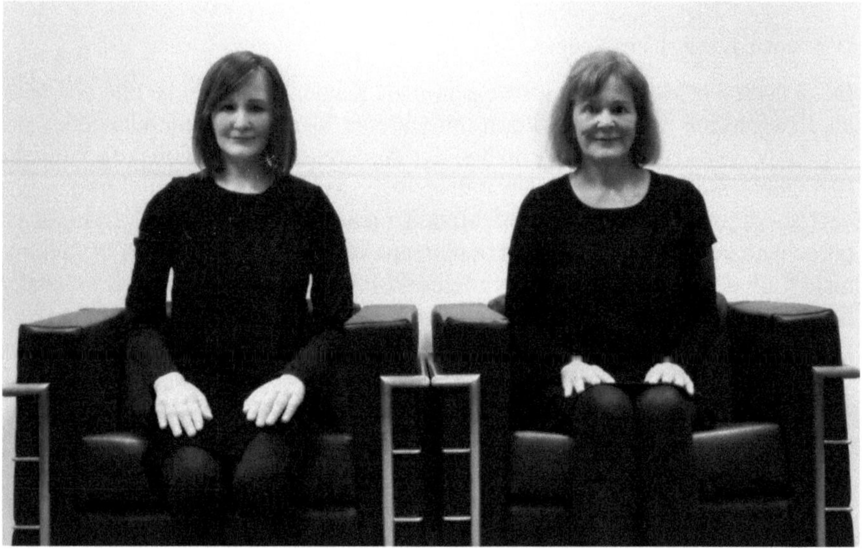

Nadine und Nadia Thalmann

ANJA RICHERT

Das Ende der Theorie? – (Big) Data Science in den Geistes- und Sozialwissenschaften

Big Data – Rohstoffe einer digitalisierten Gesellschaft

Vor kurzem haben wir das Wissenschaftsjahr der Digitalisierung (2014) beendet und das der Zukunftsstadt, der Smart City (2015) begonnen (vgl. BMBF 2015). Smart Cities stellen keine Utopie einer fernen Zukunft dar, sondern sind die konsequente Umsetzung und Verknüpfung von Innovationen der Informations- und Kommunikationstechnologie der letzten Dekaden in einem Anwendungsszenario – der intelligent vernetzten Stadt. Diese Nominierungen machen einerseits deutlich, dass wir uns längst inmitten der rasanten Digitalisierung aller Lebensräume, Wirtschaftssektoren und Arbeitsbereiche befinden, andererseits, dass wir uns mit den dadurch entstehenden Möglichkeiten und Herausforderungen auseinandersetzen müssen.

Ein Effekt und zugleich Ergebnis der umfassenden Digitalisierung sind die riesigen Datenmengen, die dabei entstehen – Big Data. Die fach- und populärwissenschaftlichen Diskurse hierzu gehen seit einiger Zeit intensiv unter den verschiedensten Aspekten (Datensicherheit, Privatsphäre, Terrorismusbekämpfung, Vorhersagen von Kaufverhalten etc.) durch Medien und wissenschaftliche Fachkonferenzen (vgl. Mayer-Schönberger 2013; Geisselberger/Moorstedt 2013). Big Data haben im Wesentlichen drei Merkmale – Volumen, Geschwindigkeit und Heterogenität. Die Menge der Daten ist also einerseits exorbitant hoch, sie beginnt typischerweise im Terabyte-Bereich und ist nach oben hin nicht begrenzt. Die hohen Geschwindigkeiten, mit denen Daten erzeugt und verarbeitet werden, sind andererseits ebenso ein Merkmal von Big Data (vgl. Minelli et al. 2014). Eine weitere wichtige Eigenschaft besteht in der Heterogenität der Datenbeschaffenheit. Da die betrachteten Daten häufig aus sehr verschiedenartigen Quellen stammen, wie z. B. sozialen Netzwerken, elektronischen Handelsplätzen oder Sensoren, unterscheiden sie sich insbesondere in Struktur und Format stark voneinander[1]. Die Datenmenge wächst insbesondere durch diejenigen Datenbestände, die maschinell erzeugt werden, beispielweise durch Sensoren in Fahrzeugen, Überwachungskameras, Bewegungsprofile über Handys, Wetterdaten usw., stetig an. Dieses Wachstum ist prinzipiell unbegrenzt, denn die globale Vernetzung schreitet kontinuierlich, nicht nur im Bereich der produzierenden Industrie, fort. Wir befinden uns auf dem Weg von der Industrie 4.0 zur *Society 4.0* (vgl. Jeschke 2014).

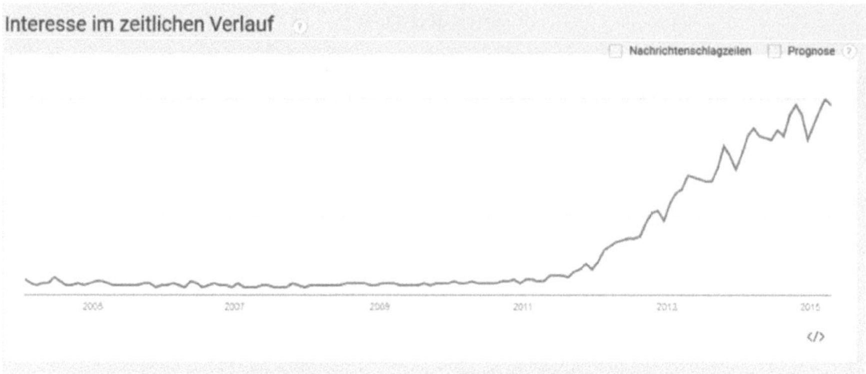

Abbildung 1: Google Trends zum Interesse am Thema „Big Data“

Big Data werden nicht selten als das Gold des digitalen Zeitalters tituliert, ein Rohstoff, dessen Wert die unterschiedlichen Wissenschaftsdisziplinen gerade erst zu verstehen beginnen. Die Werkzeuge, um das Daten-Gold aus der Masse aller verfügbaren Daten heraus zu waschen, sind massiv unter Entwicklung von zahlreichen *Data Science Communities*. Das damit beauftragte und neu geschaffene Berufsbild – der *Data Scientist* – wird bereits jetzt als der „sexiest Job“ des 21. Jahrhunderts beschrieben (vgl. Davenport/Patil 2012).

(Big) Data Science fokussiert auf insbesondere die Entwicklung, geschickte Kombination und Anwendung von komplexen Analysealgorithmen, denn traditionelle Datenbankabfragen sind ungeeignet, weil sie die kaum strukturierten Datenmengen nicht durchdringen. Davon abgesehen sind einzelne Rechenkerne meist nicht schnell genug, so dass Cluster von Rechenkernen benötigt werden, die wiederum aufgrund der ‚Arbeitsteilung‘ spezielle Algorithmen erfordern, wie etwa den *Map-Reduce*-Algorithmus, nach dem die Suchmaschine Google arbeitet (vgl. Lämmel 2008). Die rasant ansteigenden Publikationen und populärwissenschaftlichen Auseinandersetzungen (vgl. Abb.1) mit dem Thema Big Data machen deutlich: Nichts treibt die Utopie einer perfekt zu managenden Gesellschaft derzeit stärker an als der Glaube an die Zauberkraft von Big Data.

Unternehmensbezogen firmieren Prozesse und Verfahren zur systematischen Analyse großer Datenbestände häufig unter dem Begriff *Business Intelligence*. Das Ziel der Datenanalysen besteht dann darin, Unternehmen effektivere strategische oder operative Entscheidungen auf der Grundlage einer Aus-wertung unternehmenseigener sowie Markt- und Wettbewerberdaten zu ermöglichen. Auf Basis der dadurch gewonnenen Erkenntnisse sind die Unternehmen anschließend in der Lage, ihre Kunden- und Lieferantenbeziehungen sowie die Geschäftsabläufe zu optimieren und profitabler zu machen.

Die Übertragung dieses Gedankens auf die Analyse des Kommunikations- und Interaktionsverhaltens einer ganzen Gesellschaft ist Gegenstand des aktuellen geistes- und sozialwissenschaftlichen Diskurses in den sogenannten *eHumanities* bzw. *Digital Humanities*. Digitale Medien eröffnen bisher nicht da gewesene Möglichkeiten, individuelle Motive und soziale Interaktionen zu messen und zu analysieren. Hierauf gründen Datenwissenschaftler auch die Hoffnung, die gesamte Gesellschaft in all ihrer Komplexität besser zu verstehen. Aber wie verändert die umfassende Vernetzung den Erkenntnisgewinn in den (geistes- und sozialwissenschaftlichen) Wissenschaftsdisziplinen?

Wissenserzeugung in Zeiten von Big Data

Die globale Vernetzung wird häufig in Wellen beschrieben. Dabei bezeichnet man den Anschluss der Computer als erste Welle der Vernetzung. Die zweite Welle bestand in der massiven Verbreitung und Nutzung von internetfähigen Mobilfunkgeräten, wie Smartphones oder Tablets. Dieser zurzeit immer noch andauernde Prozess hat bisher eine weitreichende Durchdringung unseres Alltags mit Internetanwendungen erzeugt. Die dritte, gerade beginnende Welle vernetzt nun alle uns umgebenden Maschinen zu einem Internet der Dinge. Das Internet wird auf lange Sicht alle technischen Artefakte einbeziehen, mit denen wir uns umgeben, ob in der industriellen Fertigung, öffentlichen Sektoren wie dem Personennahverkehr oder unseren eigenen vier Wänden – smart production, smart transport und smart homes sind einige der Ergebnisse dieser dritten Welle und basieren auf der Analyse dieser großen Datenmengen.

Die Daten werden von vernetzten Menschen und Maschinen produziert und in automatischen Prozessen gesammelt. Aufgrund ihrer Menge und Komplexität können sie nur noch maschinell ausgewertet werden. Tendenziell ist zu beobachten, dass mit dem Aufkommen des Themas Big Data traditionelle Methoden der Wissenserzeugung (wie klassische Verfahren der Modell- und Theoriebildung) vermehrt in den Hintergrund treten und zunehmend eine Fokussierung auf empirische Daten zu verzeichnen ist. In Big Data liegt dabei einerseits die Chance, durch die hohen Mengen an Daten neue Korrelationen aufzudecken und andererseits die Gefahr, über die Faszination und den Zauber der Analyse-Algorithmen den Unterschied zwischen Korrelation und Kausalität zu vergessen.

Beispiele, die dieses Problem illustrieren finden sich beispielsweise auf den Internetseiten der *spurious correlations* (http://www.tylervigen.com/). Scheinkorrelationen, die u. a. aus der Analyse von *Big Data* entstehen können und Ursache-Wirkungsbeziehung simulieren, die in der Form nicht bestehen. So korreliert beispielsweise die Höhe der Ausgaben für Wissenschaft, Weltraum und Technologie über zehn Jahre mit dem Vorkommen bestimmter Todesarten in den USA, ein kausaler Zusammenhang lässt sich hieraus natürlich nicht ableiten (vgl. Abb. 2)

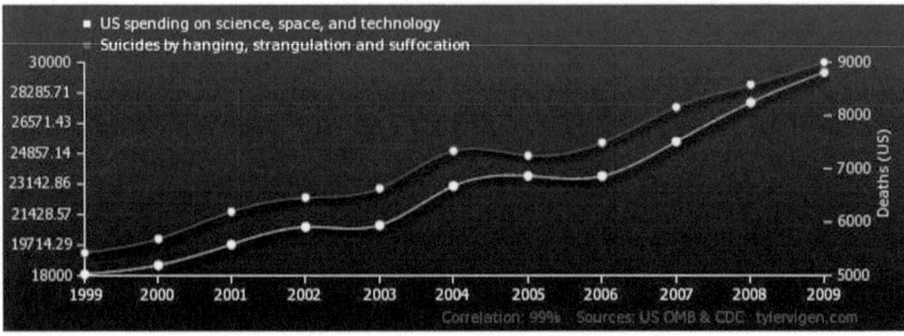

Abbildung 2: Ein Beispiel für *spurious correlations*

In den meisten Fällen sind also weitergehende Analysen, wie sie in den klassischen Erkenntnis generierenden Verfahren vorgesehen sind (wie multivariate Analysen, Strukturgleichungsmodelle etc.) notwendig. In einigen Fällen können Korrelationen jedoch auch ohne Kenntnisse der Zusammenhänge wertvoll sein. Eine amerikanische Auswertung ergab beispielsweise, dass Gebrauchtwagen umso länger halten, je exotischer die Wagenfarbe ist. Wie dieser Effekt entsteht, ist nicht bekannt – die Annahme, dass die Wagenfarbe die Ursache für längere Haltbarkeit ist, erscheint unrealistisch. Die Tatsache, dass eine Korrelation existiert, ist als Information für Händler und Kunden von großem Wert[2].

Da auch Korrelationen an sich bereits einen gewissen Wert haben, stellt sich die Frage, wie sie in großen Datenmengen zu finden sind. Diese als *Big Data Analytics* bezeichneten Vorgehensweisen bestehen zum größten Teil aus zwei unterschiedlichen Verfahren: Klassifikation und Clustering. Klassifikationsalgorithmen durchsuchen die Daten nach Mustern, die schon definiert sind um Hypothesen zu verifizieren – wie z. B. die Korrelation zwischen ‚Likes' auf Facebook und der Parteipräferenz[3]. Darüber hinaus sind Algorithmen in der Lage, Muster zu suchen, die nicht vorab definiert wurden. Diese ‚Datenhaufen' werden häufig auch visuell als Cluster repräsentiert und können zur Generierung neuer Hypothesen führen. Unter der visuellen Analyse (engl. *Visual Analytics*) wird dabei eine interdisziplinäre Methode verstanden, mit der Erkenntnisse aus extrem großen und komplexen Datensätzen gewonnen werden können. Im Zentrum stehen dabei interaktive visuelle Interfaces. Das Verfahren kombiniert die Stärken automatisierter Datenanalyse mit der Fähigkeit des Menschen zur schnellen Erfassung von Mustern bzw. Trends. Das Datenmaterial wird über entsprechende *Mining*-Modelle – wie z. B. Frequenz- und Co-Okkurenzmodellen – visualisiert[4], so dass Einsichten in und Erkenntnisse über die vorher unübersichtlichen Datenstrukturen erzielt werden können.

Ohne Frage keine Antwort? – Der Wert von Theorien und Hypothesen in Big Data Verfahren

Welchen Wert hat also die Theorie in Zeiten von Big Data? Folgt man dem oben geschilderten Vorgehen, ist lediglich ein passender Algorithmus notwendig, der aus der Menge der Daten die relevanten Fakten hervorbringt. Forscherische Intuition, Modell- oder Theoriebildung wären somit obsolet. Diese oberflächliche Betrachtungsweise springt jedoch in zweifacher Hinsicht zu kurz: Erstens in der Frage danach, was genau Daten und Fakten sind, und zweitens darin, wie ein Algorithmus entsteht.

Zunächst soll Ersteres genauer betrachtet werden und der Fokus auf die Bedeutung von Theorie und dem Prozess der Wissenserzeugung in Wissenschaft und Alltag gelegt werden. Um die Wirklichkeit als ständigen Strom von Eindrücken, Wahrnehmungen und Beobachtungen einerseits zu verarbeiten und andererseits in ihr erfolgreich zu handeln, bildet der Mensch sich Vorstellungen, die das Erlebte erklären und leitet daraus Vorstellungen der Möglichkeiten ab, die verwirklichbar sind. Eine Theorie ist ein vereinfachtes Bild eines Ausschnitts der Realität, der mit diesem Bild beschrieben und erklärt werden soll, um auf dieser Grundlage möglicherweise Prognosen zu machen und Handlungsempfehlungen zu geben. (vgl. Wottawa 1993). Jede Theorie muss sich an der Erklärung der Wirklichkeit bewähren. Wissenschaftlich gebildete Theorien entstehen nicht selten aus gründlicher Untersuchung von Alltagstheorien, durch höheren Grad an Bewusstheit, ausdrückliche Formulierung, größeren Umfang und meist durch die Einbeziehung von systematischer Beobachtung, die der Prüfung der Theorien dient (empirische Prüfung). Für die Betrachtung von solchen Wissenserzeugungsprozessen kann beispielsweise die Wissenstreppe von North (vgl. North 2002) herangezogen werden. Dieses klassische Modell aus dem Bereich der Wissensmanagementforschung legt eine Unterscheidung von Zeichen, Daten, Information und Wissen nahe. Dabei werden Zeichen durch die Zuordnung von Syntax zu Daten, die allerdings noch keinen Verwendungshinweis besitzen. Erst durch die Einbindung in einen entsprechenden Kontext entstehen Informationen, die z. B. die Basis von Hypothesen bilden. Durch das Zusammenfügen verschiedener Informationen/Hypothesen zu Handlungsmustern entstehen Wissensbestände und Vorstellungen, die wiederum zu Theorien verknüpft werden können.

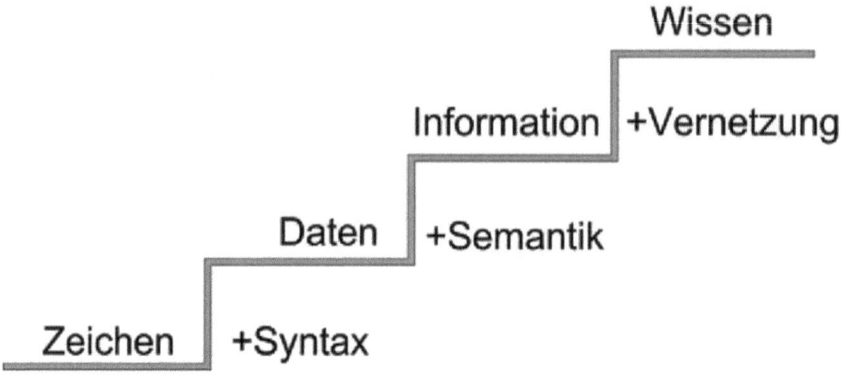

Abbildung 3: Wissenstreppe in Anlehnung an North (2002)

Die statistische Prüfung von Hypothesen wird im Rahmen von Big Data Analysen beispielsweise durch Klassifizierungsalgorithmen vorgenommen, in dem Datenmengen entsprechend zuvor definierter Merkmale in Klassen zugeordnet werden. Dies entspricht im Grunde dem hypothesenprüfenden Vorgehen der klassischen quantitativen Verfahren in der geistes- und sozialwissenschaftlichen Forschung. Aber auch qualitative Verfahren in den Geistes- und Sozialwissenschaften verwenden theoriebildende Verfahren wie z. B. das der *Grounded Theory*, die in ihren Grundzügen den Clustering-basierten Vorgehensweisen von Big Data nahestehen.

Grounded Theory bezeichnet einen speziellen Forschungsstil, über die soziale Wirklichkeit nachzudenken und sie zu erforschen auf Basis einer bestimmten wissenschaftstheoretisch begründeten Methodologie der Theoriegewinnung. Als Alternative zu deduktiven strukturalistischen und funktionalistischen Theorien wie z. B. den Ansätzen von Parsons und Merton (vgl. Alexander 1983; Calhoun/Merton 2010) stellt diese Vorgehensweise die Theoriegenerierung in den Mittelpunkt und lehnt das bloße Hypothesenprüfen tendenziell ab. Die ‚rohen‘ empirischen Daten werden schrittweise in eine in den Daten begründete Theorie übergeführt. Am Anfang der Forschung steht ein Untersuchungsbereich (und keine Hypothese bzw. Theorie). Was in diesem relevant ist, wird sich im Forschungsprozess herausstellen und wird nicht bereits im Vorhinein postuliert bzw. implizit durch Festlegung auf eine Hypothese bestimmt. Die Theorie gewinnt erst Gestalt. Sie wird ständig modifiziert, statt als starrer Block geprüft, d. h. verifiziert oder falsifiziert zu werden. Verifizierung (bzw. Falsifizierung) geschieht während des gesamten Forschungsprozesses und nicht erst am Ende. Datengewinnung und Theorieentwicklung wechseln sich ab. Einzelfälle werden jedoch nicht einfach dafür benutzt Hypothesen zu bestätigen, sondern vielmehr die Theorie zu bereichern. Die *Grounded Theory* bietet eine systematische Sammlung von Einzeltechniken und Leitlinien zur Datenaufbereitung und -analyse, zur systematischen Zusammenstellung der empirischen Daten und ihrer Konzeptualisierung in einer Theorie (vgl. Strauss/Corbin 1996). Dieses Vorgehen bietet sich insbesondere bei der explorativen Untersuchung von Phänomenen an, für die wenig theoretische und/ oder empirische Vorarbeiten zur Verfügung stehen. Typischerweise entstehen daraus zunächst Theorien geringer Reichweite. Gleichwohl können sich im Forschungsprozess auch Theorien geringerer Reichweite durch ein schrittweises Ausweiten nicht selten auch zu allgemeineren Theorien konstituieren (vgl. Dilger 2000; Strübing 2004).

Kommen wir auf die eingangs dieses Abschnitts aufgeworfene zweite Frage danach zurück, was ein Algorithmus eigentlich ist, so lässt sich konstatieren: Ein Algorithmus ist eine eindeutige Handlungsvorschrift, häufig bestehend aus vielen Einzelschritten, zur Lösung von Problemen (vgl. Rogers 1987). Ein Algorithmus ist also nichts anderes als die mathematische Formulierung einer Problem- bzw. Fragestellung an den Datenbestand. Diese kann mehr oder weniger komplex ausfallen wie – im Falle eines Clustering-Algorithmus – die Frage nach bestehenden Ähnlichkeiten einer unstrukturierten Datenmenge, die z. B. bei der Datenanalyse gemäß der *Grounded Theory* durch den Forscher in ganz ähnlicher Art und Weise vorgenommen wird.

In Zeiten von Industrie 4.0 avancieren Algorithmen zur ‚Weltsprache' der Maschinen. Kreye (2014) bringt in diesem Zusammenhang ein interessantes Argument zur stärkeren gesellschaftlichen Auseinandersetzung mit Algorithmen:

> Die Sprache, die in einer Gesellschaft die grundsätzlichen Entscheidungen fällt, ist die Sprache der Gesetze. Und hier liegt auch gleich der Grund, warum es so wichtig ist, sich mit der neuen Weltsprache auseinanderzusetzen. Sowohl Gesetze wie Algorithmen werden von Menschen geschrieben. Der Unterschied liegt darin, dass die Gesetze der kollektive Ausdruck einer Gesellschaft sind. Soziale Veränderungen und vor allem Werte formen Gesetze. Algorithmen aber werden von Ingenieuren geschrieben. Die sind keine Vertreter der Gesellschaft, sondern handeln im Dienst eines Instituts, einer Firma, eines Geheimdienstes oder auch nur für sich selbst. Wenn aber Algorithmen in der Welt der Maschinen die Sprache der Entscheidungen bilden, tut eine Gesellschaft gut daran, sich mit ihr zu beschäftigten. (Kreye 2014)

In gewisser Weise sind also bereits in der Erstellung bzw. Auswahl des Algorithmus erste Vorannahmen über das, was man sucht, enthalten. Und die Entwicklung bzw. Auswahl entsteht in den meisten Fällen auf der Basis einer Theorie oder mindestens einer heuristischen Annahme, die entscheidet, welches Daten-Experiment am sinnvollsten ist oder nicht.

Big Data Science in den Geistes- und Sozialwissenschaften – Öl ins Feuer eines alten Methodenstreits

Neben Fragen zur Veränderung der Wissenserzeugung, die durch die Möglichkeiten von *Big Data Analytics* aufgeworfen werden, bringen die neuen Möglichkeiten in den geistes- und sozialwissenschaftlichen Diskursen die Wiederauflage eines alten Methodenstreits hervor. Die geisteswissenschaftliche Forschung ist zunehmend darauf angewiesen, digitale Technologien einzusetzen und erfährt dadurch auch Veränderungen in ihren methodischen Herangehensweisen, teilweise auch in ihren theoretischen Grundlagen. So gibt es in den Geisteswissenschaften kaum noch Fachbereiche, die im Zuge von Forschungsprojekten nicht auf digitales Datenmaterial zurückgreifen oder ihre Analysen digital durchführen. Ein Paradigmenwechsel, der sich auch in Publikationsformen zeigt. Die Veränderungen, der methodischen Herangehensweisen, getrieben durch das technisch Mögliche, führen zu einem ausgeprägten Diskurs um die Art der anzuwendenden Methoden in den Geistes- und Sozialwissenschaften. Dabei klingt nur zu deutlich durch, dass die Geisteswissenschaften eine ‚Mathematisierung' und damit einhergehend die Verdrängung von Interpretation bzw. Hermeneutik fürchten. Im Zweig der Szientound Bibliometrie wurde diese Debatte allerdings bereits Ende der 1990er Jahre geführt (vgl. Naumann 2006).

Seinen Ursprung hat dieser Streit jedoch bereits in den 1980er Jahren. Hierbei standen die Vertreter eines naturwissenschaftlichen Methodenideals einer zweiten Gruppierung gegenüber, die für die geistes- und sozialwissenschaftliche Forschung ein eigenes Methodenideal forderte und die naturwissenschaftliche Ausrichtung ablehnte. Bereits Max Weber definierte beispielsweise die Soziologie als eine Wissenschaft, die soziales Handeln deutend verstehen und ursächlich erklären will. Der subjektive Sinn, der für den Handelnden in sozialem Handeln liegt, soll durch sozialwissenschaftliche Forschung zugänglich gemacht werden. Das erklärende Verstehen der Sozialwissenschaften geht insofern über das aktuelle Verstehen des gemeinten Sinns einer Handlung hinaus, als dass es den Sinnzusammenhang erfasst, in den die Handlung hinein gehört (vgl. von Saldern 1992). Diese Art des Verstehens bzw. Erklärens beruht aber auf Sinnverstehen und trägt der Besonderheit des sozialwissenschaftlichen Gegenstandes, nämlich Sinnhaftigkeit, Rechnung. Hier liegt auch der Unterschied zu einer typischen Kausalerklärung der Naturwissenschaften, die u. a. über Verifizierung und Falsifizierung arbeitet und Quantifizierung und mathematische Behandlung der Daten zum Ausgangspunkt hat.

Diese als Methodenstreit bekannte Auseinandersetzung verengte sich im Wesentlichen auf die Gegenüberstellung von quantitativen und qualitativen Verfahren in der sozialwissenschaftlichen Forschung. Zunächst setzten sich die quantitativen Verfahren auf der Basis naturwissenschaftlicher Methodik in wissenschaftlichen Diskursen und der Anwendungen weitgehend durch. Doch seit etwa drei Dekaden, erleben qualitative Verfahrensweisen in der Sozialforschung einen Boom. Gründe hierfür liegen u. a. in der Unzufriedenheit mit der klassischen *Survey*-Forschung, aber sicherlich auch dem Potenzial mit qualitativen Vorgehensweisen diese quantitativen Erhebungen vorbereitend zu unterstützen und durch diese *Mixed-Method-* oder auch *Ensemble*-Vorgehensweisen die Ergebnisqualität zu erhöhen (vgl. Greene et al. 1989).

Die nüchterne Betrachtung des aktuellen Diskurses macht die erneute Aufregung unverständlich. Die Nutzung von Big Data in der geistes- und sozialwissenschaftlichen Forschung bedeutet offensichtlich nicht die alleinige Fortsetzung dieser Wissenschaftsdisziplinen mit digitalen Methoden, sondern eher die Möglichkeit einer weiteren Art der Auseinandersetzung mit den traditionellen Forschungsgegenständen dieser Disziplinen unter Zuhilfenahme digitaler Aufbereitungs- und Analysewerkzeuge. Es ist eher ein neuer Zweig von Wissenschaft, die hier entsteht und der sich integrativ in bestehende, traditionelle Methoden und Vorgehensweisen einfügen kann. Die hieraus entstehenden, erweiterten Mixed-Method Ansätze und sozio-technischen Untersuchungsdesigns versprechen neue, weitere Einsichten in unsere zunehmend vernetztere und digitalisierte Gesellschaft.

Big Data Verfahren in Geistes- und Sozialwissenschaften – Fazit und Ausblick

Die bisherigen Ausführungen machen für die Geistes- und Sozialwissenschaften deutlich: Big Data ist keinesfalls das Ende der Theorie, sondern gegebenenfalls ein möglicher Anfang für die Entwicklung neuer Theorien. Der dabei wiederaufflammende methodische Streit der Wissenschaftsdisziplinen ist einerseits ein notwendiges ‚Vitalzeichen' wissenschaftlicher Traditionen und andererseits gleichzeitig notwendige Begleiterscheinung aktueller Veränderungsprozesse, durch eine umfassende Digitalisierung, nicht nur der Lebens- sondern eben auch ‚der Forschungswelt'. Bereits die oben beschriebenen Wellen der Vernetzung machen deutlich, dass die digitale Revolution nicht nur zu weiteren inkrementellen, sondern auch weiteren disruptiven Veränderungen unserer Lebens- und Arbeitswelten führt. Sie ist ein andauernder Prozess, der weitere Wellen nach sich ziehen wird.

Ein aktuell immer stärker aufkommendes Thema moderiert dabei unter anderem den Übergang von der aktuellen, dritten Welle, hin zu einer vierten Welle der Vernetzung – dem sogenannten *‚quantified self'*. Hierunter versteht man den Trend zur (Selbst-)Vermessung der eigenen körperlichen Aktivitäten, d. h. das Tracken der aufgenommenen Kalorien, der gegangenen Schritte, gestiegenen Stockwerke, den Ruhe- und Aktivitätspuls usw. Aktuell werden diese Vermessungen größtenteils über nah am Körper getragene *Devices* wie Smartphones, Smartwatches oder Puls- und Schrittzähler vorgenommen.

Abbildung 4: Google Glasses in der Produktion

Doch während die dritte Welle sich in Form von solchen cyber-physikalischen Systemen noch ausbreitet, rollt die mögliche vierte Welle bereits heran – die Vernetzung biologischer Systeme und damit der vollständige Einbezug des (menschlichen) Körpers. Vorformen wie die als *Augmented-* und *Mixed-Reality* bezeichneten Technologien breiten sich bereits aus. Unter *Augmented Reality* versteht man die Erweiterung der Realitätswahrnehmung durch digitale Informationen. Es wird dabei quasi eine zweite, künstliche Ebene in die Umwelt eingeblendet, die in Echtzeit zusätzliche Informationen zur Verfügung stellt. Aktuelle Anwendungen für Smartphones und Tablets sind bereits überzeugend im Einsatz und auch die Nutzung von beispielsweise *Google Glasses* zu Ausbildungs- und Unterweisungszwecken ist in der Erprobung.

So genannte ‚*natural user interfaces*' ermöglichen, die genutzten Hilfsmittel im Prinzip vollständig vergessen zu können. Während Daten über die Sinne ins Gehirn übertragen werden, kommunizieren die Nutzer ganz normal mit der Außenwelt. Technologie wird quasi zu einem Teil unserer Sinnesausstattung. Vermutlich wird es irgendwann sogar möglich sein, die benötigten Daten direkt in das richtige Hirnareal zu senden. Abgesehen von der Erweiterung der Sinne sind sicherlich viele weitere Anwendungen möglich, die den Körper in die ‚*cyber physical systems*' integrieren. Denkbar sind vernetzte Prothesen, Herzschrittmacher mit Anschluss an eine Datenbank, digitales Doping oder ähnliches (vgl. Wienken 2012).

Mit neuen Technologien gehen forschungsseitig einerseits neue spannende Forschungsgegenstände und -fragen einher, und andererseits werden mit diesen Technologien auch immer wieder neue Herausforderungen und Potenziale für die methodische Ausgestaltung der Wissenschaftsdisziplinen frei. Wenn beispielweise in den riesigen entstehenden Datenstreams gearbeitet und geforscht werden könnte und in Echtzeit Verhalten interpretiert und verstanden werden würde, wäre es auch möglich, bereits *ex-ante* interventionsfähige Wissenschaftskonzepte zu entwickeln. Ein Konzept, das genau diese Vorgehensweise vorsieht, ist beispielsweise das „Predictive Policing“. Hierbei sehen Algorithmen Einbrüche vorher, intelligente Kameras mit Gesichtserkennung „sehen“ Kriminelle in einer Menschenmenge. Mit Predictive-Policing-Technik versuchen Ermittler, Verbrechen vorherzusagen und entsprechend zu verhindern (vgl. Brühl 2014). Solche Annahmen über die Zukunft würden dann wiederum ganze Wissenschaftsdisziplinen wie z. B. die Philosophie und Soziologie vor die Entwicklung neuer Theorien und Konzepte von beispielsweise Schuld und Handlung stellen. Auch in diesem Sinne ist also Big Data keinesfalls das Ende der Theorie, sondern eher ein Ausgangspunkt für die Schaffung, Erneuerung und Weiterentwicklung von Theorien und Paradigmen. Es bleibt also spannend – theoretisch und faktisch.

Bibliografie

Alexander, J.C. (1983), „The Modern Reconstruction of Classical Thought: Talcott Parsons“ (*Theoretical Logic in Sociology,* Volume Four). New York: Rautledge

BMBf (Hrsg.), *Zukunftsstadt. Strategische Forschungs- und Innovationsagenda.* 2015. http://www.bmbf.de/pub/Zukunftsstadt.pdf [Abruf: 11.04.2015]

Brühl, J., Polizei-Software soll Verbrechen voraussagen. in: *Süddeutsche Zeitung.* 12.09.2014 http://www.sueddeutsche.de/digital/ermitteln-mit-predictive-policing-algorithmen-polizei-software-soll-die-zukunft-voraussagen-1.2121942

Calhoun, C. [Hrsg.], Merton, R.K. (2010), *Sociology of Science and Sociology as Science.* New York: Columbia University Press

Davenport, H.; Patil, „D.J._ Data Scientist: The Sexiest Job of the 21st Century“, *Harvard Business Review*, vol. 90, no. 10, pp. 70-76, 2012 http://www.tias.edu/docs/default-source/Kennisartikelen/harvard_data-scientist-the-sexiest-job-of-the-21st-century_2012.pdf?sfvrsn=0 [Abruf 11.04.2015]

Dilger, M. (2000), *Grounded Theory. Ein Überblick über ihre charakteristischen Merkmale.* http://www.martin-dilger.de/science/grounded_theory.pdf [Abruf: 11.04.2015]

Geiselberger, H. [Hrsg.]; Moorstedt, T. (2013), *Big Data – Das neue Versprechen der Allwissenheit* (edition unseld) Taschenbuch. Berlin: Suhrkamp

Greene, J.C. et al. (1989), „Toward a Conceptual Framework for Mixed-Method Evaluation Designs“. in: *Educational Evaluation and Policy Analysis*, vol.11, no.3, pp. 255-274 http://epa.sagepub.com/content/11/3/255.short

Jeschke, S.: *Society 4.0 – (R)Evolution of Society?, Keynote, Förderschwerpunkt-Tagung „Innovationsfähigkeit im demografischen Wandel“*, Aachen, 8. Mai 2014 http://www.ima-zlw-ifu.rwth-aachen.de/fileadmin/user_upload/INSTITUTSCLUSTER/Publikation_Medien/Vortraege/download//Society_4.0_8May2014.pdf [Abruf: 11.04.2015]

Kreye, A.: „Algorithmen sind auch ein großes Geheimnis“. in: *Süddeutsche Zeitung.* 22.07.2014 http://www.sueddeutsche.de/digital/bedeutung-von-algorithmen-neue-weltsprache-1.2051528-2

Lämmel, R.: „Google’s MapReduce programming model – Revisited“, in: *Science of Computer Programming – SCP* , vol. 70, no. 1, pp. 1-30, 2008 http://www.systems.ethz.ch/education/past-courses/hs08/map-reduce/reading/mapreduce-progmodel-scp08.pdf [Abruf:11.04.2015]

Mayer-Schönberger, V (2013), *Big Data: Die Revolution, die unser Leben verändern wird.* München: Redline Wirtschaft

Minelli, M. et al. (2013), *Big data, Big Analytics: Emerging Business Intelligence and Analytic Trends for Today's Businesses.* New Jersey: Wiley CIO

Naumann, U. (2006), „Irrläufer einer missverstandenen Szientrometrie". In: Hauke, P.; Umlauf, K. [Hrsg.], *Vom Wandel der Wissensorganisation im Informationszeitalter: Festschrift für Walther Umstätter zum 65. Geburtstag.* Bad Honnef: Bock + Herchen. pp. 49-63 http://edoc.hu-berlin.de/miscellanies/vom-27533/49/PDF/49.pdf

Rogers, H. Jr. (1978), *Theory of Recursive Functions and Effective Computability.* Cambridge: The MIT Press

Von Saldern, M. (1992), „Qualitative vs. quantitative Forschung – Nekrolog auf einen Gegensatz". in: *Empirische Pädagogik*, Nr.6, pp. 377–400.

Strauss, A.L.; Corbin, J.M. (1996), *Grounded Theory: Grundlagen Qualitativer Sozialforschung.* Weinheim: Beltz/Psychologische Verlags Union

Strübing, J. (2004), *Grounded Theory: Zur sozialtheoretischen und epistemologischen Fundierung des Verfahrens der empirisch begründeten Theoriebildung* – Taschenbuch. Bd.15 Qualitative Sozialforschung. Wiesbaden: VS Verlag für Sozialwissenschaften

Wienken, R.: „Google Glass und die vierte Welle: Der menschliche Körper geht ans Netz". in: *förderland.de*, 25.09.2012 http://netzwertig.com/2012/09/25/google-glass-und-die-vierte-welle-der-menschliche-koerper-geht-ans-netz/

Wottawa, H. (1993), *Psychologische Methodenlehre. Eine orientierende Einführung.* 2. korr. Aufl. Weinheim/München: Juventa

Bildquellen

Spuriois Correlations: US spending on science, space, and technology correlates with Suicides by hanging, strangulation and suffocation. http://www.tylervigen.com /view_correlation?id=1597 [Abruf 11.04.2015]

Wissenstreppe in Anlehnung an North (2002) http://wissenpaedagogik.weebly.com/ uploads/1/3/7/8/13789961/6653959_orig.png?595 [Abruf 11.04.2015]

Google Glasses in der Produktion http://www.endare.com/wp-content/uploads/2014 /01/eosol11-640x426.png [Abruf 11.04.2014]

Anmerkungen

1 http://www.haufe.de/unternehmensfuehrung/profirma-professional/big-data-21-volume-velocity-und-variety_idesk_PI11444_HI7365597.html

2 http://netzwertig.com/2013/03/19/big-data-schatzsuche-ohne-karte/

3 http://www.spiegel.de/netzwelt/web/facebook-studie-likes-enthuellen-persoenlichkeit-a-888151.html

4 Ein einfaches Beispiel für visuelle Exploration eines Datenbestands mit Hilfe von Frequenzmodellen bieten u. a. Word Clouds – Schlagwortwolken. Die durch den Word-Cloud-Algorithmus ausgegebene Schriftgröße eines Schlagwortes in der Schlagwortwolke wird durch dessen Häufigkeit bestimmt und kann somit visuell schnell erschlossen werden.

Sabina Jeschke

Wenn Maschinen denken lernen – vom 4.0 Trend zu verteilter künstlicher Intelligenz

1. Hintergrund

Zusammen mit einigen bemerkenswerten Durchbrüchen in den vergangenen drei Jahren, wie dem Jeopardy-spielenden IBM-Supercomputer Watson oder dem autonomen Google Car, stehen wir vor einer neuen Ära in der Künstlichen Intelligenz. Eine besondere Rolle nimmt dabei die „*Verteilte* Künstliche Intelligenz" ein, *Cyber Physical Systems*, *Internet of Things* und die 4.0-Metapher „boomen".

Die Bedeutung dieser Konzepte geht in vielfacher Hinsicht weit über die Entwicklung einer „normalen" technischen Neuerung hinaus. Ein Aspekt lässt dabei besonders aufhorchen: Hier entsteht eine neuartige Form einer „Intelligenz", einer nämlich, die auf der Vielzahl, der räumlichen Verteiltheit und der Heterogenität ihrer Subkomponenten basiert – eine „Intelligenz verteilter Systeme". Diese Intelligenz muss verstanden werden – schon allein weil die hier entstehenden Systeme unmittelbare und umfassende Auswirkungen auf unseren Alltag haben und in der Zukunft noch viel mehr haben werden. Sofort zu erkennen ist dies an Beispielen wie *smart grids* in der Energietechnik, kooperativen Robotern in der Produktionstechnik, vernetzten medizinischen Systemen zur Früherkennung, oder der *car2Infrastructur Communication* im Verkehr.

Dabei ist nicht die Verteiltheit an sich „das Neuartige" im „Zoo der Systeme". Das Neue liegt zum einen in der Art der Verteilung, also darin, dass Systeme wie Cyber Physical Systems (kurz: CPS) weder in einem strikten noch in einem schwachen Sinn „lokalisiert" sind. Während ein Mensch, ein Tier, ein einzelner Roboter oder ein isolierter Computer in erster Näherung als eine „lokalisierte Entität" angenommen werden können, mit „kleiner" Ausdehnung und einem entsprechend beschränkten Wahrnehmungs- und Wirkungsradius also, ist ein Cyber Physical System räumlich nicht beschränkt, sondern kann aus Komponenten bestehen, die sich im Extremfall über die gesamte Welt verteilen. Ein solches System kann Informationen von weit entfernten Orten – bis auf physikalisch bedingte Signalübertragungszeiten – synchron zusammenführen, und ebenso an all diesen Orten mit seinen global agierenden Entitäten gleichzeitig fast synchron mit der Umwelt interagieren.

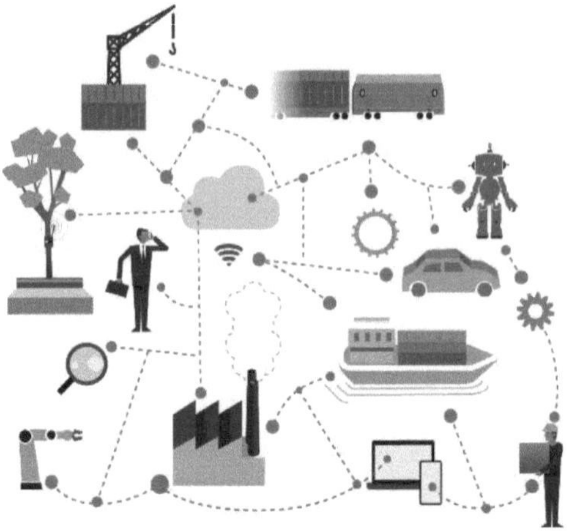

Abbildung 1: Körper eines 4.0-„Wesens"?
Bild © M. Malcher Aachen

Die zweite wesentliche Neuerung betrifft Gestalt und Wandelbarkeit solcher Systeme: Während Mensch und Tier i.d.R. aus einer festen Anzahl von Komponenten, etwa Gliedmaßen, Sinnesorganen etc., bestehen, ergeben sich aus der Perspektive des *Internet of Things* Konstrukte hochgradiger Dynamik und Variabilität: Ihre mit einer Teilautonomie ausgestatteten Komponenten bilden eine Art „*Community*", deren Mitglieder „kommen und gehen" wie sie wollen bzw. wie es die Gegebenheiten erlauben. Eine Art zentrale „Zugangs- und Anwesenheitskontrolle" kann zwar technisch realisiert werden, ist aber nicht unmittelbarer Bestandteil des Konzepts. Vorgesehen ist hier zunächst nur eine zentrale Kenntnis über die Mitgliederstruktur zu jedem festen Zeitpunkt, eine Art „Anwesenheitsprotokoll". Darüber hinaus können einzelne Komponenten gleichzeitig zu mehreren, also verschiedenen *Cyber Physical Systems* gehören! – *Intelligente Cyber Physical Systems* haben damit Fähigkeiten der „Eigengestaltung" und darauf basierender Optimierung in einem bis dato in der Technik unbekannten Maße.

Nach der *Embodiment*-Theorie entsteht Intelligenz aus dem Wechselspiel zwischen dem Körper und seiner Umwelt. Nicht nur setzt damit die Ausbildung von Intelligenz die grundsätzliche Existenz eines Körpers voraus, – die Robotik hat durch die Embodiment-Theorie innerhalb der KI einen enormen Schub erfahren – mehr noch: Die Ausbildung der Intelligenz hängt von der konkreten Gestalt eines Körpers ab, weil unterschiedlich gestaltete Körper unterschiedliche physikalische Interaktion erfahren. Wenn die Embodiment-Theorie sich als zutreffend erweist – und dafür spricht vieles: Was für ein Intelligenzbegriff entsteht dann bei einem „Wesen" mit praktisch unbegrenzter Reichweite und dynamischem Austausch seiner Komponenten? Was bedeutet der Intelligenz-Begriff in einem *Cyber Physical System*, und was für Anwendungen sind auf dieser Basis möglich?

2. Kybernetik – Eine Basis der künstlichen Intelligenz

Der Begriff „Kybernetik“ leitet sich ab vom altgr. Wort kybernétes (etwa: steuermännisch, Steuermannskunst) und wurde um 1940 begründet. Als Vater der Disziplin gilt der bekannte amerikanische Mathematiker Norbert Wiener, der Lehrstühle zunächst am MIT Boston/USA und später in Cambridge/UK innehatte. 1948 erschien sein berühmtes Buch *Cybernetics or Control and Communication in the Animal and the Machine* (deutsche Ausgabe: Kybernetik. Regelung und Nachrichtenübertragung im Lebewesen und in der Maschine) (Wiener 1948), ein Titel der gleichsam als eine erste Definition dieses neuen Konzeptes verstanden werden kann.

Die Kybernetik erforscht die grundlegenden Konzepte zur Steuerung und Regelung komplexer, hybrider Systeme. Dabei war sie der erste Versuch, die Erkenntnisgewinne der klassischen Steuer- und Regelungstechnik auf beliebige, heterogene sowie „nicht-nur“ technische Systeme zu übertragen. Sie gehört zu den Gründungsdisziplinen der modernen Informatik – der „Großvater“ des wichtigen Teilgebiets der KI, der künstlichen Intelligenz – und wird vielfach mit biologischen Konzepten wie der Schwarmintelligenz, der Fähigkeit zur Selbstorganisation, der Autopoesis und der Bionik als Gebiet in Verbindung gebracht. Auch Begriffe wie der *Cyber Space,* der *Cyborg* aus dem Science Fiction Genre oder eben auch die *Cyber Physical Systems* tragen – nicht nur sprachlich – das Erbe der Kybernetik in sich (Pias 2006). Die Grundkonzeption der Kybernetik ist von einigen zentralen Elementen gekennzeichnet:

Komplexe Systeme: Die Kybernetik betrachtet Viel-Komponenten-Systeme als ihren Untersuchungsgegenstand. Diese Komponenten stehen i.d.R. in komplexen, nicht-linearen Wechselwirkungen, und sie können heterogenen Ursprungs sein. Die Kybernetik macht keine Einschränkung an die „Art“ der beteiligten Komponenten.

Feedbackschleife [„Rückkopplungsschleife“]: Rückkoppelung beschreibt einen wichtigen Mechanismus der Regelungstechnik, bei dem das „Ergebnis“, also das Outputsignal, an die Eingangsgröße zurückgemeldet wird und dort modulierend (verstärkend oder abschwächend) rückwirken kann. An die Stelle geradlinig-kausaler Erklärungen treten damit zirkuläre Erklärungsansätze, die nicht auf einen umfassenden Forecast des Systemverhaltens zielen, sondern die Grundsätze des Systemverhaltens abbilden. Rückkopplungsschleifen mit Selbstregulationseigenschaften sind das kennzeichnende Merkmal der Funktionsweise natürlicher Systeme. Kybernetische Systeme werden durch multiple Feedbackschleifen beschrieben.

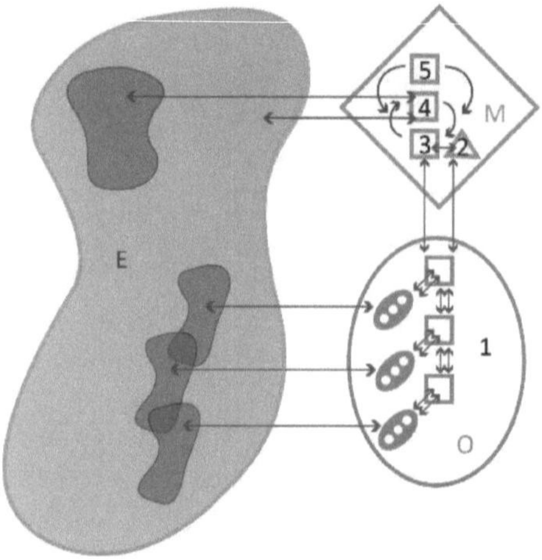

Abbildung 2: Das *Viable Systems Model* nach Stafford Beer 1995; Bild © M. Malcher Aachen

Autopoiesis (altgriech., autos „selbst", poiein „machen"): Autopoietische Systeme haben die Fähigkeit zu selbstständiger Reproduktion. Autopoietische Systeme sind in diesem Sinne „lebendig", dabei aber nicht notwendigerwiese biologischer Natur. Stabile, langlebige Systeme sind durch Autopoiesis gekennzeichnet, die neue Fähigkeiten ausbilden kann, um sich geänderten Bedingungen anzupassen. Der Begriff wurde durch die Biologen Humberto Maturana und Francisco Varela geformt.

Dezentralität: Kybernetische Systeme sind durch eine weitgehend dezentrale Steuerung gekennzeichnet, die sich als natürliche Konsequenz des rückkopplungsgetriebenen Ansatzes ergibt. Die Folge ist ein weitgehend bottom-up induziertes Systemverhalten. Die Kybernetik postuliert damit eine prinzipielle Überlegenheit selbstorganisierter Prozesse (bottom-up) über zentralistischen top-down Prozessen.

Emergenz (lat., emergere, etwa: auftauchen, entstehen): Kybernetische Systeme zeigen emergentes Verhalten, d. h. es kommt zu einer spontanen Herausbildung neuer Eigenschaften, Strukturen oder Verhaltensweisen eines Systems infolge des dezentralen Zusammenspiels seiner Komponenten, die die einzelnen Systemelemente nicht aufweisen. So kann etwa ein Schwarmverhalten von Fischen nur entstehen, wenn hinreichend viele Fische vorhanden sind – ein einzelner Fisch kann keinen Schwarm bilden. Emergenzeffekte sind i.d.R. „positiv" für das betrachtete System – zwar ist im Grundsatz auch negative Emergenzbildung möglich, das führt allerdings häufig zum Ableben des Systems und somit zum Verschwinden des Effekts und wird deshalb weniger beobachtet. Emergenzbildung ist somit eine zentrale Grundlage für das Überleben „höherwertiger", also besser angepasster Systeme an ihre Umgebung: Schwarmbildung bietet erhöhten Schutz vor Räubern, das „neue Verhalten" führt also zu einer höheren Lösungsqualität als die Verfolgung reiner Einzelstrategien.

3. Der Aufstieg der verteilten Systeme

Unter einem verteilten System wird in der Informatik – basierend auf der Definition von A. Tanenbaum – ein Zusammenschluss unabhängiger Computersysteme verstanden (Tannenbaum 1995) Nach außen repräsentieren sich diese als ein einziges System. Die beteiligten Computersysteme können unterschiedlich repräsentiert sein: Es kann sich dabei einfach nur um Prozessoren, um Blades in einem Rechenzentrum, um PCs oder Labtops, mobile Systeme oder eingebettete Prozessoren handeln, um nur die wesentlichen Klassen zu nennen. Zentrale Eigenschaft eines verteilten Systems ist, dass es sich um autonome unabhängige Einheiten handelt, die über keinen gemeinsamen Speicher verfügen – was im Umkehrschluss bedeutet, dass jede Form des Datenaustauschs durch Kommunikationsprozesse zwischen den beteiligten Einheiten realisiert werden muss. Während in der Vergangenheit mehrheitlich verteilte Computerzusammenschlüsse betrachtet wurden, etwa in Rechenzentren, gewinnen in der jüngeren Zeit insbesondere diejenigen verteilten Systeme an Bedeutung, die *embodied* sind und aktiv mit ihrer Umwelt interagieren, wie etwa ein Team kooperierender Roboter oder ein Schwarm autonomer Fahrzeuge.

Betrachtet man die Entwicklung der Künstlichen Intelligenz in den letzten zwei Dekaden, so wird der Einfluss des Paradigmas der „Verteilung" in allen Bereichen überdeutlich:

Rechnerpower: Verteilte Systeme sind die treibende Kraft hinter heutigen Hochleistungsrechnern.

Intelligenz: Neuronale Netze zeigen ihr Potential.

Kommunikation: Das Internet ist die dominierende Kulturtechnik.

Systemmodelle: Mit dem Konzept der Cyber Physical Systems entsteht ein neuer Typ verteilter Systeme.

Diese Liste ließe sich fortsetzen. Summarisch ergibt sich die Erkenntnis, dass verteilte Computersysteme und verteilte Algorithmen aktuell zu einem neuen Typ intelligenter Systeme führen, dessen primäre „Verhaltensmuster" durch einen bottom-up Ansatz – dem Verhalten der Einzelkomponenten – und damit kybernetisch geprägt sind. Und wenn auch von einem strikten Standpunkt aus die Entwicklung eine kontinuierliche, und damit eine rein quantitative, ist – unsere Wahrnehmung ist doch mehrheitlich eine andere: Weil diese neuen Strukturen völlig neue Szenarien ermöglichen, wie z.B. autonome kooperierende Fahrzeuge, intelligente Energienetze, und vieles mehr, ist die Veränderung in ihrer Konsequenz durchaus eine sprunghafte, und in der Folge sowohl quantitative als auch qualitative.

4. Internet of Things und Cyber Physical Systems

Der Begriff des *Internet of Things* (kurz: IoT) entstand 1999 durch Kevin Ashton (Auto-ID Center des MIT, USA), der Begriff der *Cyber Physical Systems* wurde 2006 durch Helen Gill von der *National Science Foundation* NSF (der „amerikanischen DFG") maßgeblich geprägt. Im Kern handelt es sich bei ersterem um einen Verbund mehrheitlich technischer Subkomponenten, die über eine internetbasierte Dateninfrastruktur miteinander kommunizieren, bei letzterem um die Ausweitung des „Beteiligungskonzepts" des Internets: Teilnehmer sind nicht mehr ausschließlich Menschen, sondern auch „Dinge" – wie etwa die Sensorik eines Autos, Klimadatenstationen, Prozessdatenrechner der Produktionstechnik und andere informationstragende und/oder mit der Umwelt unmittelbar interagierende Systeme.

In beiden Konzepten entsteht ein „Graph" aus Knoten und Kanten, ein verteiltes System – bei dem die Knoten die Informationseinheiten repräsentieren, die Kanten die Kommunikationswege. Die eine Sichtweise fokussiert auf die Komponenten, die zweite auf das Netzwerk – in gegenseitiger vollständiger Anerkennung dessen, dass das eine ohne das andere wenig nützlich wäre. Im Ergebnis bilden *Cyber Physical Systems* und *Internet of Things* zwei Sichten auf dasselbe Phänomen, nämlich, wie es einer der führenden Wissenschaftler von Bosch, Dr. Stefan Ferber, in seiner Keynote 2012 in Wuxi/China zusammenfasste, „… the outlook of connecting 50 billions devices by 2015". ‚Connecting them with each other and with 6 billion people', hätte er noch hinzufügen können.

Interessant ist die unterschiedliche Konzeptualisierung der Begriffe bei gleichzeitiger Übereinstimmung ihrer Kernelemente: Beide Ansätze gehen von einem großen, verteilten System von (Sub-)Systemen aus, die mit der Umgebung gekoppelt sind und mit dieser Informationen austauschen. Das Internet fungiert als Informationsträger und Protokollebene, die Komponenten sind als eingebettete Systeme („embedded systems") realisiert. Die Perspektive des Internet of Things ist aus der Informatik getrieben, i.w. als Erweiterung derjenigen Community, die auch das Internet entworfen hat; konsequenterweise steht hier die Netz- und Kommunikationsperspektive im Vordergrund. Der Begriff des „Cyber-physical Systems" wurde von Beginn an stark getrieben durch die Ingenieurwissenschaften – die Perspektive auf die Einzelkomponenten, die dann miteinander kommunizieren, ist unverkennbar. Dieser Unterschied in der Betrachtung wird gut sichtbar in den unterschiedlichen Lösungsmethodiken beider Gruppen.

5. Künstliche Intelligenz: von „GOFAI“ zum Konnektivismus

Die Geschichte der Künstlichen Intelligenz beginnt in den 1950er Jahren in der Bugwelle immer leistungsstärkerer Rechner. Die Informatik begründet sich als eigenständiges Fachgebiet (sie wurde zuvor innerhalb der Mathematik bzw. der Elektrotechnik oder zwischen beiden Disziplinen angesiedelt), erste Studiengänge zur KI entstehen. Zentrale Namen sind John McCarthy, Marvin Minsky, Claude Shannon, Alan Turing, Hans Moravec. Die *Community* überlappte sich erheblich mit der der Kybernetik.

Die KI ist getrieben von zwei – einander im Wesentlichen ablösenden – zentralen Strömungen, die verkürzt mit „top-down“ vs. „bottom-up“ KI beschrieben werden können:

„GOFAI“ – „top-down“ – symbolische KI

In der frühen Phase der KI wurde angenommen, dass die Explizierung von Informationen die zentrale Grundlage für Intelligenz sei (die sogenannte „Physical Symbol System Hypothesis“). Das Ergebnis waren alle erdenkbaren Formen von Wissensrepräsentationen, also riesige Datenbanken als Wissensspeicher, detaillierte Taskbeschreibungen usw. – der Versuch, das menschliche Wissen inkl. Handlungsbeschreibungen so komplett wie möglich abzubilden.

Man spricht von der „symbolischen KI”, weil sie als Startpunkt das Wissen als Symbole in den Speichersystemen des Computers anordnet, um dann auf diesen zu operieren. Der Ansatz wird heute, also retrospektiv und mit leichtem Augenzwinkern, als GOFAI – „good old-fashioned artificial intelligence“ – bezeichnet.

Nachdem diese Programme zwar Achtungserfolge in sehr spezialisierten Anwendungen erreichen konnten, den großen Zielen eines wirklich intelligenten Agierens auch in unbekannten Handlungskonzepten aber kaum näher kamen, setzte ein umfangreiches Umdenken ein:

Konnektivismus – „bottom-up“ – subsymbolische KI

Wissen sollte selbstständig und durch Erfahrungen erworben werden können. Voraussetzung dafür ist klarerweise die Fähigkeit, überhaupt Informationen aus der Umwelt wahrnehmen zu können, weshalb dieser Ansatz in natürlicher Weise die auf Seite 172 eingeführte Embodiment-Theorie einleitete. Das wesentliche Werkzeug der Methode sind neuronalen Netze, die – vereinfacht – die Funktionsweise des menschlichen Gehirns nachahmen und ein wichtiges Konzept verteilter Systeme darstellen.

Die Subsumption-Architektur, eingeführt durch Rodney Brooks 1986, wurde zur wichtigsten Architektur in der Robotikforschung, in der Informatik lösten hybride kognitive Architekturen wie Soar (Laird 2008, 2012) die zuvor rein symbolischen ab. In Abgrenzung zur symbolischen KI und wegen ihres „von unten kommenden" Ansatzes wird dieser Ansatz als „subsymbolische KI" bezeichnet. Der dezentrale Modellierungsansatz des Konnektivismus entspricht genau dem Steuerungsparadigma der Kybernetik, das dezentral organisierte Internet als Schlüsseltechnologie des Digitalisierungszeitalters ebenso.

6. Automatisierungstechnik heute

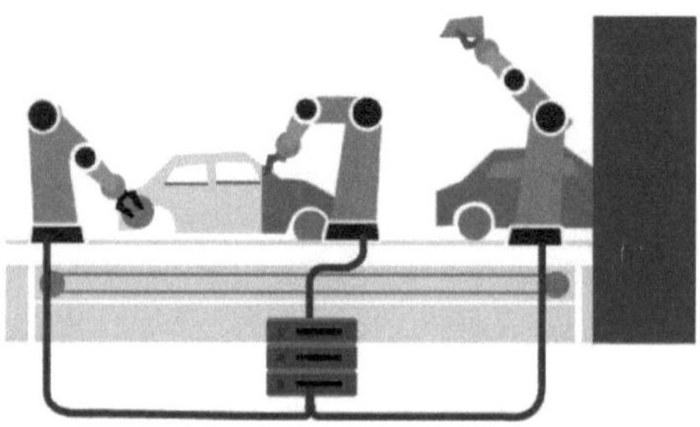

Abbildung 3: Klassische Industrierobotik – synchronisiert aber nicht kooperativ und ohne Selbstwahrnehmung;
Bild © M. Malcher Aachen

Die aktuelle Automatisierungstechnik ist von dem Paradigma einer zentralistischen Steuerung gekennzeichnet. Master-Slave-Systeme sind das dominierende Architekturmodell: Ein Zentralserver verteilt die Tasks, die abhängigen Einheiten erfüllen ihre Aufgaben und berichten an den Zentralserver. Solche Systeme sind weder „ziel-basiert" noch agieren sie als soziales Team: Sie wissen kaum, wer sie sind, wer ihre Nachbarn sind, was ihre Aufgabe ist, wie sie zusammenwirken, was die Konsequenzen ihrer Fehler sein können, welche alternativen Strategien es geben könnte usw. Was wie eine kooperative Robotik wirkt – etwa bei einer Vielzahl von Robotern entlang einer Automobilfertigungsstraße – ist i.d.R. heute lediglich ein zeitlich synchrones Abarbeiten verschiedener Task durch die beteiligten Roboter.

Das Modell der zentralistischen Steuerung führt dazu, dass die gesamte Struktur typischerweise mit Systemen desselben Herstellers realisiert wird: Heterogene Strukturen, also Systeme unterschiedlicher Hersteller, würden voraussetzen, dass die Zentralserver die verschiedenen Kommunikationsprotokolle beherrschen, diese sind jedoch sogar mehrheitlich proprietär. Diversität der Hardware stellt heute ein Problem dar und wird tunlichst vermieden, gleichzeitig behindert genau das den Einsatz alternativer Techniken oder die Einführung neuer.

Die Intelligenz heutiger Industrierobotik ist mehrheitlich beschränkt auf die – sehr präzise! – Durchführung von Basisfunktionalitäten wie die Handhabung spezifischer Tools, Navigation, Kollisionsvermeidung, und zentrale Prüffunktionen (z. B. die integrierte Messung der Breite einer Schweißnaht). Wobei bereits das letztgenannte keine durchgängige Eigenschaft mehr ist: So erkennen etwa Roboter in einer Lackierstraße im Automobilbereich nicht, dass sie aufgrund verstopfter Düsen ein ungleichmäßiges Lackbild produzieren.

Intelligenz

Die Zukunft der Automatisierungstechnik liegt darin, die Einzelsysteme mit *mehr Intelligenz* auszustatten, zunächst einmal vor allem, um Prozess- und Produktqualität zu erhöhen. Die Systeme umfassen zunehmend mehr Sensoriken, die etwa Abweichungen vom Zielzustand früh feststellen. Integrierte Fehleranalysen können im Idealfall das Verhalten noch im laufenden Prozess anpassen oder notfalls den Prozess abbrechen, um weiteren Schaden zu verhindern (im Fall des im Vorkapitel beschriebenen Lackschadens wird die komplette Karosserie – nach Fertigstellung der Lackierung – entsorgt, sie ist für den Verkauf vollständig unbrauchbar).

Kooperative Robotik und dezentrale Steuerungslogiken

Abbildung 4: Moderne Industrierobotik mit intelligenter Kooperation und Fehlererkennung; Bild © M. Malcher Aachen

Darauf aufbauend setzen moderne Robotikkonzepte insbesondere bei dem Konzept einer *„kooperativen Robotik“* an: Eine Vielzahl von Forschungsprojekten in der Automatisierungstechnik ad-ressiert die Thematik, Roboter als Team agieren zu lassen. Der Hintergrund ist evident: Werden Menschen mit einer komplizierten Aufgabe konfrontiert, so lösen sie sie in Teamarbeit, und dies mit möglichst heterogenen Teammitgliedern, um die wechselseitigen Kompetenzen nutzen zu können. Genau dieser Schritt steht in der Robotik derzeit an – die aktuellen Produktionssysteme umfassen zwar oft viele Roboter, aber diese werden nur durch den Zentralserver zeitlich koordiniert, sie agieren nicht als sich abstimmendes Team. Die neuen Erkenntnisse der Theorie verteilter Systeme bilden die Grundlage für neue Modelle. Ein solcher Teamprozess unterliegt notwendigerweise einem *dezentralen Steuerungsparadigma.*

Die Automatisierungstechnik der Zukunft steht vor dem gleichen Wandel, die der Bereich des Höchstleistungsrechnens bereits hinter sich hat: Die weitgehende Ablösung monolithischer Mainframes – es gibt Ausnahmen, gerade auch wieder in jüngster Zeit – zu riesigen Blade-Clustern, auf denen parallele Algorithmen laufen, entspricht dem Wandel weg von zentralistischen Master-Slave-Systemen hin zu dezentral organisierten kooperativen Teams von Systemen.

Kommunikation auf der Basis natursprachlicher Analyse

Dazu sind aber erhebliche Steigerungen der „Intelligenz" der heutigen Systeme notwendig: Um kooperieren zu können, ist ein Verständnis der Gesamtaufgabe notwendig, ein Verständnis der einzelnen Entität für seine Rolle im Team, ein Verständnis der Rolle anderer, eine Übersicht über im Team verfügbare Kompetenzen, Spielregeln für die *„decision making processes"*, die Fähigkeit zur gemeinsamen Entwicklung neuer Arbeitsteilungen und Lösungsstrategien, die Fähigkeit der Kommunikation von Intentionen gegenüber den anderen Teammitgliedern, …

Letzteres wird gerne unterschätzt: Naiv sollte man annehmen, dass sich Roboter und andere technische Systeme aufgrund ihrer Möglichkeit drahtloser, hochperformanter Funkverbindungen eher schneller und unmittelbarer austauschen können sollten als Menschen. Das ist richtig für den reinen Datenaustausch. Um aber zu „verstehen" was die Informationen des Senders inhaltlichen bedeuten, bedarf es mehr. Nur wenn die Systeme über „gleiche Protokolle" verfügen, d. h. „gleiche Sprachen" sprechen, darf unmittelbar von einem gewissen „Verständnis" ausgegangen werden. – Diese Verwendung standardisierter Schnittstellen ist in heterogenen Teams – heterogen durch verschiedene Hersteller – jedoch nicht gegeben. Hier müssen dann Ansätze aus einem ganz anderen Bereich der KI greifen, dem Bereich der Computer-Linguistik, der in den vergangenen zwei Jahrzehnten beeindruckende Ergebnisse hervorgebracht hat.

Kommunikation ist ein wichtiges Teilgebiet der Intelligenz. Ähnlich wie als Gesamttendenz für die KI in Kap. 5 beschrieben, kann Sprachverständnis grundsätzlich auf zwei Weisen erreicht werden: Der top-down orientierte Ansatz sieht eine gemeinsame, standardisierte Hochsprache vor, die dann alle Community-Mitglieder bedienen. Der bottom-up Ansatz hingegen versucht, auf der Basis statistischer oder regelbasierter Analysen einen beliebigen Inhalt selbstständig zu erkennen.

Natursprache statt Sprachstandards

Im Internet wurde der top-down Lösungsweg unter dem Titel *Semantic Web* (Berners-Lee et al. 2001) um 2005 durch den Internetpionier und heutigen Direktor des W3C (*World Wide Web Consortium*) Tim Berners-Lee vorgeschlagen. Auf der Basis des RDF-Frameworks (*Resource Description Framework*) sollten die Webinhalte in standardisierter Weise semantisch angereichert werden. Es gehört zu den vielleicht besten Treppenwitzen der Internet-Ära, dass dieser Ansatz überhaupt nicht funktioniert hat, wie Berners-Lee 2006 bekennen musste, dass dessen Ziel jedoch, nämlich die Daten des Internets durchsuchbar zu machen, auszuwerten, Schlussfolgerungen zu ziehen usw., in exzellenter Weise erreicht wurde!

Anstatt nämlich darauf zu setzen, dass alle Nutzer die Standards bedienen würden – völlig klar, dass sie das nie tun würden – kamen aus der Computerlinguistik völlig neue Methoden des automatisierten Textverständnisses: Insbesondere der Bereich der *natursprachlichen Analyse NLP* konnte in den vergangenen zwei Dekaden eine stürmische Erfolgsgeschichte verzeichnen. Die heutigen beeindruckenden Ergebnisse der Big Data Technologie sind keinesfalls das Ergebnis des Einhaltens effizienter Standards, sondern zeugen im Gegenteil von unserer Kompetenz, auch mit nicht-standardisierten Inhalten umzugehen. Ein zentrales Element dieser Entwicklung sind die auf neuronalen Netzen basierenden „*Deep Learning* Algorithmen“ (Jones 2014).

Biologische und Soziale Modelle als Vorbild

Hierin zeigt sich einmal mehr die immer stärker werdende Tendenz, für effiziente technische Lösungen auf bestehende biologische Modelle, teilweise sogar auf menschliche Vorgehensweisen, zurückzugreifen, je „intelligenter“ die Systeme werden bzw. werden sollen. Dieses Vorgehen wird in der Informatik als „*Organic Computing*“ (Müller-Schloer et al. 2004) oder *biologically-inspired computing* bezeichnet und kann in diesem Sinne auch auf die gesamte Automatisierungstechnik übertragen werden. Denn auch die menschliche Kommunikation schreibt nur „Eckdaten“ (Grammatik, Vokabular) der Sprachverwendung vor – ein und derselbe Zusammenhang kann aber auf unbegrenzt viele Weisen äquivalent repräsentiert werden. Ambiguitäten sind eher die Regel als die Ausnahme, und Ungenauigkeiten etwa durch nicht-muttersprachliche Schreiber werden trotzdem verstanden.

Der Sieg des Offenheitsparadigmas

Die Übertragung der oben beschriebenen Geschichte des WWW auf die Automatisierungstechnik jedenfalls bedeutet: Weder werden sich langfristig die proprietären Herstellersprachen halten, noch werden alle Hersteller je eine gemeinsame Standardsprache verwenden. Mehr und mehr Hersteller, insbesondere aus China und Korea, drängen zudem auf den Markt. *Offene Sprache* – auf allen Ebenen, auf der der Ansteuerung ebenso wie auf der des Informationsaustauschs unter den Systemen – werden mehr und mehr zur Regel: Deutsche Hersteller beginnen bereits, ihre Systeme für moderne, objektorientierte Programmiersprachen wie z. B. Java zu öffnen, um so die Durchlässigkeit der Systeme zu unterstützen. Dabei handelt es sich natürlich um einen *trade-off*: Einerseits bedeutet die Öffnung der Systeme eine verstärkte Gefahr, dass Kunden nicht mehr Komplettsysteme beziehen, sondern Systeme kombinieren, wobei insbesondere auch Preisvorteile ausgenutzt werden können. Andererseits besteht bei Nichtöffnung die Gefahr, vollständig vom Markt verdrängt zu werden, wenn andere Systeme diese Fähigkeiten beherrschen. – Zusätzlich zur Öffnung der Systeme gegenüber offenen Sprachstandards ist aber auch in der Robotik langfristig eine Entwicklung zu erwarten, die vergleichbar zum WWW-Kommunikation stärker auf der Ebene der natursprachlichen Analyse angeht als über Sprachstandardisierung überhaupt.

Modellierungen dezentraler Systeme durch Multiagenten

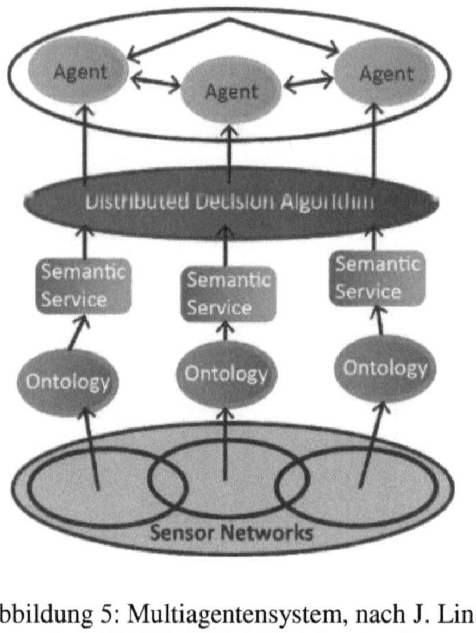

Abbildung 5: Multiagentensystem, nach J. Lin et al., 2010; Bild © M. Malcher Aachen

Zentrales Mittel der Modellierung dezentraler Systeme sind die sogenannten Multiagentensysteme. Ein Multiagentensystem besteht immer aus einer Anzahl selbstständig agierender Softwaremodule, die die verschiedenen Komponenten des Gesamtsystems vertreten. So wird in einem Team von Robotern typischerweise jeder Roboter durch einen eigenen Agenten vertreten. Agenten müssen jedoch nicht zwingend physikalisch getrennte Einheiten repräsentieren, sondern können auch verschiedene Aufgaben innerhalb eines komplexen Organismus übernehmen: Ein Mehr-

Arm-Roboter könnte etwa jeden seiner Arme durch einen eigenen Agenten modellieren, was konzeptionell z. B. bei dem Halbhumanoiden Justin des DLR realisiert wird, der auf zwei nachgiebigen Leichtbauarmen basiert. Agenten werden auch in Systemen mit nicht-körperbehafteten Entitäten eingesetzt, wie etwa zur Modellierung des Zusammenspiels einer Gruppe von Webservices, virtuellen Agenten also.

Die Agenten „vertreten“ eine Entität oder eine bestimmte Aufgabe in dem Gesamtsystem. Sie handeln autonom miteinander die Lösung aus, typischerweise „ohne Masterbrain“. Sie haben die Fähigkeit, Umgebungsinformationen aufzunehmen und damit in einer sich verändernden Umgebung zu agieren (Woolridge 2002). Dabei haben sie stets eine lokale Perspektive, d. h. kein Agent hat die volle Systemübersicht. Der Ansatz geht davon aus, dass in Systemen hoher Komplexität und einer Vielzahl dynamischer Veränderungen eine globale Systemkenntnis weder möglich noch sinnvoll ist – stattdessen müssen die Träger der lokalen Informationen miteinander kommunizieren und in Verhandlungen treten. In der Regel liegt kein gemeinsamer Speicher der Einzelentitäten vor.

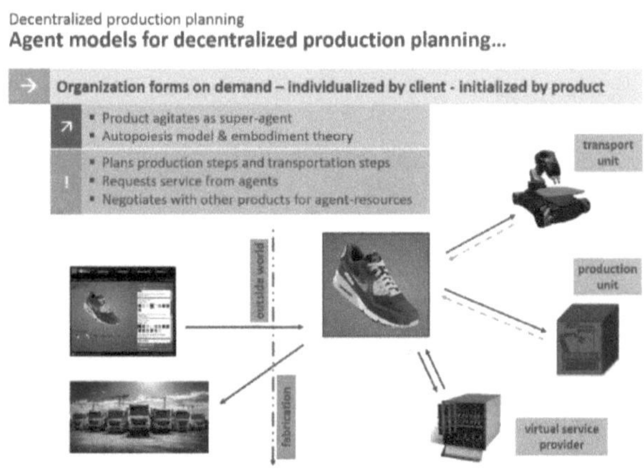

Abbildung 6: Asymmetrisches Multiagentensystem am Beispiel einer dezentralen Schuhfabrikation, Idee nach Diss. D. Ewert 2013, RWTH

Der Unterschied von Agenten-Systemen zu herkömmlichen Softwareentwicklungen liegt damit darin, dass der Sourcecode des Computerprogrammes in *selbstständige* Teile gegliedert ist. Hier handelt es sich konzeptionell um eine Erweiterung des objektorientierten Programmierparadigmas, in dem der Code zwar auch nach klaren Regeln in Teilen zerlegt wird, Klassen und deren Objekte – diese jedoch in der Regel nicht als „selbstständig handelnde“ Einheiten zu bezeichnen sind.

Multiagentensysteme realisieren den Kerngedanken der Kybernetik, weil sie grundsätzlich nach einem bottom-up Ansatz funktionieren: Die Summe der Verhalten der einzelnen Agenten bestimmt das Gesamtsystemverhalten. Sie sind stark durch soziale und biologische Modelle inspiriert: Vorbilder sind z. B. menschliches Teamverhalten, Sozialverhalten staatenbildender Insekten oder Schwarmverhalten von Fischen je nach Einsatzzweck.

Erste Multi-Agenten-Systeme entstanden in den siebziger Jahren des 20. Jahrhunderts und zeigen bereits dort ihre Mächtigkeit zur Lösung spezialisierter Probleme. Ihr Potential wird aber, ähnlich zur Technologie neuronaler Netze, erst mit der Leistungssteigerung und der Miniaturisierung von Hardware wirklich deutlich.

8. Vernetzte Automatisierungstechnik in der Industrie

Der umfassende Einsatz von *Cyber Physical Systems* und dem *Internet of Things* ist nicht auf spezielle Branchen oder Einsatzszenarien beschränkt. Vielmehr haben industrielle Revolutionen in der Vergangenheit stets umfassende gesellschaftliche Umwälzungen aller Lebensbereiche hervorgerufen (vergl. Kap. 9). In einer Industrienation wie Deutschland liegt ein besonders wichtiger Schwerpunkt der Umsetzung im industriellen Bereich, insbesondere in seiner sehr leistungsfähigen Produktionstechnik.

Vor diesem Hintergrund hat sich das Konzept „Industrie 4.0“ als ein „deutscher Terminus“ – der Begriff ist außerhalb Deutschlands noch wenig verbreitet, obwohl die vierte industrielle Revolution weltweit als zentrales Thema gehandelt wird – als Zukunftsprojekt in der Hightech-Strategie der Bundesregierung entwickelt. Innovationen im Bereich der *Smart Production* werden in Summe mit bis zu 200 Mio. Euro gefördert[1]. Auch auf europäischer Ebene ist der Forschungsbedarf erkannt: Über die öffentlich-private Partnerschaft „*Factories of the Future*“ werden 1,2 Mrd. Euro in die Entwicklung neuer und nachhaltiger Technologien für die produzierende Industrie investiert (EC, 2010)[2].

Einsatzmodelle und Optimierungspotentiale, die sich aus einer dezentralen Logik und der Entstehung von *Cyber Physical Systems* im industriellen Kontext ergeben, entstehen in verschiedenen Bereichen und werden im Folgenden skizziert.

Losgrößen und individualisierte Fertigung

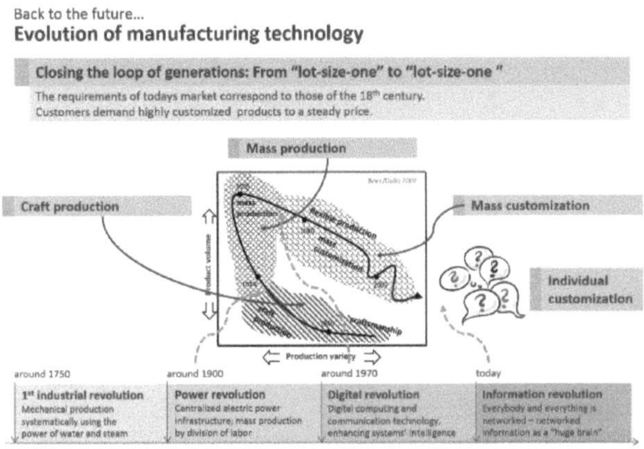

Abbildung 7: Von Losgröße-1 zu Massenproduktion … und wieder zu Losgröße-1 durch 4.0? – Bild angelehnt an Boer & Dulio 2007 sowie Jeschke/Meisen 2014

Die zweite industrielle Revolution brachte den Durchbruch der Massenproduktion und damit eine zuvor völlig unbekannte Kapazität in der Produktion von Gütern. Die Automatisierung löste das bis dato praktizierte Handwerk in der Produktion ab. Eine wesentliche Grundlage für den Erfolg des Ansatzes war – und ist in bestimmtem Umfang auch heute noch – die hohe Standardisierung, also die Einheitlichkeit des zu fertigenden Produkts. Die hier zum Einsatz kommende Systemarchitektur ist zentralistisch und top-down organisiert.

Nun trifft der Massenproduktionsansatz auf lange Sicht aber nur begrenzt den Kundenwunsch: Zwar ist dieser interessiert an günstigen Preisen. Gleichzeitig aber hat er durchaus Interesse an verschiedenen Varianten desselben Produkts – hier spielen verschiedene Nutzungskontexte, aber auch emotionale Aspekte wie Geschmack oder die Darstellung individueller Persönlichkeitsmerkmale eine wichtige Rolle.

Mit dem Siegeszug der Computertechnik ab den fünfziger Jahren hielt diese schrittweise Einzug auch in andere Systeme: Mit verhältnismäßig einfachen Erweiterungen der Automatisierungstechnik konnten verschiedene Varianten innerhalb derselben Anlage gefertigt werden. Maschinen, die bis zu diesem Zeitpunkt über keinerlei Programmierlogik verfügten, interpretierten plötzlich Befehlskette von Typ „if x then do Plan-1, but if y then do something else …" (Pseudocode-Notation). Auch einfache Sensoriken, z. B. von Typ „warte bis …", hielten allerorts Einzug.

Mit diesen und weiteren grundsätzlichen Elementen von Programmlogiken wurde die Grundlage für eine neuartige Flexibilität der Produktion geschaffen, die die dritte industrielle Revolution um 1970 kennzeichnen. In der Konsequenz entwickelte sich die „*Mass Production*" zu „*Mass Customization*": Die Berücksichtigung von Varianten wurde – jedenfalls bis zu einem gewissen Umfang – kostengünstig möglich.

Der Wunsch nach einer höheren Flexibilität und Adaptivität zu „vernünftigen Preisen" (scale-scope-Dilemma) konnte damit jedoch noch keineswegs vollständig erfüllt werden: Die Modelle der *Mass Customization* lassen i.d.R. nur eine eher eingeschränkte Auswahl von Optionen zu. Vor diesem Hintergrund diskutieren wir heute einen neuen, durch die vierte industrielle Revolution initiierten Wandel, den von der „*Mass Customization*“ zur „*Individual Customization*“. Die Entwicklung hin zu individualisierter Produktion wird durch die rasante Entwicklung additiver Fertigungsverfahren – dem sogenannten 3D-Druck – nochmals beschleunigt.

Die Revolution des Ramp-Up Prozesses

Bestehende Produktionssysteme arbeiten wirtschaftlich, sofern sie auf die Produktion von Großserien ausgelegt werden. Grundlegend ist hier der sogenannte *Ramp-Up* – das Anlaufmanagement einer Produktion bzw. eines Produkts: Hier wird eine Produktionsstätte aufwändig dahingehend optimiert, dass ein angefordertes Produkt möglichst schnell und effizient produziert werden kann.

Das *Ramp-up-Management* umfasst die Koordination aller Aktivitäten von der Planung über die Vorbereitung und der Fertigung erster Prototypen bis zur Produktion stabiler Produkte. Damit geht der klassische Ansatz von einer zeitlich abgrenzbaren Phase mit definiertem Start- und Endpunkt aus.

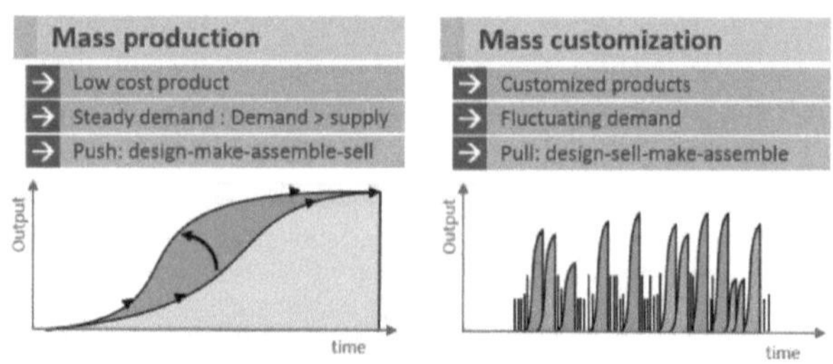

Abbildung 8: Quo vadis Ramp-Up? – *Ramp-Up* im Übergang von *Mass Production* zu *Mass Customization*, die *Ramp-up* Phasen werden mehr, verkürzen sich aber

Die 4.0-Entwicklung verändert nun den *Ramp-up* Prozess erheblich: Bereits in den vergangenen Jahrzehnten ist die skizzierte Perspektive durch den Übergang von „*Mass Production*“ zu „*Mass Customization*“ ins Wanken geraten: Ein Fahrzeug-Modell besitzt heute oft mehrere hundert Optionen, die durch den Kunden frei gestaltbar sind. Dazu zählen die vielen Designauswahlen ebenso wie Karosserieeigenschaften und die Auswahl zwischen verschiedenen technischen Optionen.

Vor diesem Hintergrund kann heute längst nicht mehr von der *Ramp-Up* Phase eines einzelnen, scharf umgrenzten Produkts gesprochen werden. Vielmehr entsteht – entlang der Anzahl der möglichen Varianten – eine „*multiple Ramp-Up Phase*“, ein Bündel einzelner *Ramp-Up* Prozesse entlang der verschiedenen Varianten also, die kürzer ausfallen, weil Teil-Ergebnisse früherer Tests für die neue Variante übernommen werden können.

Mit einer „Automatisierungstechnik der Losgröße-1" zu vergleichbaren oder mindestens konkurrenzfähigen Preisen verändert sich dieses Bild nochmal: Jedes Produkt ist ein Einzelstück. Der *Ramp-Up* verschmilzt damit vollständig mit dem Produktionsprozess selbst. Das erfordert eine komplett neue Theoriebildung: Der gesunde Menschenverstand legt nahe, dass zur Realisierung eines Produkts immer eine Vorbereitungsphase notwendig ist. Die Auffassung des *Ramp-Up* als in sich abgeschlossenes und in diesem Sinne auch „getrennt" zu behandelndes Konzept lässt sich jedoch nicht länger halten. Vielmehr geht die Theorie der *Ramp-Up* Phase als eine mit der Produktion selbst hochgradig vernetzte Teilkomponente in deren Theoriebildung über.

„Personalisierung" der Smart Objects

Der Wandel zu einem 4.0-Paradigma erfordert eine neue Konzeptualisierung der Identifikation der beteiligten Komponenten: Solange Systeme im Wesentlichen ohne Kenntnis ihrer Umgebung und ihrer Aufgaben die Anweisungen einer zentralen Steuerungsintelligenz ausführten, mussten Namensgebungen nur im lokalen Kontext eindeutig sein. 4.0 vernetzt Komponenten weltweit und in immer anderen Konstellationen. Damit stellt sich die Herausforderung einer weltweit gültigen eindeutigen Identifikation, und das über einen hinreichend langen Zeitraum.

In der Internettechnologie ist die Diskussion um hinreichend große *„name spaces*" für die eindeutige Identifikation bereits seit vielen Jahren hochaktuell. Die Ablösung des Internet Protocol Version 4 „IPv4" (seit 1981) durch „IPv6" (seit 1998 in der Diskussion, seit 2011 intensiviert) ist Konsequenz der Erkenntnis, dass die Mächtigkeit des IPv4-*name space* schlicht nicht ausreicht, um allen Teilnehmern IP-Adressen zuzuweisen, umgekehrt also auch, um sie eindeutig auszuzeichnen. Eine ähnliche Stoßrichtung verfolgt der „Elektronische Produktcode (EPC)", der ab 2005 eingeführt wurde.

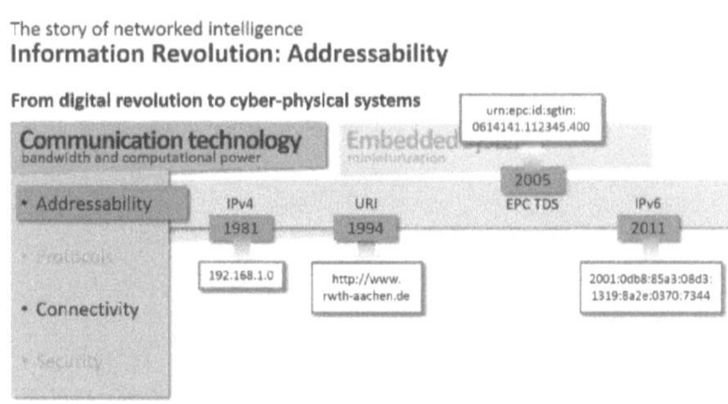

Abbildung 9: Zur Entwicklung eindeutiger Identifikationssystem

Zur Auszeichnung der realweltlichen Komponenten kommt vor allem RFID (*„radio frequenz identifikation*") zum Einsatz. Die Technologie besteht aus zwei Komponenten: Ein Transponder, der sich an den entsprechenden Objekten befindet, identifiziert sich mit einer eindeutigen Kennung nach außen. Sein Gegenstück sind Lesegräte, die die Codes auswerten können. Für beide Komponenten gibt es unterschiedliche Realisierungen: Die Transponder müssen heute nur reiskorngroß sein, sehr neue Entwicklungen betten den Chip unmittelbar im Produktionsprozess – also in Materialkomponenten – ein.

RFID wird ältere Technologien wie etwa Barcodes mutmaßlich in den kommenden Jahren weitgehend ablösen: Zum einen setzen Barcodes die optische Lesbarkeit und damit Sichtkontakt voraus, sie können deshalb nur in engeren Nutzungskontexten eingesetzt werden. Zum anderen wird die Konvergenz mit den Internettechnologien immer wichtiger für die Durchgängigkeit der Gesamtprozesse in Unternehmen: Der RFID-Chip ist ein Datenspeicher, auf dem Produktdaten hinterlegt werden können, und er ist automatisiert durch Gates lesbar, was den aufwendigen Handscanprozess ersetzt.

Dezentrale Steuerungen in der Mensch-Maschine-Kooperation

Mit der zunehmenden Entwicklung hin zu hybriden (d. h. aus Menschen, Robotern und virtuellen Agenten bestehenden) lernenden Systemen bieten sich neue Chancen für die Industrie: Hybride lernende Systeme steigern Effizienz und Effektivität der Produktion, weil die Vorteile einer Economy of Scale (sinkende Durchschnittskosten bei steigenden Stückzahlen) und die der Economy of Scope (zunehmende Variantenvielfalt und Flexibilität für den Kunden) verbunden werden, und damit wirtschaftliche Lösungen bei kleinsten Losgrößen entstehen.

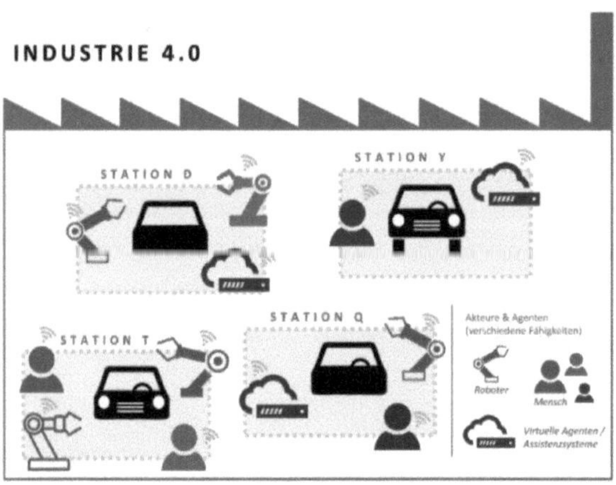

Abbildung 10: Wandel zu *In-The-Box-Arbeitssystemen* mit Menschen, virtuellen Agenten und Robotern als hybrides System, nach Hewlett Packard 2013

Eine Vorstufe einer kognitiven Architektur für hybride Systeme ist die am IMA/ZLW & IfU der RWTH Aachen[3] vorgestellte Kooperation von Robotern und Menschen, die im Rahmen des Exzellenzclusters Produktionstechnik (S. C. B. Cluster Management)[4] entstand. Montageaufgaben werden hier – in Abhängigkeit von Fähigkeiten und Zuständen einzelner Ressourcen – zwischen Roboter und Werker aufgeteilt. In *In-The-Box-Arbeitssystemen* interagieren Menschen, virtuelle Agenten und Roboter als Teil eines hybriden lernenden Systems gemeinsam. Die resultierende Flexibilität äußert sich in der Kommunikation und der Kooperationsfähigkeit von Teams aus menschlichen Fachkräften, Robotern und Assistenzsystemen, die sich kompetenzorientiert unter Berücksichtigung der Fähigkeiten einzelner Akteure für einzelne Arbeitsschritte zusammensetzen. Neue, kreative Problemlösungsmodelle entstehen. Ein hybrides, lernendes System folgt einer *bottom-up-Modellierung* anstelle zentraler Vorgaben, und es lernt im Prozess Entscheidungen zu treffen, um die Produktion und Fertigung zu optimieren.

Mithilfe einer vernetzten, symmetrischen Intelligenz zwischen den verschiedenen Akteuren besteht die Chance, klassische Technikzentrierungen zu überwinden, indem die kontinuierliche, gemeinsame Weiterentwicklung der Fähigkeiten von Menschen, virtuellen Agenten und Robotern forciert wird. Die *In-The-Box-Fertigung* lehnt sich an die kreativen Arbeitsmodelle vorindustrieller handwerklicher Verfahren an, die u. a. durch gemeinsame Zielorientierung, dem „Voneinander-Lernen" und umfassende Formen vielfältiger Kooperationsszenarien charakterisiert waren.

9. Vernetzte Automatisierungstechnik erobert den Alltag

Eine weitere große Entwicklung in der Robotik zeichnet sich ab: Aktuell befindet sich die Mehrheit bestehender Automatisierungstechnik in hochspezialisierten industriellen Umgebungen. Sie sind umgeben von speziell für die hier anstehenden Aufgaben ausgebildeten Mitarbeitern. Das ändert sich zunehmend: Roboter erobern den Alltag.

Dabei fallen zunächst Systeme wie Staubsaug-, Rasenmäh-, Fensterputzroboter und andere Assistenten auf, die sich seit einigen Jahren zunehmend größerer Beliebtheit erfreuen – laut *World Robotics*-Bericht wuchs der Absatz privat genutzter Serviceroboter von 2012 auf 2013 um 28%. Im Kontext hoher Intelligenz und dezentraler Steuerungen aber spielen diese Systeme – jedenfalls bisher – eine eher unbedeutende Rolle. Zentrale Impulse für eine vernetze Intelligenz gehen stattdessen insbesondere von den Themen Mobilität, Gesundheit und Energiemanagement aus. Hier entstehen robotische und/oder teilautonome Systeme in unmittelbarer Nähe des Menschen, und ihre Nutzung ist keineswegs mehr auf „Spezialisten" beschränkt: Vielmehr sind hier Durchbrüche zu erwarten, die an die Ausbreitung des Mobiltelefons und heute des „Smartphones für jeden" erinnern.

Weil sie den unmittelbaren Wirkungsradius des Menschen erobern und nicht ausschließlich mit „geschulten" Personen interagieren, spielen Sicherheitsaspekte beim Einsatz dieser Systeme eine zentrale Rolle. Eine Automatisierungstechnik des Alltags muss sich durch die Kompetenz auszeichnen, unerwünschte Systemzustände autonom zu identifizieren und entsprechende Gegensteuerungen einzuleiten.

Gleichzeitig geben Konzepte wie „*crowd wisdom*" – gegeben eine komplett offene Umgebung – auch völlig neue Ansätze zur Systemüberwachung und -kontrolle. Roboter und andere automatisierte Systeme können sich über das Internet vernetzen, miteinander kommunizieren und voneinander lernen. Im „*Internet of Skills*" (R. Dillmann in (Barnitzke 2012)) werden solche Konzepte des Wissenstransfers zwischen verschiedenen partizipierenden Objekten analysiert und weiterentwickelt.

10. Zusammenfassung und Fazit

Der vorliegende Artikel skizziert exemplarisch die Weiterentwicklungen kybernetischer Wissenschaftsparadigmen in den vergangenen Jahren: Wir befinden uns in einer vierten industrielle Revolution, und die 4.0-Ära wird begleitet von dezentralen Steuerungsparadigmen, die sich aus dem Systemdesign dieser verteilten Systeme, ihrer angestrebten Adaptivität auch an „unerwartete" Ereignisse sowie der hohen Wandelbarkeit ihrer Komponenten ergeben.

Dezentrale Steuerungsparadigmen sind bisher industriell noch wenig verbreitet. Die dahinterliegenden theoretischen Modelle sind zwar „alt", praxistaugliche Erkenntnisse, Belege und Architekturen jedoch erst seit der Verfügbarkeit hoher Rechenleistungen auf kleinem Raum möglich. Zudem sind die mit dezentralen bottom-up Logiken verbundenen „black box Effekte" in diametralem Gegensatz zur Erwartungshaltung der Industrie, die bisher Systeme erwartet, deren Verhalten für sie strikt transparent und vorhersagbar ist. In den vergangenen Jahren fassen Konzepte dezentraler Steuerungslogiken wie kognitive Architekturen oder Multi-Agenten-Systeme jedoch vermehrt auch im professionellen Bereich Fuß.

Der Einsatz von „4.0-Systemen" ist nicht auf einzelne Kontexte beschränkt, sondern umfaßt vielmehr alle Bereiche menschlichen Wirkens in Beruf und Alltag. Wissenschaftlich stehen wir vor spannenden Zeiten, denn 4.0-Systeme stellen eine neue, hochkomplexe und in dieser Form bisher kaum untersuchte Klasse vernetzter Systeme dar, die uns gesamtgesellschaftlich vor neue Herausforderungen, aber auch vor außerordentliche Chancen stellen werden.

Bibliografie

Barnitzke, Armin, „Roboterassistenten sollen lernfähig werden", in: *Automations Praxis*, vol. 5, 2012

Berners-Lee, Tim, Hendler, James, and Lassila, Ora, „The Semantic Web", *Scientific American*, 2001.

Boër, Claudio Roberto and Dulio, Sergio, *Mass Customization and Footwear: Myth, Salvation or Reality?*, Springer, 2007.

Jeschke, Sabina, *Distributed AI Models for Ramp-Up Processes – A Talk on Multi Agent Systems,* 2014.

Jones, Nicola, „Maschinenlernen: Deep Learning macht künstliche Intelligenz praxistauglich," in: *Spektrum - Die Woche*, vol. 3, 2014.

Laird, John E., „Extending the Soar Cognitive Architecture," in: *Proceedings of the 2008 Conference on Artificial General Intelligence 2008: Proceedings of the First AGI Conference*, Amsterdam, The Netherlands, 2008. , pp. 224–235.

Laird, John E., *The Soar Cognitive Architecture*, The MIT Press, 2012.

Lin, Jing, Sedigh, Sahra, and Miller, Ann, „Modeling Cyber-Physical Systems with Semantic Agents," in: *Computer Software and Applications Conference Workshops (COMPSACW), 2010 IEEE 34th Annual*, 2010, pp. 13–18.

Müller-Schloer, Christian, Malsburg, Christoph v. d., and Würt, Rolf P., „Organic Computing," *Informatik-Spektrum*, vol. 27, no. 4, pp. 332–336, 2004.

Pias, Claus, *Geschichte und Theorie der Kybernetik*, 2006, [Online]. Available: http://homepage.univie.ac.at/claus.pias/veranstaltungen/06_ws_kybernetik.html. [Accessed: 05-Juli-2015].

Shannon, Claude E., „A Mathematical Theory of Communication," *Bell System Technical Journal* vol. 27, no. 3, pp. 379–423, 1948.

Tanenbaum, Andrew S., *Distributed operating systems*, Prentice Hall, 1995.

Wiener, Norbert, *Cybernetics, or Control and Communication in the Animal and the Machine*, Cambridge, MA, USA: The MIT Press, 1948.

Wooldridge, Michael, *An Introduction to MultiAgent Systems*, New York: John Wiley & Sons, 2002.

Anmerkungen

1 Bundesministerium für Bildung und Forschung, „Industrie 4.0 - Hightech-Strategie," www.hightech-strategie.de/de/Industrie-4-0-59.php

2 Ad-hoc Industrial Advisory Group, „Factories of the Future PPP: Strategic Multi-Annual Roadmap." Publications Office of the European Union, 2010

3 http://www.ima-zlw-ifu.rwth-aachen.de/index.php.

4 http://www.production-research.de/

Yvonne Spielmann

Medienkunst als Intervention: Steina Vasulka, Gina Czarnecki und Seiko Mikami

Medienkunst

Mit dem Begriff Medienkunst werden in der Gegenwart kreativ-künstlerische Praxen diskutiert, die in der Auseinandersetzung mit analogen und digitalen Geräten und Anwendungen entstehen. In den 1990er Jahren und bis zur Jahrtausendwende konzentrieren sich technisch-ästhetische Experimente und theoretischer Diskurs vorwiegend auf Differenzen, Mischformen und Umwandlungen von analog zu digital. Erst in den 2000er Jahren verschiebt sich die Diskussion auf den Vergleich der verschiedenen Anwendungsbereiche im Digitalen. Herausforderungen für die Medienkunst ergeben sich gegenwärtig aus der Verdichtung von Applikationen, beziehungsweise aus einer mit der Komprimierung multipler Funktionen Hand in Hand gehenden Entwicklung zu zunehmend verkleinerten Geräten. Angesichts der weltweiten Vernetzung und Standardisierung von Informations- und Kommunikationstechnologien kommt es zu einer Horizontverschiebung: Die weltweite Computerisierung setzt einen globalen Maßstab.

Für das Verständnis der Genealogie von Medienkunst und der Rolle von Frauen bei der Konzeption von Computern, sowie der Festlegung, wozu diese fähig sein sollen, kommt dem weitgehend abgeschlossenen Entwicklungsprozeß digitaler Maschinen besondere Bedeutung zu. Zunächst bleibt festzuhalten, dass der Begriff „Digitalisierung“ eine Funktionsweise von Digitalität bezeichnet, die im Unterschied zur Analogizität über die technische Möglichkeit verfügt, analoge Informationen auf einer technischen Stufe von Rechenoperationen in Form binärer Codierung gleichsam unbegrenzt zu variieren und mit anderen digital codierten Informationen zu kombinieren. In Anbetracht eines disziplinübergreifend und selbst in Fachdiskursen üblich gewordenen Sprachgebrauchs, der den technischen Vorgang der Digitalisierung, also die Umwandlung von nicht-digitalem Ausgangsmaterial, mit der technologischen Stufe der Digitalität, also Rechenoperationen mit Programmierung, gleichsetzt, soll hier der Begriff „Digitalität“ für eine Stufe in der Medienentwicklung verwendet werden, die mit der algorithmischen Programmierung einsetzt. Auf dieser Stufe universaler Datenverarbeitung beziehungsweise Medienintegration kommen konzeptuelle Vorstellungen der Operationalität und Prozessualität von universellen Rechenmaschinen aus der Vorgeschichte des heutigen Computers zum Tragen. Sie geben insbesondere Aufschluss über genderabhängige Geschichtsschreibung und die Würdigung der Arbeitsprozesse von Frauen an der Medienentwicklung. So hat Lady Ada Lovelace in ihrer Erläuterung von Charles Babbages *Analytical Engine* den auch heute noch diskussionswürdigen Einwand formuliert, dass eine Maschine nur das tun könne, was wir ihr zu tun angewiesen haben. Diese weiterreichende Feststellung wird von Alan Turing bei der Konzeption des Digitalcomputers als Universalmaschine zwar infrage gestellt, doch als Beleg einer historischen Entwicklungsstufe herangezogen. Zumindest lässt sich, wie Turing ausführt, nicht abschließend sagen, ob die Idee einer ‚lernenden' Maschine nicht im Bereich der operativen Möglichkeiten der *Analytical Engine* liegt oder ob Lovelaces Aussage, „the Analytical Engine has no pretentions to ‚originate' anything", nicht den damaligen Vorstellungen einer Maschine entsprach.[1] Die hieran anschließende Frage, ob die Realisation einer ‚lernenden' Maschine wünschenswert ist, was sie lernen soll und welchen Zwecken sie dient, gewinnt mit ansteigender Technologisierung unserer Lebensumwelt an politischem Gewicht.

Beide Optionen haben Folgen hinsichtlich der Optimierung und Kapazitätssteigerung von Maschinen. Die Überlegungen zu ‚intelligenten' Maschinen folgen schließlich militärisch-industriellem Kalkül. Ihre Entwicklung wird bereits im, aber vor allem nach dem Zweiten Weltkrieg forciert, denn sie sollen die Überlegenheit des Westens sicherstellen. Um den erhöhten Anforderungen im Prozessieren von weltweiten Informations- und Nachrichtensystemen im Kalten Krieg gerecht zu werden, hatte Douglas Engelbart für den Westen in den sechziger Jahren das Konzept zu ersten Computeranwendungen mit Interfaces entwickelt, die eine Interaktivität zwischen Mensch und Maschine und die Personalisierung des Computers (*Personal Computer*) vorantreiben.[2] Aus heutiger Sicht sind diese Vorstellungen sowohl der virtuellen Realität als auch dem Zwischenbereich der *Augmented Reality* zuzuordnen und dienen in erster Linie militärischen Zwecken. An diesem ambivalenten Punkt in der Mensch-Maschine-Kommunikation setzt das heutige Interesse von Künstlerinnen und Künstlern an kreativen Interventionen beziehungsweise Abweichungen von üblichen Gebrauchsweisen der Geräte und Computerprogramme an. Im Rückblick lassen sich jedoch bereits in der Videokunst die Anfänge einer Avantgarde im Digitalen ausmachen, einer Entwicklung, die mit der inzwischen global durchgesetzten Verbreitung und Aufrüstung des Internets eine neue, Raum und Zeit verdichtende Dimension erlangt hat. Diesem System wirkt allerdings ein entsprechendes kritisches Potential entgegen, das sich der sozialen Medien bedient. So läßt sich aus dem historischen Entwicklungsprozess der Computerisierung, aus Engelbarts und Turings Ideen und schon aus Ada Lovelaces scharfsinniger Richtigstellung, dass die Kompetenz einer universellen Maschine ihre Grenzen hat, auch lernen, dass es bei der Konzeption von Maschinen, die das menschliche Vermögen übersteigen und uns Arbeit abnehmen sollen, wichtig ist zu entscheiden, was die Maschinen tun sollen und was sie nicht tun sollen.

Experiment und Innovation

Die Enwicklungsgeschichte von technischen Neuerungen und ihre Adaption, Veränderung und Weiterentwicklung für ästhetisch-künstlerische Zwecke zeigt in den Bereichen Film, Video und Computer, dass Künstlerinnen diese, jeweils neuartigen Ausdrucksmöglichkeiten als Experimentierfelder begrüßt haben, die es ihnen erlauben, außerhalb von künstlerischem Kanon und Darstellungskonventionen zu arbeiten. Das Beispiel des experimentellen Films und experimentellen Videos verdeutlicht den Sachverhalt. Vor allem die Entwicklung der 16mm Filmkamera und die Videotechnik haben Frauen die Möglichkeit eröffnet, unabhängig von Industrie, Institutionen und genre- wie genderspezifischen Vorbildern zu arbeiten, da diese Medien, solange sie neu erscheinen, ästhetisch unverbraucht und nicht in den kulturindustriellen Kanon eingebunden sind. In den Experimentierphasen von Film, Video und Computer, als die technologische Nutzung im Vordergrund stand – denn all diese Techniken sind für militärisch-industrielle und nicht für künstlerische Zwecke entwickelt worden – tragen Künstlerinnen maßgeblich zur Ausdifferenzierung des ästhetischen Vokabulars von Medienkunst bei. Im Bereich Video und Computer liegt ein durchgängiger Schwerpunkt der experimentell arbeitenden Künstlerinnen bei der Kritik und Einmischung in die technischen Prozesse sowie der Befragung von subjektiven, interaktiven und performativen Kommunikationsformen mit und in Maschinenumgebungen. Es geht in der experimentellen Medienkunst schließlich darum, nicht bloß andere, abweichende Gebrauchsweisen der jeweils neuen Medien zu realisieren, vielmehr selbst erfinderisch-gestaltend Geräte, Maschinen und Anwendungen herzustellen. Der avantgardistische Impuls dieser Medienkunst verbindet dort Intervention und Invention mit dem Ziel, andere Maßstäbe und andere Formen von Kreativität erfahrbar, sicht- und hörbar aufzuzeigen.

Medienkunst bezeichnet zunächst eine ästhetische Praxis, die mit dem Aufkommen elektronischer audiovisueller Geräte der 1960er und 1970er Jahre in der Fernsehkunst und Videokunst einsetzt. Ihre Vorgehensweise basiert auf zusammenschaltbaren Prozessoren, Audio- und Videosynthesizern und der Konstruktion weiterer Analogcomputer und findet ihren paradigmatischen Höhepunkt Anfang der 1980er Jahre im Übergang zu digitalen, programmierbaren Technologien. In Weiterführung elektro-akustischer Experimente mit Audiocomputern, die seit den fünfziger Jahren entwickelt und, weil die elektronischen Signale austauschbar sind, auch in der frühen Fernseh- und Videokunst eingesetzt werden können, dekonstruieren Künstler, Ingenieure und Programmierer – wie Steina und Woody Vasulka, Dan Sandin, Bill Etra und Steve Rutt – in den 1970er Jahren mit eigens gebauten und den von ihnen modifizierten handelsüblichen Geräten die Funktionen von Kamera, Monitor und Videorecorder, um andere Formen von Audio-Visualität zu erzeugen. Diese Interventionen stellen Abweichungen vom vorgegebenen Verwendungszweck industrieller Geräte dar. Die Eingriffe und Erfindungen verändern den Maßstab der Video- und Fernsehformate, sie generieren aus elektronischen Signalen neue, oftmals abstrakte Bildformen fließender Bewegung.

Zu unterscheiden ist die elektronische Medienkunst, die mit analogen Prozessen und den Steckverbindungen der Geräte arbeitet, von solchen digitalen Funktionen, die auf Programmierung von Rechenoperationen beruhen. So haben Pioniere des experimentellen Videos zunächst die vorhandenen Geräte zerlegt und Störungen des gewohnten Fernsehbildes erzeugt. Sie haben einzelne Bausteine abweichend von der vorgesehenen Funktion miteinander kombiniert, Audio-Input für Video-Output und umgekehrt verwendet und verschiedene Gerätetypen wie Analogprozessoren, Synthesizer, Keyer und Video-Sequencer in der Absicht zusammengeschaltet, Transformationen zu visualisieren: Abweichungen im elektronischen Signaltransfer, Feedback und dreidimensionale Bildformen. In diesem Kontext werden schließlich digitale Bildmaschinen entwickelt, die es ermöglichen, andere Vorstellungen von Visualität im elektronischen Medium auf mathematisch-logischer Grundlage zu kategorisieren. Damit lassen sich die im Elektronischen zufällig entstehenden Bildeffekte programmieren, das heißt kontrollieren und vor allem wiederholen. Es entsteht, wie die Videokünstler Steina und Woody Vasulka feststellen, eine Ko-Kreativität mit maschinellen Funktionen. Dies setzt sich in der Mensch-Maschine-Interaktion fort und wird von Künstlerinnen und Künstlern in partizipatorischen Medienumgebungen konzeptuell weiterentwickelt.

Die Schaffung neuer Wahrnehmungs- und Erfahrungsräume, in der Computer auf uns reagieren und ‚antworten', stellt Fragen der Kreativität aufs Neue, vor allem wenn Künstler, Betrachter/Anwender und schließlich computergesteuerte Geräte und Roboter – wie in den Installationen der Japanerin Seiko Mikami – gleichermaßen an der Aufführung einer Installation teilhaben. Hier kommt es darauf an, unsere Verhaltensweisen in bezug auf das ‚Verhalten' der Computer zu reflektieren. Die Intervention der digitalen Medienkunst setzt, vergleichbar mit den Eingriffen im elektronischen Medium, bei der Dekonstruktion und Neuzusammensetzung von Bauteilen und ‚gewaltsamen' Eingriffen ins ‚Material' respektive dem Vorführen der Optionalität von Datenverknüpfungen an, was ausdrückt, dass diese auch anders verlaufen und anderen Zwecken dienen können.

Heutzutage liegt das kritische Potential digitaler Medienkunst vor allem darin, den weltweit vernetzten Technologien andere Modelle der Perzeption und Partizipation mittels Computerumgebungen entgegenzusetzen, die beide Seiten, die Akteure der Produktion und der Rezeption, miteinander in ein dialogisches Verhältnis bringen. Durch aktive Teilhabe an der Aufführung einer Installation beziehungsweise die nachvollziehbare Selbstthematisierung der künstlerischen Vorgehensweise wird ein Modus der Rezeption nahegelegt, welcher in der Erfahrung der Wahrnehmung zugleich den Gedanken zur Veränderung evoziert. Dieser für die Medienkunst zentrale Transformationsgedanke erhält umso mehr kulturpolitisches Gewicht, als zu erkennen ist, wie transnationale Konzerne daran arbeiten, eine globale Massenkultur zu etablieren. Beispielsweise geschieht dies, indem die Kulturindustrie weltweit Standards des Zugangs, der Vermittlung und Kontrolle von Information durchsetzt, beziehungsweise deren Akzeptanz einfordert. Das vorherrschende Merkmal der Unternehmen ist es, einen allgemeingültigen weltweiten Maßstab zu setzen, einen Maßstab, der mit dem Etikett der Pluralisierung daherkommt, doch kulturelle Hegemonie und kommerzielle Homogenisierung bedeutet und dabei durch ethnische, kulturelle und Gender-Differenzen hindurch wirkt. Als einer der schärfsten Kritiker hat Stuart Hall die scheinbare Paradoxie in der Unterschiede glättenden Standardisierung für den Weltmarkt als repressive Strategie der Vereinnahmung des Fremden, Kritischen und Anderen entlarvt.[3]

Künstlerische Praxen, die jeweils neue Technologien, Geräte und Computerprozesse in experimentellen Anwendungen erforschen, lassen sich zunächst als Indikator für größere Verschiebungen werten, die mit der Einführung der Maschine Computer beginnen und mit der Verbreitung digitaler Medien einen Abschluss finden. Bei genauerer Betrachtung zeigt sich jedoch ein Veränderungspotential daran, inwieweit Medienkunst in vorstrukturierte, korporativ-kommerzielle und standardisierte Applikationen sicht- und hörbar eingreift. Für die Diskussion solcher Strategien künstlerischer Einmischung bietet sich der aus den Cultural Studies entlehnte Begriff ‚kreativer Intervention' von Homi K. Bhabha an.[4] Er hat vorgeschlagen, mit ‚kreativer Intervention' einen translokalen Ort auszuzeichnen, der unstrukturiert und genuin hybrid ausgewiesen sei. Bhabhas Konzept eines *space of intervention* charakterisiert einen Zwischenbereich, der jegliche Polarität negiert und vor dem Hintergrund der Erfahrungen aus Kolonialismus und Globalisierung für lebendige Interrelation und das Aushalten von Differenz eintritt. Für den Kontext der Medienkunst ist das Konzept produktiv, denn dem künstlerischen Prozess kommt die wesentliche Rolle zu, Intervention als *creative invention* umzusetzen. Bhabhas Vorschlag zur künstlerischen Intervention geht weit über andere Modelle der Wiederaneignung und der Transformation kultureller Traditionen und Konventionen hinaus. Alle beteiligten Komponenten, die vorhandenen und bekannten ebenso wie die aktuellen und andersgearteten, werden sich wechselseitig aufreiben, wodurch die Metapher eines *intervening space* zu einem realen Handlungsort, einem *space of intervention* geworden ist. Aufgrund solch innovativ-subversiver Eigenschaften wird Medienkunst als Intervention verfestigte Kategorien von Nation, Rasse, Klasse und Gender aufweichen und sie wird, wie Gina Czarneckis Kritik an vermeintlich ‚objektiven' Daten belegt, den Tendenzen der Homogenisierung von kultureller Vielfalt im globalen Maßstab widersprechen können.

Frauen und Medien

Betrachtet man medienkünstlerische Arbeiten von Frauen unter diesem Blickwinkel, so fällt insbesondere auf, dass Produzentinnen und Theoretikerinnen der Technikeuphorie vieler Kollegen oftmals kritischer begegnen und verstärkt danach fragen, für wen solche Maschinen entwickelt und mit welchen Vorstellungen von Kultur und Gesellschaft sie verbunden werden. Anzumerken bleibt, dass, abgesehen von wenigen Ausnahmen, die Unterrepräsentation international erfolgreicher Künstlerinnen seit den Anfängen der Videokunst im wesentlichen unverändert andauert bis hinein in partizipatorische, interaktive und internetbasierte Medienformate, und dies schlägt sich auch im Theoriebereich nieder. Im Feld der Theorie korrespondiert der medientechnologischen Expansion eine überwiegend technikaffine Diskursvielfalt, die auf Zentralbegriffe wie Mensch und Maschine, Interface und Virtualität konzentriert ist und immer noch zu wenig ästhetische Fragen berücksichtigt und zu der nur wenige Frauen als Theoretikerinnen beitragen. Kritische Stimmen bilden die Ausnahme, wie Brenda Laurel, die fragt, wieso die Industrie kaum Videospiele für Mädchen konzipiert, oder Sherry Turkle, die auf Kommunikationsdefizite und Identitätsprobleme mit vielfacher Identität im Internet eingeht und explizit die Problematik geschlechtsspezifischer Gewalt im Chat-Room zur Sprache bringt. Schließlich bleibt Katherine Hayles zu nennen, weil sie dem posthumanen Modell einer Trennung von Körperlichkeit und Maschinendenken die Notwendigkeit einer integrativen Subjektauffassung entgegenhält.[5]

Diese Diskursrichtungen bilden ein Gegengewicht zum universellen Technologieoptimismus, sie wollen das Denken in Kategorien der Genderdifferenz und kulturellen Distanz stärken. Anders als in den vorausgegangenen Diskursen zu Experimentalfilm, Performance, Happening und Videokunst geht es bei der Kritik am globalen Maßstab in den Digitalmedien nicht länger um das Anlegen einer feministischen Perspektive, welche die nach wie vor virulente Marginalisierung von Frauen in diesem neuen Mediensegment zum Ausgangspunkt von gegenkulturellen Überlegungen nähme wie dies etwa in der feministischen Filmtheorie vorformuliert ist. Demgegenüber setzen die medienkritischen Diskurse in Theorie und Praxis auf einer strukturellen Ebene der Sichtbarmachung und Dekonstruktion von gender-und kulturneutraler Vereinheitlichung an. Künstlerinnen der Industrienationen, insbesondere USA, Europa und Japan artikulieren ihr Misstrauen angesichts einer nicht mehr bloß antizipierten, sondern vielmehr in gemischt real-virtuellen Umgebungen der Augmented Reality voranschreitenden, wie ‚nahtlos' erscheinenden Verbindung von Maschine und Mensch. Der kritische Mediendiskurs nimmt dabei insbesondere die industriellen Produkte der Überwachung, Kontrolle, Vernetzung und ihrer militärischen Operationen zum Ausgangspunkt, um die eigene Position und Möglichkeiten der Veränderung mit ästhetisch-technischen Arbeiten in dem sich ausdifferenzierenden Feld „neuer" Medien an der Schnittstelle von Ästhetik und Technologie aufzuzeigen.

Die Diskussion dieser Perspektive kommt in der technikorientierten Mediendebatte meistenteils zu kurz, weil dort ein Verständnis von Ästhetik und Kunst weitgehend unterentwickelt ist und infolgedessen künstlerische Interventionen mit experimentellen Gebrauchsweisen von Technologie immer noch zu wenig beachtet werden. Diese Medienkunst kann jedoch an eine Theorierichtung anschließen, die in der Diskursanalyse von experimentellem Film und künstlerischem Video besteht und den Vorteil hat, dass Kunst als eine diskursive Praxis aufgefasst ist. Das heißt, sie bezieht Stellung zu den vorherrschenden Sichtweisen, Kommunikationssituationen und Herrschaftsverhältnissen, die im ästhetischen Diskurs verhandelt werden. Überblickt man die Positionen, die Künstlerinnen in der Medienkunst mit Videoperformances, virtuellen und interaktiven Installationen einnehmen, so stehen vielfach Befragungen der künstlerischen Subjektivität und die Thematisierung der Interaktion mit dem Publikum im Vordergrund. Exemplarisch für diese diskursiven Richtungen werden im folgenden Steina Vasulkas Performances mit experimentellem Video sowie Gina Czarneckis virtuell modifizierte Körperformen vorgestellt. Die Beschreibung der perzeptiv-interaktiven Medienumgebungen von Seiko Mikami (1961-2015) aus dem japanischen Entstehungskontext, in dem sie lange Zeit die einzige in Japan und international erfolgreich arbeitende Medienkünstlerin war, ergänzt die Beispiele aus dem westlichen Kulturkontext. Gemeinsam ist diesen Ansätzen, dass diese Künstlerinnen die Experimentierphasen der jeweiligen technologischen Neuerungen, hier Video, dort Digitalcomputer, mit geprägt haben und mit ihren angewandten Forschungen zum avantgardistischen Kreis der Medienpioniere zu zählen sind.

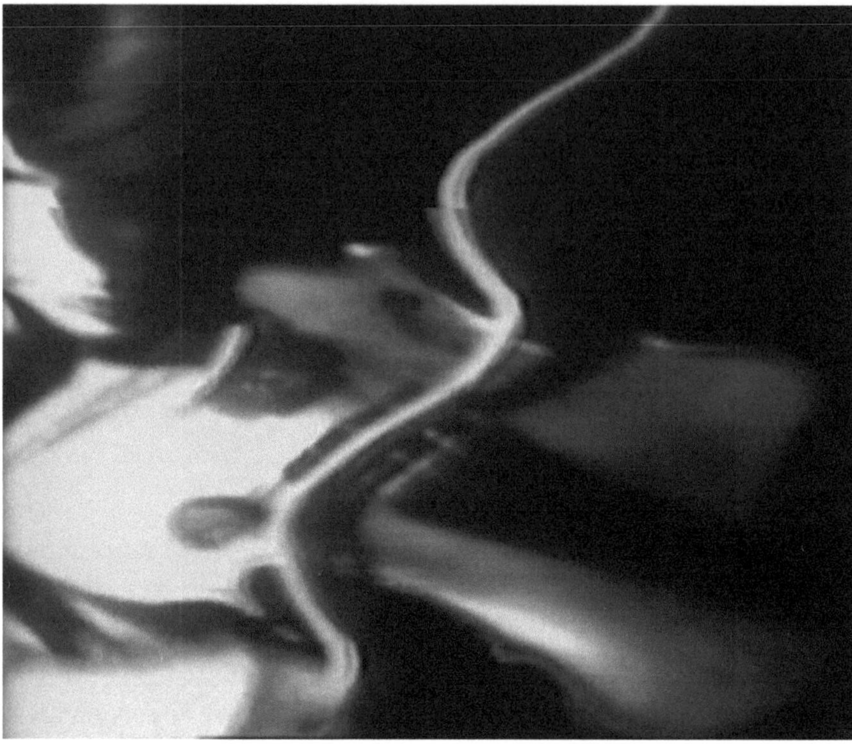

Steina Vasulka

Steina Vasulka zählt gemeinsam mit Woody Vasulka, Nam June Paik, Dan Sandin, Gary Hill und weiteren Pionieren zur bildkünstlerischen Richtung des Experimentalvideos. Sie fassen elektronische Bildlichkeit konzeptuell unterschieden vom Bild als Einheit auf und verwenden Videomaschinen, die für spezielle Anforderungen konstruiert werden und schalten Geräte in komplexen Anordnungen zusammen, um damit die Kapazität der elektronischen Technologie zu erforschen und zu erweitern. Dabei ist die Mediensituation zu bedenken. Um 1970, als Video noch kein eigenes Vokabular entwickelt hat, stellt Video ein „leeres Medium" dar, an dessen Entwicklung die Künstler in Abgrenzung zu Fernsehen und Film interessiert sind. Dabei führt Steina Vasulka, die eine Ausbildung als klassische Konzertviolinistin hat, den Ansatz der Performance aus der Musik in ein neues Medium und das technische Setting von Maschinen ein. Ihre Videoperformances sind Audio-/Videoexperimente, die eine Aktivität ausführen, die unmittelbar in das Medium eingebunden ist und nicht hinzugefügt wird. Das heißt, es handelt sich um eine ko-kreative Performativität, welche die Künstlerin mit einer Anordnung von technischen Geräten teilt, die sie während des Violinespielens live verändert. In ihren Videoperformances führt Steina Vasulka Störungen des Videosignals, Feedback-

Effekte und den Verlauf der Videozeilen vor, um die strukturellen Eigenschaften eines neuen Mediums hervorzuheben. Diese bestehen insbesondere in der Prozessualität des Bildes und in der grundlegenden Audiovisualität des Mediums.

In den Performances von *Violin Power* (USA, 1970-1978) spielt Steina Vasulka Video und Violine zugleich. Sie demonstriert die Sichtbarkeit von Audio im Video und die Hörbarkeit von Video als zwei Verfahren, um simultan die Audio- und/oder Videoinformation zu präsentieren, die in den Videosignalen enthalten ist. In dieser prozesshaften Aufführung kommt die zugrunde liegende Eigenschaft von Video als audiovisuelles Medium zum Vorschein. Weiterhin verdeutlicht die Austauschbarkeit von Audio- und Videoinformation beziehungsweise die Offenheit der Signalprozesse im elektronischen Medium, dessen Verwandtschaft mit digitaler Bilderzeugung und unterstreicht die Differenz zum Filmbild, welches eine geschlossene Einheit bildet. Diese Ausdrucksformen von Video analysiert die Künstlerin aus tonkünstlerischer Perspektive und bringt als Musikerin die intermedialen Eigenschaften von Video zum Vorschein. Indem sie in die elektronischen Prozesse eingreift, wird das neue Medium audiovisuell aufgeführt: Wir hören, was wir sehen und wir sehen, was wir hören. In dieser zirkulären Struktur spielt die Performerin gleichzeitig Violine und Video.

Bei den Performances von *Violin Power* wird das Bild der Violinperformance, das gleichzeitig von zwei Kameras aufgenommen und in einem *Scan Processor* (der die Zeilen des Videobildes sichtbar verändert) manipuliert ist, auf eine Projektionsfläche übertragen. Der mit dem Mikrophon aufgenommene Ton der Violine wird an einen *Keyer* übermittelt, ein Gerät, mit dem sich die Darstellung der beiden Kamerabilder steuern lässt. Das durch diese Geräte bearbeitete Bild erscheint in Bildformen, bei denen der Bogen der Violine mit den Wellenbewegungen der Videozeilen zu einer neuen Form zu verschmelzen scheint (siehe Abbildung). Hier wird *live* vorgeführt, wie die Künstlerin durch den Einsatz von Videogeräten mit ihrer Violine „auf einem Bild" spielen kann. Schließlich stellt *„playing video on a violin"* einen umkehrbaren Prozess dar, wenn der Ton der Violine mit dem Videoprozess zusammenfällt, welcher gleichzeitig, in Echtzeit, den Ton der Violine ausführt. Diese Interaktivität von Bild und Ton ist für die Künstlerin bedeutsam, denn man kann kontinuierlich die Sequenzen in der Performance verändern, genauso wie bei einem musikalischen Instrument, mit dem Variationen eines Themas ausgeführt werden. Die Künstlerin stammt aus Island, war nach New York gekommen und ist von Video fasziniert, weil es ihr neue Möglichkeiten der Komposition eröffnet und erlaubt, die Violine als ein Instrument der Bild- und der Tonerzeugung zugleich einzusetzen. In diesem Zusammenspiel von Hören und Sehen werden die Besonderheiten des neuen elektronischen Mediums bloßgelegt. Dies verstört die Wahrnehmungsgewohnheiten des Publikums, die in USA wie auch Europa in den siebziger Jahren dominant durch das Fernsehen geprägt sind.

Gina Czarnecki

Die britische Medienkünstlerin Gina Czarnecki setzt sich mit den Möglichkeiten der variablen Identität in Verknüpfungen der *Virtual Reality* und der *Augmented Reality* auseinander. Sie artikuliert Kritik an den Schnittflächen von Simulation und Wirklichkeit, vor allem, wenn solche Anwendungen im medizinisch-biologischen und militärischen Sektor vorangetrieben werden, um Eingriffe in den menschlichen Körper und die Lebensumwelt vorzunehmen. Ihr Forschungsinteresse liegt bei der Hinterfragung des normierenden Maßstabes bei Körperformen, Mutationen, Infektionen und Viren, wobei sie dies in filmischen Installationen und Großprojektionen im öffentlichen Raum darstellt. Universelle Maßstäbe zur Einteilung von Informationen, die den menschlichen Körper, Identität und Person betreffen, wie sie in Medizin, Biologie und Genetik, aber auch in der Ästhetik anzutreffen sind, werden vom allgemeinen und globalen Rahmen rückübertragen auf den einzelnen und individuellen Maßstab. Czarnecki will auf diese Weise erkunden, wie wissenschaftliche Illustration durch Ein- und Ausgrenzung einen Homogenisierungsdiskurs postuliert, der sich für die Grenzziehung vom Eigenen zum Anderen und Fremden eignet und im Bereich von Medizin und Politik reale Auswirkungen hat.

Modellhaft vergleicht Czarnecki naturwissenschaftliche und medientechnologische Metaphern der Ausbreitung, Vernetzung und Transformation und führt die Darstellung von Informationsströmen, seien es Computerviren oder bakterielle Infektionen, in ihren Verhaltensmustern zusammen. Im Mittelpunkt steht die Frage nach den Folgen des Kontakts, der Kontamination und Mutation. Ein Fokus dieser ästhetischen Umsetzung von solchen Hybridphänomenen, die den menschlichen Körper, die Gentechnologie, die Evolution biologischer Formen sowie auch die wissenschaftliche wie militärische Selektion und Überwachung betreffen, liegt auf dem Verständnis biologisch-medizinischer Infektionen und ihrer Ausbreitung. Einen weiteren Akzent setzt die Künstlerin auf die Verbreitung von Informationen über Wachstum und Veränderung. Sie hinterfragt, welchen Einfluss die medial verbreitete wissenschaftliche Visualisierung solcher Infektionsvorgänge wie SARS und Vogelgrippe auf unser kritisches Verständnis grenzüberschreitender Informationsverbreitung nimmt. So zeigt sie, dass mit grafisch-farblichen Markierungen die Ausbreitungsströme und Gefahrenzonen von Viren auf einer Weltkarte in der gleichen Weise abstrakt, distanziert und homogen dargestellt sind wie animierte Grafiken anderer Reisen, etwa gesellschaftlicher Migrationsbewegungen und Flüchtlingsströme.

In Anbetracht der zahlreichen Überlagerungen naturwissenschaftlicher und medientechnologischer Metaphern, die bei der Kennzeichnung von digital-globalen Ausbreitungen und Veränderungen im Bereich des Körpers Anwendung finden, erkundet Gina Czarnecki die ästhetische Schönheit digital modifizierter Körperbilder von tänzerischen Bewegungen, die sie visuell verkleinert und netzartig verdichtet, bis diese, jeglicher Individualität beraubt, wie „lebende" Zellstrukturen erscheinen. Mit variablen Projektionen in filmischen Installationen und auf großformatigen Flächen im städtischen Raum beleuchten die Arbeiten *Nascent* (filmische Realisation unter Mitwirkung des Australischen Tanztheaters, UK, 2005) und die interaktive Installation *Contagion* (unter Mitwirkung australischer und britischer Epidemieforscher, UK, 2007) Korrespondenzen in der biologischen und der technologischen Multiplikation von manipulierten „Lebensformen". Kosmetische und chirurgische Veränderungen, Prothesen, Geschlechtsumwandlungen, Cloning und genetische „Korrekturen" bilden gemeinsame Bezugspunkte dieser Arbeiten, in denen reale und abstrakte Körperformen, welche auf filmisch aufgenommenem Ausgangsmaterial beruhen, in Bild- und Tonverbindungen prozessual überarbeitet und wie lebende Muster projiziert werden.

An diesem Punkt der abstrakten Vereinheitlichung von Informationssystemen setzt die Installation *Contagion* an. Sie zeigt im zeitlichen Verlauf die Auswirkungen der „Kontakte" – gleich einer medizinischen „Ansteckung" – in der Materialveränderung an. Die Generierung der simulierten Infektionsströme verweist in der künstlerischen Arbeit auf einen tieferliegenden Wissensdiskurs, der insbesondere die westlichen Gesellschaften zusammenhält, in denen Wissen über die Verbreitung von Veränderungen auch dazu dient, den Einfluss des Fremden abzuwehren. Für Czarnecki rückt der Körper als Zeichen für Individualität ins Zentrum einer Befragung der Zwischenräume von entfremdeten und ästhetisierten Körperbildern, in denen ein Realitätsbezug trotz abstrakt-ornamentaler Muster erhalten bleibt. Mit den Bewegungsbildern der filmischen Installation von *Nascent* (siehe Abbildung) stellt die digitale Komposition von tänzerischen Formen die Grenze zur abstrakten Informationseinheit durch Überlagerungen und Verkleinerung als in beide Richtungen durchlässig dar, wodurch der ästhetische Genuss der Schönheit der Körperformen in Bewegung eine empfindliche Störung erfährt. Denn die Veränderung des Maßstabes macht aus Tänzern miteinander verschränkte Körperketten, verschwommene Bänder und pulsierende Lichtformationen. Deutlich besteht der menschliche Ausdruck auch bei extremer Formauflösung fort, so dass in der Virtualisierung ein Grenzbereich aufscheint, in welchem Abstraktion umschlägt in Dehumanisierung.

Dies erscheint als expliziter Verweis auf die in wissenschaftlichen, biologisch-medizinischen wie militärischen Operationen übliche Verfahrensweise, vom Einzelfall der Person und deren individuellem Leben zu abstrahieren. Czarnecki nennt den Bezugspunkt, an dem im Virtuellen mit realen Effekten über Leben und Tod des einzelnen entschieden wird:

> Science, law, medicine and the military present images and we take them as authentic, but so many of them are artificially constructed. And art can present fact but it's always perceived as fiction. Medicine has been developing imaging technologies to prove the existence of something – scanning, the ultra-sound, the infra-red. I was on a train journey in the UK and I sat opposite a gulf war engineer and he said that ‚of course we kill people but we see them as little green dots on the screen and we just zap them'.[6]

In diesem Kontext kann die ästhetische Arbeit, wie etwa Czarneckis Visualisierung von Menschenhaufen, als scharfe Kritik an der Verknüpfung von realer und virtueller Welt gelten, in der im Einsatz von Augmented Reality für militärische und medizinische Ziele die Dimension des Persönlich-Subjektiven verdrängt wird.

Seiko Mikami

Die Medienentwicklung in Japan geht im Wesentlichen hervor aus einem engen Arbeitszusammenhang von technisch-industriewissenschaftlichen Forschungslabors, der Computerindustrie, den Entwicklern von Programmierung und von Lehre und Forschung in den Disziplinen Informatik, Design, Kunst und Architektur. Aus der Entfernung betrachtet, stellt sich dies als neue Verbindung von digitaler Medienkunst, wissenschaftlicher Forschung und der Industrie dar. Das gemeinsame Interesse besteht darin, die Operationalität der Computer so zu entwickeln und einzusetzen, dass diese sich von den Funktionen anderer Maschinen unterscheiden. Die Komponenten der technologischen und medialen Entwicklung sind, für sich betrachtet, überall auf der Welt vorhanden. Japan spielt jedoch eine führende Rolle was die Dichte der Präsenz und das Maß der Einarbeitung dieser Technologien in den öffentlichen wie den privaten Sektor anbelangt, so dass diese Superdichte der hohen Konzentration von Computertechnologien paradigmatisch als neue kulturelle Form beschrieben wird.

In diesem kulturtechnologischen Kontext kommt der ästhetisch-künstlerischen Praxis besondere Bedeutung zu, wenn sie Möglichkeiten des Dialogs mit den Computer-Maschinen-Umgebungen und mit anderen Personen via Computer so aufzeigt, dass Erfahrungen der Interaktion und Partizipation gemacht werden können. Hierbei, und das zeichnet die kreativ-kritischen Arbeiten und Installationen von Seiko Mikami aus, ist der Ort beziehungsweise der kulturelle Entstehungskontext der ästhetischen Komposition ein nicht unwesentlicher, wenn auch nicht der einzig relevante Faktor für das Verständnis der Besonderheit des künstlerischen Umgangs mit digitalen Technologien in der japanischen Medienkunst. Dies gilt vor allem, wenn, wie es heute üblich ist, die Installationen um die Welt reisen und von ihrem Entstehungskontext getrennt, also universell und kulturneutral aufgefasst werden.

Innovative Experimente mit interaktiv-virtuellen Anwendungen, die, unter anderem, Komponenten mit LED, Robotern, GPS, digitalem Video, Sensoren und Steuerungssystemen aus dem kommerziell-industriellen wie auch militärischen Sektor verwenden, sind in Japan in einem Kulturraum beheimatet, der im täglichen Leben intensiv mit diesen Arten von Technologie durchsetzt ist. In Japan haben Ingenieur- und Computerwissenschaften einen neuen Umgang mit Technologie im alltäglichen Lebenszusammenhang hervorgebracht. Dies erstreckt sich auf überlebensgroße Projektionsflächen für Video, Animation, Musik- und Werbeclips mit konkurrierenden Lautstärken und auf ein enges Netzwerk aus digitalen Signalen, visuell und akustisch, das auf öffentlichen Plätzen den Raum beherrscht, bis hin zum privaten und lautlosen Gebrauch von persönlich konfigurierten Mobiltelefonen. Sie werden genutzt für Computerspiele, den Austausch von E-Mails und Internetkommunikation auf der Straße, im Verkehr und in den öffentlichen Transportsystemen. Aufgrund der extremen Dichte wird der Gebrauch von Mobiltelefonen zum Telefonieren als störend empfunden und ist in der Enge der Metro, den Regional- und den Shinkansen-Schnellzügen nicht üblich. Die Kommunikation verläuft stattdessen still per Texteingabe.

Diese Besonderheit informationstechnologischer Verbindung entsteht in Japan auf kleinstem Raum und in hoher Konzentration. Die Extra-Dichte von Kommunikation, Transport und Information in den räumlichen Gegebenheiten der Metropolen wie Tokyo führt die zeitlich-räumliche Verdichtung an eine Grenze und mündet in ein neues kulturelles Modell. Tokyos extreme Dichte gibt das Beispiel für diese Kulturform:

> Was zuerst als Extremvariante einer Stadt anmutet, entpuppt sich sukzessive als ihr Gegenteil, als Nicht-Stadt. Am Ende steht die Erkenntnis, dass Superdichte überhaupt nur funktionieren kann, wenn sie alles vermeintlich Städtische abwirft und zu einem reinen Zustand der Intensität wird, wie man ihn sonst nur aus Kunst, Musik, Medien kennt.[7]

Auch wenn der öffentliche Raum in den Einkaufszentren und Transportsystemen meistenteils Ausdruck von allumfassender Unternehmenskultur ist, so erlaubt dieser superdichte elektronische Kulturraum dennoch andere Aspekte eines lokal verankerten Verständnisses von Ästhetik und ihrer Tradition. Dies zeigt sich in einer Tendenz zum personifizierten Gebrauch von Computern, der Vorliebe für kleine und kleinste Elektronik, die sich wie ein Spielzeug anfühlt und problemlos in die Tasche stecken lässt. Hinzu kommt die persönliche ‚Ausschmückung' von Mobiltelefonen und Computern, die in ihrer Funktion verniedlicht werden und unter Umständen wie Plüschtiere aussehen.

In Bezug auf den japanischen Entstehungskontext veranschaulichen die Installationen von Seiko Mikami eine alltägliche Erfahrung im Lebensumfeld hoch verdichteter Räume und den daraus resultierenden Mangel an individuellem Entfaltungsraum. In ihren interaktiven Medienumgebungen werden wir von programmierten Sensoren und robotergesteuerten Geräten verfolgt, die uns dazu einladen, in einen engen, persönlichen Kontakt mit den Mess- und Bewegungsapparaturen der Installation zu treten. In diesem Mensch-Maschine-Verhältnis können wir aus der Begegnung mit einem technologischen Gegenüber auch Aufschluss über unsere Erwartung in der ‚realen' Interaktion mit anderen gewinnen. Die ‚künstliche' Umgebung erfüllt hier die Funktion eines Wahrnehmungsraumes, der uns Vorstellungen der sozialen Interrelationen bewusst macht, mit denen auch in Maschinenumgebungen gearbeitet wird und die in einem kulturspezifischen Erfahrungsumfeld ihren Ausgang nehmen.

Ein Beispiel der Interaktion mit Medienumgebungen bildet die auf unsere aktive Partizipation angelegte dreiteilige Installation *Desire of Codes* von Seiko Mikami, aufgeführt am Yamaguchi Center for Arts and Media, 2010 und im InterCommunicationCenter, Tokyo, 2011. Hier geht es um unser perzeptives Verhältnis zum Digitalen. Die Arbeit geht der Frage nach, welche Art von innerem Verhaltensmuster die Computercodes haben könnten, insbesondere wenn ihre Fähigkeit zur Messung und Mobilität organischen Eigenschaften gleichkommt. Die Erfahrung dieser Versuchsanordnung mit dem Verhalten der Codes weist eingestandenermaßen noch keine Kulturspezifik aus. Allerdings hängt die Problematisierung intersubjektiver Wertigkeit in einer Mensch-Maschine-Interaktion auch damit zusammen, dass der Mangel an Raum einer im modernen Japan von allen geteilten Wahrnehmung entspricht. Insofern thematisiert die Installation auch Verhaltensmuster, wie sie auf engstem Raum in Japan üblich sind, wo jede/r ständig einer Flut von Informationsdichte, Überwachung und Fast-Berührung ausgesetzt ist.

Unter Bezugnahme auf die Alltagserfahrungen im superdichten Lebensraum japanischer Metropolen führt die interaktive Installation *Desire of Codes* (Japan, 2010-2012) (siehe Abbildung) vor, wie wir von programmierten Sensoren und robotergesteuerten Apparaturen verfolgt werden. Die Installation fordert zugleich dazu auf, in einen ‚persönlichen' Dialog mit den messenden und sich auf uns zu bewegenden Instrumenten zu treten. In dieser Mensch-Maschine-Begegnung, die für mehrere Teilnehmer ausgelegt ist, werden – vermittelt über die Technologie – auch Verhaltensmuster anderer Teilnehmer deutlich. Die Medienumgebung erscheint als ein Wahrnehmungsraum von Verhaltensweisen, wobei unsere eigene Position und das Verhalten der anderen in Reaktion auf die digitalen Codes erfolgt, die ihrerseits auf unsere Anwesenheit reagieren.

Im ersten Teil der Installation hat Seiko Mikami an der Wand neunzig apparative Einheiten montiert, die beweglich und mit Kamera, Sensoren und LED-Zeigern ausgestattet sind, welche die Bewegung und die Geräusche der Besucher registrieren, die sich der Wand nähern. Die gesamte Struktur der *Wriggling Wall* ist auf uns ausgerichtet, so als seien der technische Apparat und wir verschiedene Spezies, die miteinander in Dialog treten. Sobald die Lichtzeiger und die Kameras die Bewegungen der Besucher verfolgen, entsteht dadurch, dass die Einheiten von hörbaren Motoren angetrieben werden, der Effekt, dass sie wie ein flügelschlagender Moskitoschwarm mit der Bewegung ihrer „Arme" auf den Besucher zusteuern, wobei die Lichtintensität je nach Abstand und Aktivität des Besuchers variiert. Verschiedene Messdaten sind kombiniert. Lichtsensoren erfassen Bewegung, Ultrasound-Sensoren messen Entfernung und Infrarot-Sensoren die Körperwärme.

Hervorzuheben ist, dass die Verwendung der Sensoren von ihrem üblichen Gebrauch abweicht. Die Künstlerin hat die Einheiten selbst zusammengebaut und dabei die Messinstrumente für andere als die ursprünglich vorgesehenen Funktionen verwendet. Zum Beispiel wird der Ultrasound-Sensor als Entfernungsmesser eingesetzt. Hinzu kommt, dass jede dieser kombinierten Einheiten selbständig misst und reagiert, aber zugleich in ein Netzwerk eingebunden ist. Die in einer Art „Gruppenverhalten" aufeinander abgestimmten Bewegungen der Einheiten lassen diese dynamische Wand wie ein lebendiges Gegenüber erscheinen. Das mit dieser ‚industriellen Intervention' interagierende

Publikum nimmt aufgrund der starken Minaturisierung der Interfaces den Maschinenzusammenhang wie ein harmloses Gegenüber wahr und vergleicht spielerisch das eigene Verhalten mit dem maschinellen Verhaltensverlauf. Gerade weil die Geräte in ihrer Größenrelation an Kinderspielzeug erinnern, erschienen sie harmlos und anziehend und nicht wie die Kontroll- und Überwachungsapparate, welche sie tatsächlich sind.

Hierbei sind kulturelle Aspekte der Bezugnahme auf stark verkleinerte Computertechnologie, auf elektronisches Spielzeug und Kleinstgeräte des täglichen Gebrauchs von Bedeutung, denn diese Kleinstcomputer haben sich wie Insekten im privaten wie öffentlichen Sektor in Asien ausgebreitet. In ihrer Installation macht uns Mikami bewusst, wie eng und nahezu persönlich die Beziehung von menschlicher Wahrnehmung im Allgemeinen und personifizierter sensorischer Technologie im Besonderen erlebt wird. Sie lenkt unsere Aufmerksamkeit dabei auf vermenschlichte Verhaltensformen von zunehmend kleineren und intelligent erscheinenden Robotern und ähnlichen Geräten, die mit Sensoren ausgestattet sind, um uns und unser Verhalten zu erfassen. Weil Mikami die Interfaces ihrer Installation selbst konstruiert und keine standardisierten Instrumente verwendet, schafft sie einen Zwischenbereich, in dem es uns möglich ist, unsere Wahrnehmungs- und Verhaltensweisen in Bezug auf eine Umgebung zu reflektieren, die von Maschinen gesteuert wird und einer Kette programmierter Befehle folgt.

In den beiden anderen Teilen der Installation setzt Mikami ihre Untersuchung der Computercodes fort, die nicht nur als eine Verkettung von Verhaltensformen, sondern auch in Korrespondenz zu sozialer Praxis betrachtet werden. In einiger Entfernung zum ersten Teil, der *Wriggling Wall*, findet sich der Besucher umzingelt von sechs überlebensgroßen Roboterarmen, die von der Decke herunter frei in den Raum der Installation greifen. Auch diese Instrumente geben einem Verhaltensmuster der Codes Ausdruck, indem sie uns verfolgen und unsere Bewegungen mit integrierten Kameras aufzeichnen. Diese mobilen Sucharme verfügen zugleich über Projektoren, so dass das aufgenommene Bildmaterial simultan auf den Boden der Installation projiziert wird, wo wir stehen und herumlaufen. Die aufgenommenen Bilder werden jedoch nicht nur lokal, im Hier und Jetzt übermittelt, sie werden auch vermischt mit der globalen Bildermaschine des dritten Teils.

In diesem Teil der Installation, dem *Compound Eye*, verstärkt Mikami den anthropozentrischen Effekt der miniaturisierten mechanischen Arme aus der *Wriggling Wall*. Die Bildstruktur des *Compound Eye* imitiert ein Insektenauge und vermischt aktuelle und vergangene Bilder von Besuchern mit Bildern von Webkameras von überall auf der Welt. In diesem Kaleidoskop aus Überwachungsinformation werden Fragen des Zugangs, der Permanenz und Durchlässigkeit von Interfaces in lokaler Hinsicht und bezogen auf die globale Dimension von Beobachtung aufgeworfen. Einerseits geht es um unser Interesse an Information und andererseits um den Appetit der Computer nach ständigem Input. Das Modell des zusammengesetzten Insektenauges hat die Funktion, das Interface globaler Überwachung in beide Richtungen durchlässig darzustellen. Denn es macht uns bewusst, wie persönliche Erfahrungen in weltweiten Datentransfer eingebunden sind, und es zeigt die Unterschiede und Persönliches nivellierende Dimension dieses Datentransfers, der anderen Gesetzmäßigkeiten folgt. Hier stellt die Installation unsere Vorstellungen über das Verhalten von Maschinen in Frage, die endlose Informationsketten produzieren. Die Installation demonstriert in der Veranschaulichung dieser Vorgänge von ständiger Wiederholung ihre eigenen Strukturmerkmale. Sie verweist uns aber auch auf unsere Erwartenshaltung nach immer mehr Information und zeigt schließlich die Grenzen auf, an denen wir tatsächlich durch Interaktion diese Maschinenprozesse beeinflussen und kontrollieren können. In der zirkulären Struktur der endlosen Datenflut werden schließlich die Mechanismen von Überwachung präsent, die dieser Technologie implementiert und im Lebensalltag von so dicht gedrängten Strukturen wie in Japan überall anzutreffen sind. Wie die vorgestellten künstlerischen Arbeiten exemplarisch demonstrieren, ist es auch wichtig, den spezifischen Kontext der kreativen Position in computerbasierten Medienumgebungen auszuweisen, um die kritische Intervention durch den Gebrauch alternativer Modelle würdigen zu können.

Anmerkungen

1 Vgl. Turing, Alan, „Computing Machinery and Intelligence“, in: Wardrip-Fruin, Noah und Montfort, Nick (Hg.), *The New Media Reader*, Cambridge, Mass. und London, 2003, S. 50-64.

2 Vgl. Engelbart, Douglas, „Augmenting Human Intellect: A Conceptual Framework“, in: Packer, Randall und Jordan, Ken (Hg.), *Multimedia. From Wagner to Virtual Reality*, New York und London, 2001, S. 64-90.

3 Hall, Stuart, „Das Lokale und das Globale: Globalisierung und Ethnizität“, in: ders., *Rassismus und kulturelle Identität. Ausgewählte Schriften 2,* Hamburg, 1994, S. 44-65.

4 Bhabha, Homi K., *The Location of Culture*, London und New York, 1994.

5 Laurel, Brenda, *The Art of Human-Computer Interface Design*, 1990 und *Computers as Theatre,* 1991. Turkle, Sherry, Life on Screen, 1995. Hayles, Katherine N., *How we became Posthuman*, 1999.

6 Brannigan, Erin, „Gina Czarnecki Interview,“ September 2006, http://www.forma.org.uk.

7 Koelbl, Wolfgang, *Tokyo Superdichte*, Frankfurt und Wien, 2000, S. 56

Katharina Kausch

Bibliografie. Ada Lovelace und ihr Umfeld

Alic, Margaret, *Hypatias Töchter. Der verleugnete Anteil der Frauen an der Naturwissenschaft*, Unionsverlag, Zürich 1987.

Ashworth, William J., *The calculating eye: Baily, Herschel, Babbage and the business of astronomy*, in: British Journal of the History of Science, Cambrige 1994.

Babbage, Charles, *Über die Ökonomie der Maschinen*, Kulturverlag Kadmos, Berlin 1999.

Babbage, Charles, *On the principles and development of the calculator: and other seminal writings* by Charles Babbage and others, Philip Morison (Hrsg.), Dover Publ. New York 1961.

Babbage, Charles, *Table of the Logarithms of the Natural Numbers from 1 to 108000*, William Clowes and Sons, London 1841.

Babbage, Charles, *The Exposition of 1851; or, Views of the industry, the science, and the government of England*, John Murray, London 1851.

Baum, Joan, *The calculating passion of Ada Byron*, Archon Books, HamdenConn. 1986.

Bönt, Ralf, *Die Entdeckung des Lichts*, Dumont, Köln 2009.

Bromley Allan G., „Difference and Analytical Engines", in: William Aspray (Hg.): *Computing before Computers*, ISUP, Iowa 1990.

Campbell-Kelly, Martin, *The works of Charles Babbage*, Pickering, London 1989.

Delius, Friedrich Christian, *Die Frau, für den ich den Computer erfand*, Rowohlt Verlag, Berlin 2009.

Dotzler, Bernhard, Charles Babbage, *Passagen aus einem Philosophenleben*, Kulturverlag Kadmos, Berlin 1997.

Dotzler, Bernhard, „Babbages Rechen-Automat, Ausgewählte Schriften", *Computerkultur* Bd. 6, Springer, Wien/New York 1996.

J. M. Dubbey, *The Mathematical Work of Charles Babbage*, Cambridge University Press, Cambrige 1978.

Elwin, Malcom/Thomson, Peter: *Lord Byron's Family: Anabella, Ada and Augusta, 1816-24*. J. Murray, London 1975.

Essinger, James, *Ada's Algorithm: How Lord Byron's Daughter Ada Lovelace Launched the Digital Age,* Melville House, London 2014.

Fuegi J./Francis J., „Lovelace & Babbage and the creation of the 1843 ‘notes’", in: *Annals of the History of Computing*, IEEE, vol. 25, no. 4, 2003.

Green, Christopher D.: „Charles Babbage, the Analytical Engine, and the Possibility of a 19th-Century Cognitive Science", in: Green, C.D./Shore, M./Teo, T.: *The Transformation of Psychology: Influences of 19th-Century Philosophy, Technology, and Natural Science*, American Psychological Association, Washington DC 2001.

Herbert, David T., *Lady Byron and Earl Shilton: an account of the Leicestershire village of Earl Shilton, together with the neighbouring parishes of Kirkby Mallory and Elmesthorpe, in the nineteenth century*, Hinckley and District Museum, Hinckley 1997.

Herzenberg, Caroline L., *Women Scientists from Antiquity to the Present. An Index. An international reference listing and biographical directory of some notable women scientists from ancient to modern times*, Locust Hill Press, West Cornwall 1986.

Hoffmann, Ute, *Computerfrauen. Welchen Anteil haben Frauen an Computergeschichte und -arbeit?*, Rainer Hampp, München 1987.

Huskey, R./Huskey, Harry D., „Lady Lovelace and Charles Babbage", in: *Annals of the History of computing* vol 2, no 4, 1980.

Hyman, Anthony, Charles Babbage, 1791-1871. Philosoph, Mathematiker, Computerpionier, Klett-Cotta, Stuttgart 1987.

Hyman, Anthony, Selected Works of Charles Babbage, Cambridge University Press, 1989.

Isaacson, Walter, The Innovators: How a Group of Hackers, Geniuses, and Geeks Created the Digital Revolution, Simon & Schuster, New York 2014.

Kim, Eugene Eric: „Lovelace, Augusta Ada Byron King, Countess of", in: Raúl Rojas (ed.) *Encyclopedia of computers and Computer history.* Vol 1, a-l, Chicago, London 2001.

Kim, Eugene/Toole, Betty Alexandra, „Ada and the first computer", in: *Scientific American*, New York 1999.

Krysa, Joasia, „*Ada Lovelace. (100 Notes – 100 Thoughts/100 Notizen – 100 Gedanken): Documenta (13)*, Hatje Cantz Verlag, Kassel 2011.

Levy, Pierre: „Die Erfindung des Computers", in: Michel Serres (Hg.): *Elemente einer Geschichte der Wissenschaften*, Suhrkamp, Frankfurt 1994.

Lewis, Judith S., „Princess of Parallelograms and her Daughter: Math and gender in the nineteenth century English aristocracy", in: *Women's Studies International Forum* 18 (4)., Elsevier Science Ltd, USA 1995.

Lovelace, Ada Augusta, „Notes by A.A.I (Augusta Ada Lovelace)", in: *Taylor's Scientific Memoirs*, London Vol.iii, 1843, pp.666-731, dann gedruckt bei: *Charles Babbage and His Calculating Enginges: Selected writings by Charles Babbages and Others,* P. Morrison and E. Morrison, Dover Publications, New York 1961; Dtsch. Version: „Grundriß der von Charles Babbage erfundenen Analytical Engine", Aus dem Fanzösischen übersetzt und kommentiert von Ada Augusta Lovelace. In: Bernhard Dotzler (Hg.), „Babbages Rechen-Automat, Ausgewählte Schriften," *Computerkultur* Bd. 6, Springer, Wien/New York 1996.

Moore, Doris Langley, *The Late Lord Byron*, Lippincott, Philadelphia 1961.

Moore, Doris Langley, *Ada, Countess of Lovelace*, John Murray, London 1977.

Morrison P./Morrison E., *Charles Babbage and His Calculating Engines*, Dover Publication, New York 1961.

Neely, Kathryn A., *Mary Sommerville. Science, Illumination and the Female Mind,* Cambridge 2001.

Oakes, Elizabeth H., *International Encyclopedia of Women Scientists, Facts on File,* New York 2002.

Somerville, Martha, *Personal Recollections, From Early Life to Old Age of Mary Somerville*, Roberts Brothers, Boston 1874.

Padua, Sydney, *The Thrilling Adventures of Lovelance and Babbage. The (Mostly) True Story Oft The First Computer*, Pantheon Books, New York 2015.

Patterson, Elizabeth Chambers, *Mary Sommerville: 1780-1872*, Oxford 1979.

Patterson, Elizabeth Chambers, *Mary Somerville and the cultivation of science, 1815-1840*, The Hague: Martinus Nijhoff, Boston1983.

Plant, Sadie, *Nullen und Einsen. Digitale Frauen und die Kultur der neuen Technologien,* Berlin Verlag, Berlin 1998 (engl. Orginal: *Zeros and Ones: Digital Woman and the New Technoculture*, Fourth Estate, London 1997).

Ratcliffe, Susan, *Ada Lovelace*, Oxford University Press, Oxford 2012.

Roegel, Denis, „Prototype Fragments from Babbage's First Difference Engine", *IEEE Annals of the History of Computing*, vol. 31, no. 2, pp. 70-75, 2009.

Siegfried, Anita, *Die Schatten ferner Jahre*, Dörlemann Verlag, Zürich 2007.

Stein, Dorothy, *Ada Augusta Lovelace: eine Frau am Anfang der Moderne*, übers. aus dem Engl. von Björn Bossmann und Sabine Kreiner. Kulturverlag Kadmos, Berlin 2004 (engl. Original: *Ada. A Life and a Legacy*, MIT Press, Cambrige-London 1987).

Swade, Doron D., „Redeeming Charles Babbage's Mechanical Computer", in: *Scientific American*, Cambrige 1993.

Swade, Doron D., The Difference Engine: Charles Babbage and the Quest to Build the First Computer, Penguin, New York 2002.

Toole, Betty Alexander, *Ada, the Enchantress of Numbers. A Selection from the Letters of Lord Byron's Daughter and Her Description of the First Computer*, Critical Connection, Mill Valley, Sausalito 1998.

Turney, Catherine, *Byron's Daughter*, Charles Scribner's Sons, New York 1972.

Wheeler, David A., *Ada 95. The Lovelace Tutorial*, Springer, New York 1997.

Witkowski, Nikolas, V*oltaire und die kopflosen Schnecken: Geschichten aus der Wissenschaft*, aus dem Franz. von Inge Leipold und Thorsten Schmidt. Piper, Zürich, München, 2005.

Woolley, Benjamin, *Byrons Tochter: Ada Lovelace – die Poetin der Mathematik*, aus dem Engl. von Katharina Kramer. Aufbau-Taschenbuch-Verlag, Berlin 2005.

Links

Menabrea, Luigi Federico (1843): Sketch of the Analytical Engine Invented by Charles Babbage. By L. F. MENABREA of Turin, Officer of the Military Engineers from the Bibliothèque Universelle de Genève, October, 1842, No. 82, With notes upon the Memoir by the Translator ADA AUGUSTA, COUNTESS OF LOVELACE: www.fourmilab.ch/babbage/sketch.html

Papers of the Noel, Byron and Lovelace Families.
http://archiveshub.ac.uk/data/gb161-dep.lovelacebyron1-460

School of Mathematics and Statistics, University of St. Andrews, Scotland: Ada Lovelace. http://www-history.mcs.st-andrews.ac.uk/Biographies/Lovelace.html

Autorinnen und Autoren

JANET ABBATE ist außerordentliche Professorin für „Science and Technology in Society“ an der Virginia Tech in den USA. Nachdem sie einige Jahre lang als Computerprogrammiererin-/Analystin gearbeitet hatte, schloss sie ihr Studium mit einem B.A. am Harvard Radcliffe College ab und promovierte an der Universität von Pennsylvania. Ihr Spezialgebiet umfasst die Geschichte, die Kultur sowie die Richtlinien der Datenverarbeitung. Sie verfasste die Bücher Inventing the Internet (MIT Press 1999) und Recoding Gender: Women's Changing Participation in Computing (MIT Press 2012). Sie war Herausgeberin eines Sonderbandes über Frauen und Gender für die IEEE Annals of the History of Computing in 2003. Gegenwärtig forscht sie über die Entstehungsgeschichte der Informatik als intellektuelle Disziplin, als akademische Einrichtung und als professionelle Identität.

MARIE-LUISE ANGERER ist Professorin für Medien- und Kulturwissenschaften an der Kunsthochschule für Medien in Köln. Sie studierte Philosophie, Kommunikationswissenschaften, Romanistik und Kunstgeschichte an der Universität Wien und lehrte/forschte u.a. in den USA, Australien und Kanada. Sie arbeitet seit vielen Jahren zur Entwicklungsgeschichte eines „affektiven Dispositivs“. In zahlreichen Publikationen hat sie dieses analysiert und theoretisch bearbeitet: *Vom Begehren nach dem Affekt* (Zürich, Berlin 2007); 2014 ist die englische Übersetzung unter dem Titel *Desire After Affect* (London, New York) erschienen; *Timing of Affect. Epistemologies, Politics, Aesthetics*, Hrsg. mit Bernd Bösel und Michaela Ott (Berlin, Zürich 2014). Sie ist MC-Mitglied und Country Coordinator für Deutschland der EU-Action New Materialism: Networking European Scholarship on „How Matter Comes to Matter“.

BERNHARD J. DOTZLER ist seit 2004 Professor für Medienwissenschaft an der Universität Regensburg. Zuvor war er Referent in der Geschäftsstelle des Wissenschaftsrates, Wissenschaftlicher Assistent am Institut für deutsche Sprache und Literatur sowie Projektleiter am SFB/FK 427: „Medien und kulturelle Kommunikation“ der Universität zu Köln. Bernhard Dotzler war „Visiting Lecturer“ an der University of Cambridge, UK, und Forschungsdirektor für Literatur- und Wissenschaftsgeschichte am Zentrum für Literaturforschung Berlin. 2010 war er „Visiting Kade Professor” an der University of California, Santa Barbara. Publikationen zur Medien- und Wissenschaftsgeschichte, History of Computing, Literatur und Medien, Archäologie der Medien(theorie). Veröffentlichungen u.a.: *L'Inconnue de l'art. Über Medien-Kunst* (2003); *Diskurs und Medium I-III* (2006-2011); Hrsg. m. Henning Schmidgen: *Parasiten und Sirenen. Zwischenräume als Orte der materiellen Wissensproduktion* (2008); Hrsg. *Bild/Kritik* (2009).

CHRISTIANE FLOYD ist emeritierte Professorin für Softwaretechnik. 1966 promovierte sie zum Dr. phil. in Mathematik an der Universität Wien. 1966-68 war sie Systemprogrammiererin bei Siemens, München; 1968-73 wissenschaftliche Mitarbeiterin und Lehrbeauftragte an der Universität Stanford; 1973-77 Seniorberaterin bei der Firma Softlab, München. Als Professorin wirkte sie 1978-1991 an der Technischen Universität Berlin und 1991-2008 an der Universität Hamburg. Sie entwickelte mit ihrer Arbeitsgruppe unter dem Namen STEPS einen partizipativen und evolutionären Ansatz zur Softwareentwicklung und forschte zu erkenntnistheoretischen Grundlagen der Softwaretechnik. 1984 wurde sie Gründungsvorsitzende des „Forum InformatikerInnen für Frieden und gesellschaftliche Verantwortung" und erarbeitete Gesichtspunkte zum verantwortbaren Einsatz der Computertechnik. 2000 war sie lokale Dekanin des Projektbereichs „Information" der Internationalen Frauenuniversität. Seit einigen Jahren engagiert sie sich im Bereich ICT for Development in Äthiopien.

DOREEN HARTMANN ist Kuratorin im Heinz Nixdorf MuseumsForum in Paderborn und Projektleiterin der Sonderausstellung „Am Anfang war Ada. Frauen in der Computergeschichte" (02.09.2015-10.07.2016). Außerdem schließt sie derzeit ihre Promotion über Computer-Demos (computergenerierte künstlerische Echtzeit-Animationen) und die Demoszene ab. Nach einem Studium der Allgemeinen Literaturwissenschaft, Medienwissenschaft und Informatik an der Universität Paderborn war sie dort wissenschaftliche Mitarbeiterin am Institut für Medienwissenschaften, Bereich Medienästhetik und assoziiertes Mitglied am dortigen Graduiertenkolleg „Automatismen". Sie forscht und publiziert zur Theorie, Geschichte und Ästhetik der neuen Medien, zur digitalen Kunst und Kultur.

SABINA JESCHKE ist seit Juni 2009 Direktorin des Institutsclusters „IMA/ZLW & IfU" der RWTH Aachen, Fakultät für Maschinenwesen. Sie promovierte nach dem Studium der Physik, Informatik und Mathematik und Forschungsaufenthalten bei der NASA (ARC) und der Georgia Tech an der TU Berlin zum Dr. rer. nat. (2004). Nach einer Juniorprofessur (Berlin 2005), verbunden mit dem Aufbau des Medienzentrums der Universität und einer Lehrstuhlberufung (Stuttgart 2007) bei gleichzeitiger Leitung des Rechenzentrums, erfolgte die Berufung in den Maschinenbau der RWTH Aachen (2009). Ihre Forschungsschwerpunkte liegen u.a. in den Bereichen verteilter künstlicher Intelligenz, Robotik und Automatisierung, Verkehr & Mobilität, Virtuellen Realitäten sowie Innovations- und Zukunftsforschung. Sabina Jeschke ist Prodekanin der Fakultät für Maschinenwesen, Vorstandvorsitzende des VDI Aachen, Mitglied des Aufsichtsrats der Körber AG, Alumna der Studienstiftung des deutschen Volkes, IEEE Senior und Fellow der RWTH Aachen.

SYBILLE KRÄMER ist Professorin für Philosophie an der Freien Universität Berlin; sie hatte Gastprofessuren an Universitäten in Tokyo, Wien, Graz, Zürich, Luzern. Sie war von 2000 bis 2006 Mitglied des Wissenschaftsrates, von 2006 bis 2008 *permanent fellow* am Wissenschaftskolleg zu Berlin und von 2008-2014 Sprecherin des DFG-Graduiertenkollegs „Schriftbildlichkeit". Von 2007-2013 war sie Mitglied im *Scientific Panel* des ERC in Brüssel und ist seit 2010 Mitglied im Senat der Deutschen Forschungsgemeinschaft. Fellowships realisierte sie am IFK Wien (2010), IKKM Weimar (2012), Mecs Lüneburg (2014). Ihre Arbeitsgebiete sind Erkenntnistheorie, Rationalismus, Sprach- und Bildphilosophie, Theorie der Kulturtechniken sowie Medienphilosophie. Veröffentlichungen u.a.: *Symbolische Maschinen* (Darmstadt 1988); Berechenbare Vernunft (Berlin, New York 1991); Hrsg. *Geist, Gehirn, Künstliche Intelligenz* (Berlin, New York 1994); *Medien, Computer, Realität* (Frankfurt 1998, 4. Aufl. 2009, chin. 2004.) *Sprache-Sprechakt-Kommunikation* (Frankfurt 2001, (4. Aufl. 2008); *Medium, Bote, Übertragung. Kleine Metaphysik der Medialität* (Frankfurt 2008, jap. 2014, engl. 2015); Hrsg. m. Cancik-Kirschbaum u. Totzke: *Schriftbildlichkeit. Wahrnehmbarkeit, Materialität und Operativität von Notationen* (Berlin 2011).

NADIA MAGNENAT-THALMANN ist Leiterin der Forschungsgruppe „MIRALab" an der Universität Genf. 2015 war Nadia Magnenat-Thalmann Gastprofessorin und Direktorin des Institute of Media Innovation (IMI) an der Nanyang Technical University, Singapore. Das Forschungsgebiet „Virtuelle Menschen" wurde von Nadia Magnenat-Thalmann vor ca. 35 Jahren begründet und seitdem kontinuierlich weiterentwickelt und vertieft. Sie hat diverse Bachelor- und Masterabschlüsse in verschiedenen Studienfächern, u.a. in Psychologie, Biologie und Biochemie und hat 1977 an der Universität Genf in Quantenphysik promoviert. Von 1977 war 1989 war Nadia Magnenat-Thalmann Professorin in Kanada an der Universität von Montreal. Im Jahr 1989 gründete sie an der Universität Genf ihre interdisziplinäre Arbeitsgruppe „MIRALAB", deren Forschungsthemen Virtuelle Menschen, Soziale Robotik und Mensch-Roboter-Interaktion sind. Nadia Magnenat-Thalmann wurde mit mehr als 30 Auszeichnungen und Preisen geehrt, dazu gehörte 1987 die Kanadische Auszeichnung „Woman of the Year". Zu ihren neueren Auszeichnungen gehören ein „Ehrendoktor in den Naturwissenschaften" der Leibniz Universität Hannover (2009), im Jahr 2010 der „Distinguished Career Award" der „European Association of Computer Graphics" und ein Ehrendoktorat der Universität von Ottawa, Kanada, im Jahr 2012 der „Career Achievement Award" der „Canadian Human – Computer Communications Society" und in Deutschland der Forschungspreis der Alexander von Humboldt-Stiftung.*Tanja Paulitz*, ist Professorin am Institut für Soziologie der RWTH Aachen. Sie lehrt und forscht aus diskurs- und praxistheoretischer Perspektive in den Bereichen Geschlechterforschung, Wissenschaft- und Technikforschung, Professionalisierung und qualitative Methoden der empirischen Sozialforschung. Thematische Kristallisationspunkte bilden aktuell die Genealogie der wissenschaftlich-technischen Moderne, Männlichkeiten und Technik, akademische Wissenskulturen, Netzwerke und Technologien des Selbst. Jüngste Veröffentlichung: *Mann und Maschine. Eine genealogische Wissenssoziologie des Ingenieurs und der modernen Technikwissenschaften, 1850-1930* (Bielefeld 2012*)*.

Annette Pohlke studierte Geschichte, Ev. Theologie und Interkulturelle Erziehungswissenschaften an der FU Berlin. Sie ist als freiberufliche Autorin und Dozentin tätig. Ihr besonderes Interesse gilt den Alten Sprachen und den Neuen Medien. Auf Ihrer Internetseite www.pohlke.de/pionierinnen finden sich weitere Beiträge zu Frauen und Computer.

Anja Richert ist Juniorprofessorin für Agiles Management an der Fakultät für Maschinenwesen der RWTH Aachen und Geschäftsführerin des Zentrums für Lern- und Wissensmanagement (ZLW) des Institutsclusters IMA/ZLW & IfU. Schwerpunkte ihrer Forschung und Arbeit liegen im agilen Management von Lern- und Wissensprozessen, der Erforschung und Entwicklung von *Mixed Reality Learning* Konzepten sowie in der Entwicklung und Erprobung von *Data Science* gestützten soziotechnischen Forschungsdesigns für komplexe interdisziplinäre Untersuchungsgegenstände. Als Mitglied des Cluster of Excellence für Produktionstechnik der Deutschen Forschungsgesellschaft (DFG) ist Anja Richert verantwortlich für interdisziplinäre Wissenschaftskommunikation und spezialisiert auf *Foresight*-Prozesse und internationales Monitoring.

Heidi Schelhowe ist Professorin für Digitale Medien in der Bildung in der Informatik an der Universität Bremen. Sie hat sowohl Germanistik und Katholische Theologie als auch Informatik studiert. Als Wissenschaftlerin war sie an den Universitäten Bremen, Hamburg und der Humboldt-Universität zu Berlin tätig. Heute entwickelt sie mit ihrer interdisziplinär zusammengesetzten Forschungsgruppe an der Universität Bremen Hardware und Software für Bildungskontexte (für Kinder und Jugendliche, für die Hochschule und für die berufliche Bildung), gestaltet Lernumgebungen aus pädagogisch-didaktischer Sicht und betreibt empirische Forschung/Evaluation im Bereich Bildung und Digitale Medien. Sie ist bekannt als Wissenschaftlerin im Bereich der Gender Studies in der Informatik. Ein weiteres Schwerpunktthema ist Medienkompetenz. Sie hatte die Federführung in der Expertenkommission des BMBF zu Medienbildung in der Digitalen Kultur. Sie ist Mitglied im Fernsehrat des ZDF. Siehe auch: http://dimeb.de.

Jens Schröter ist seit April 2015 Inhaber des Lehrstuhls Medienkulturwissenschaft (W3) an der Universität Bonn. Von 2008-2015 war er Professor für Theorie und Praxis multimedialer Systeme (W2) an der Universität Siegen. 2010-2014 Projektleiter (zusammen mit Prof. Dr. Lorenz Engell, Weimar):

„Die Fernsehserie als Projektion und Reflexion des Wandels“ im Rahmen des DFG-SPP 1505: Mediatisierte Welten. Antragssteller und Mitglied des DFG-Graduiertenkollegs 1769 „Locating Media“, Universität Siegen seit 2012. Forschungsschwerpunkte sind Theorie und Geschichte digitaler Medien, Theorie und Geschichte der Photographie, Fernsehserien, Dreidimensionale Bilder, Intermedialität, Kritische Medientheorie. April/Mai 2014: „John von Neumann“-Fellowship an der Universität Szeged; September 2014: Gastprofessur an der Guangdong University of Foreign Studies, Guangzhou, VR China; WS 14/15 Senior-Fellowship am DFG-Forscherkolleg „Medienkulturen der Computersimulation“, Leuphana-Universität Lüneburg. Veröffentlichungen u.a.: *3D. History, Theory and Aesthetics of the Transplane Image* (New York: Bloomsbury 2014); Hrsg. *Handbuch Medienwissenschaft* (Stuttgart 2014). Visit www.medienkulturwissenschaft-bonn.de.

YVONNE SPIELMANN ist Dekanin der Faculty of Fine Arts am Lasalle College of the Arts in Singapore. Zuvor war sie Research Professor und Lehrstuhlinhaberin für New Media an der University of the West of Scotland und Professorin für Visuelle Medien an der Hochschule für Bildende Künste Braunschweig. Wichtige Buchveröffentlichungen: *Indonesische Kunst der Gegenwart* (2015), *Hybridkultur* (2010) ,*Video. Das reflexive Medium* (2005), *Intermedialität. Das System Peter Greenaway* (1998), sowie zahlreiche medien- und kunstwissenschaftliche Aufsätze. Preise: *Lewis Mumford Award for Outstanding Scholarship in the Ecology of Technics* (2009) und Riksbankens-Humboldt-Preis für schwedisch-deutsche Kooperation (2011).
http://www.yvonne-spielmann.com